U0535068

总 策 划：石佑启
主　　编：何传添
执行主编：陈　平
编　　委：
　　语言学：章宜华　黄忠廉　冉永平
　　外国文学：刘　岩　刘茂生
　　经济学：陈伟光　申明浩
　　管理学：李　青　余鹏翼
　　法　学：陈云良　陈小君
　　国际关系学：周方银
　　党史党建：谢迪斌
　　中国文学：李　斌
　　新闻学与传播学：侯迎忠
　　教育学：魏海苓
　　秘　书：赵德强

语言学及应用语言学系列丛书

本书由国家社会科学基金项目"汉语和班图语非串联式构词法的对比研究"（19CYY023）
广东外语外贸大学"面向国际语言服务的外国语言文学创新体系建设"项目资助

词基驱动的晋语构词与音系交互模式

王晓培 著

商务印书馆
The Commercial Press

图书在版编目（CIP）数据

词基驱动的晋语构词与音系交互模式 / 王晓培著. —北京：商务印书馆，2022
ISBN 978-7-100-21878-8

Ⅰ.①词… Ⅱ.①王… Ⅲ.①晋语-构词法-研究 Ⅳ.①H172.2

中国版本图书馆CIP数据核字(2022)第230154号

权利保留，侵权必究。

词基驱动的晋语构词与音系交互模式
王晓培　著

商务印书馆出版
（北京王府井大街36号　邮政编码100710）
商务印书馆发行
北京虎彩文化传播有限公司印刷
ISBN 978-7-100-21878-8

2022年12月第1版　　开本 889×1194 1/16
2022年12月第1次印刷　印张 18.5
定价：98.00元

"广外学术文库"出版说明

习近平总书记多次强调，要讲好中国故事、传播好中国声音，向世界展现真实、立体、全面的中国，提高国家文化软实力和中华文化影响力。

广东外语外贸大学是一所具有鲜明国际化特色的广东省属重点大学，是华南地区国际化人才培养和外国语言文化、对外经济贸易、国际战略研究的重要基地。广外作为外语院校在如何讲好中国故事，传播好中国声音上大有可为。

学校秉承"全人教育、追求卓越"的教育理念和"卓越、诚信、包容、自信"的广外价值观，以国家"双一流"建设、广东省高水平大学建设、深化自主办学综合改革和"创新强校"工程实施等为契机，坚持内涵发展，加快改革创新，大力推进教育国际化战略，力将学校建设成为特色鲜明，品质精良的国际化高水平大学。

建校以来，梁宗岱、桂诗春、李筱菊、黄建华等名师大家荟萃学校，执教治学，为学校积累了丰厚的人文精神。广外新一代学者秉承老一辈严谨的治学传统，深植素养根基，厚蓄学术积淀，不断向前推进广外一流学科的建设。学校一方面加强外国语言文学学科建设，鼓励学者们从不同的语种、运用不同的理论方法向人们展示独特的研究视角和思想观念；一方面加强经、管、法等学科研究，聚焦国家和地区战略发展需要，在区域国别、经济、法律和社会管理等领域产出高质量研究成果。

近年来，为将我校外语语种的资源优势转化为发展优势，鼓励我校教师发挥专业优势，凝聚主攻研究方向，充分发挥优秀人才和优秀成果的示范带动作用，产出高水平学术专著，加强各领域话语体系建设，学校逐步尝试汇聚学者们的优秀学术成果。学校正式推出了"广外学术文库"建设方案，旨在有组织、成体系、成规模地在国内外一流出版社出版系列丛书，集中推出优秀成果。

为此，学校科研处两年前开始策划"文库"的组织和出版事宜，协调商讨项目的选题、组稿、审稿和筛选等工作，并与商务印书馆提出了合作出版意向。征集到70余份选题，经专家评审初步确定了40项作为候选项目，随后组织专家对这些书稿进行"一对一"指导，从主题凝练、方法创新、内容特色、格式规范等方面提出了修改和充实的具体意见。经过作者修改和专家复审，最后才向商务印书馆提交著作稿。

为进一步凸显广外学术文库核心品牌，光大学术出版传统，提升学术出版质量，改善学术出版环境，更好地服务学术发展、服务学者，学校成立了以书记和校长为首的编辑委员会，按年度征求和遴选学术研究新著，列入"广外学术文库"出版。文库崇尚朴实严谨，论说有据，力避浮泛陈言，既重视实证研究，亦强调现代视角和问题意识，方法不拘一格，风格兼收并蓄。以期接续学术传统，彰显学术精神，鼓励学术创新，开辟学术新境。"广外学术文库"注重原创性、科学性和前沿性，力争携手打造一套文科精品力作。译著、论文集、再版著作、普及读物及教科书、工具书等一般不予收录。

本丛书专著的内容包括语言学、文学、经济学、管理学、法学、国际关系学、党史党建和新闻与传播学等多个门类。丛书作者都是具有博士学位、分布在各学院的教学和科研骨干，这些著作都是他们省部级、国家级课题或博士阶段的研究成果，其中一些内容已经发表在国际、国内的权威刊物上。

丛书作者都有厚实的理论积淀，他们站在国际理论前沿观察和探讨问题，在书中提出的观点，兼具前沿理论高度，更与各领域的学术实践紧密联系，为我们观察学术世界提供了新角度新视野，引人入胜。需要指出的是，虽然"广外学术文库"的建设刚刚启动，选题的顶层设计尚未完善，但第一批推出的丛书均为作者的精品力作，经过学校以及商务印书馆的层层遴选，具有较强的可读性，"广外学术文库"将在丛书的系统性和连贯性方面持续加强，着力打造有组织、系统性、成体系、高质量的系列丛书。

广东外语外贸大学

2022年8月6日

"广外学术文库"总序

广东外语外贸大学正式推出了"广外学术文库"建设方案,旨在有组织、成体系、成规模地在国内外一流出版社出版系列丛书,集中推出优秀成果。为此,学校科研处两年前开始策划"文库"的组织和出版事宜,有关领导也多次与我联系商讨项目的选题、组稿、审稿和筛选等工作。科研处组织专家对书稿进行"一对一"指导,从主题凝练、方法创新、内容特色、格式规范等方面提出了修改和充实的具体意见。经过作者修改和专家复审、优中选优,向出版机构提交著作稿。由此可见,广东外语外贸大学对这套丛书十分重视,力争打造一套文科精品力作。

广东外语外贸大学是一所具有鲜明国际化特色的广东省属重点大学,建校以来,梁宗岱、桂诗春、李筱菊、黄建华等名师大家荟萃学校,执教治学,为学校积累了丰厚的人文精神。广外新一代学者秉承老一辈严谨的治学传统,深植素养根基,厚蓄学术积淀,不断向前推进广外一流学科的建设。当前这一批主要涉及语言学及应用语言学(含翻译学)和教育学等门类。

在外国语言文学板块,学者们从不同的语种、运用不同的理论方法向人们展示了独特的研究视角和思想观点。例如有的以意象翻译的情感为轴心,运用认知语言学和文学叙事学等理论方法,采用情感计算工具对情感特征及其生成手段和译者因素对莎士比亚的作品进行统计分析,从而梳理出综合情感特征。有的通过对美洲不同国家西班牙语以及西班牙本土语言特点的分析，阐释西班牙语在各历史时期大规模移民背景下与其他各种语言接触、融合及相互影响的情况。还有学者通过对语言文本隐含的各种语言特征的解码来还原个人语言特征，从而可以创立个人语言指纹档案，为可疑文本的刑侦调查和法庭语言证据提供支撑。

在汉语板块，几位学者的研究视角和研究方法都颇具新意。例如，语义或语义歧义是自然语言处理和人工智能研究的难点，有学者从模糊数学的视角出发，探讨语词同义关系的模糊相似关系，并对具有同义关系的词语进行模糊聚类分析，阐明了同义词聚合的层次性，对语义消歧提供了新的思路。汉语的构词与音系之间有着复杂的关系，研究它们之间的影响机制对揭示语言的规律有着重要意义，有学者从晋语入手，采用非线性音系学和韵律构词学的分析方法，探讨汉语构词与音系的交互模式。

语言是民族的象征和国家实力的核心，对高校的校园语言进行管理和引导是教育工作者的重要工作。《高校语言管理研究》一书从全新的视角，研究在"学校域"内高校对语言实践和语言信仰的影响，探讨了语言管理的各种相关影响因素。

最后，《人民币汇率波动与央行调控的市场微观结构》一书，根据人民币外汇市场制度特征，构建了一个包含宏观基本面与外汇市场微观结构的理论模型，并用该模型对我国外汇市场的实际运行模拟分析，阐述了宏观基本面信息引起汇率波动的两个理论途径。

上述几位丛书作者都有厚实的理论积淀，他们站在国际理论前沿观察和探讨问题，在书中提出的观点，既有一定理论高度，又与各领域的学术实践有着紧密的联系，为我们观察学术世界打开了一扇扇新的窗户，能启迪人们新的思考。但需要指出的是，由于广外学术文库的建设刚刚启动，还没有来得及做好选题的顶层设计，第一批丛书大多源自自发性投稿，故在内容的系统性和连贯性方面显得有点美中不足；但本丛书仍是一种非常有益的尝试，为提升广外的科研水平和出版质量有着重要意义；我也相信学校有关部门会加强组织，未来的丛书在"成体系"方面定会有大的改进。

章宜华

2022年8月6日于白云山下

序

李兵

　　王晓培博士的著作《词基驱动的晋语构词与音系交互模式》将由商务印书馆出版。这部著作是在她的博士学位论文基础上修改补充完成的。作为她的硕士学位和博士学位论文的指导老师，我很乐意为该书作序。

　　先说一下"形态"这个术语，英文是morphology。根据一般的理解，"形态"包括"屈折"（inflection）和"构词"（word-formation）。已知的语言都有构词，但在不同语言里，屈折的丰富和复杂程度不同。有些语言的屈折手段多样，屈折现象比较复杂，例如德语和阿拉伯语；而有些语言使用的屈折手段则非常有限，例如汉语。在涉及汉语屈折时，有人常把"形态"狭义化，称"汉语形态贫乏"。严格地说，汉语的屈折现象相对贫乏，但汉语的构词方式和手段并不贫乏；相反，汉语的构词方式和手段在各个方言里都是多样的。进一步看，"屈折"和"构词"之间的界限并不是绝对的，而往往表现为一个连续统；在具体语言里呈现某种倾向，或者更多具有"屈折"的特点，或者更多表现为"构词"。因此，形态研究必须兼顾"屈折"和"构词"。简言之，汉语的屈折现象不丰富，但构词现象并不贫乏，所以说"汉语形态贫乏"不是一种合适的表述。

　　该书的主要内容是在词库音系理论的背景下描写并分析

晋语一些方言里的形态和音系交互现象。词库音系理论产生于20世纪80年代，是一种以生成语言学词库论为背景的描写形态–音系交互作用的理论和一套方法。自问世以来，词库音系理论一直受到音系学界和形态学界的共同关注。研究者多从不同语言的具体事实出发，不断地检验、证明、质疑乃至修改假设，提出新的方法。这些研究推进了词库音系理论发展，同时也拓宽了观察形态构词与音系交互作用现象的视野，加深了对形态与音系之间关系和交互作用的认识。

根据词库音系理论，每一种自然语言都有词库，那么汉语自然也有词库。词库音系理论的基本假设和重点研究课题，相应地也应在汉语的语言事实中加以检验和探讨，如词库层面的理据和音系规则的应用方式等。

王晓培从研究生时起就对形态与音系的交互作用现象以及词库音系理论产生兴趣，攻读博士学位期间她更加深入研读和分析他人的研究成果，密切关注汉语方言中丰富的形态与音系交互现象。她意识到，已有的研究大多以屈折比较丰富的语言为基础，汉语作为屈折形态不丰富的语言类型，如果采用他人提出的假设和方法，对汉语词库结构和层面的界定难免失去可靠的基础。

因此，王晓培选择了她的方言母语——晋语作为研究对象。晋语构词手段多样，与构词过程有关的音系过程涉及音段、声调和音节结构，构词过程和音系过程交织在一起，语素变体呈现复杂的交替。这些事实在书里都有翔实的描述，是检验词库音系假设和方法最好的语言材料。

作者指出已有研究依靠词缀定义汉语词库结构的方法不能充分描写汉语（方言）里构词–音系交互作用的事实。在已有研究的启发下，根据晋语里构词–音系交互作用引发的复杂现象，作者综合考虑音系、语义、能产性等多项条件，提出了晋语词库根据词基的属性区分两个基本层面的假设，即词根层面构词和词层面构词。不同构词过程触发的音系过程不同，根本原因在于构词的词基（是一个词根或一个完整的词），不同的构词词基衍生出来的形态结构会接受不同的音系拼读方式，于是有了词基驱动的形态与音系交互模式。这一交互模式不仅可以对晋语中形态与音系的互动做出解释和描写，如平遥话不同的连读变调模式、晋语有些方言中圪头词的双重读法等，还有望对晋语之外其他汉语方言中形态与音系的交互模式的研究提供借鉴。

这部著作基于汉语（晋语）的事实，在符合语法构建原则的前提下，就汉语词库结构提出了与他人不同的假设，描述了汉语词库结构的特点，为汉语里的构词过程和音系过程之间的交互作用研究做出有意义的尝试，为其他汉语方言构词-音系交互作用研究提供了重要的参考。汉语有着复杂的由构词-音系交互作用引发的现象。对这一类现象广泛深入研究，不仅有助于加深对汉语构词和音系的认识，而且有助于对构词和音系两个模块之间关系的理解，能够为词库音系理论的发展做出更加重要的贡献。

是为序。

2019年11月30日于南开大学北村

目 录

第一章 引 言
第一节 汉语构词音系的研究现状 / 001
第二节 晋语之于构词-音系接口研究的价值 / 006
第三节 关于晋语构词与音系交互的理论问题 / 008

第二章 形态与音系交互关系的理论研究
第一节 生成语言学之词库研究 / 011
第二节 标准词库音系学框架内的汉语词库研究 / 016
第三节 形态与音系互动的两种分析方法 / 021
  一、词库音系学：层面排序假设 / 023
  二、关注结构表达的分析方法 / 031
  三、语段理论 / 039
  四、词根层面与词层面的区分——从 SPE 到词内语段理论 / 045
第四节 词基驱动的构词与音系交互模式 / 049
  一、词基驱动的词库分层假设和词内语段理论 / 050
  二、修正后的词基驱动的词库分层模式 / 053
  三、语段的循环拼出与模块化的 PIC 理论 / 057
  四、音系模块的再调整 / 060
第五节 小结 / 061

第三章　晋语区方言构词特点

第一节　词库内词汇的分类　/ 064

第二节　词库内构词操作的分类　/ 066

　　一、词基的形态范畴　/ 066

　　二、语义的组合性和音系变化的可预测性　/ 067

第三节　双重表现的词缀　/ 070

第四节　构词操作之间的馈给关系　/ 072

第五节　重叠构词的实质　/ 077

　　一、重叠作为特殊的加缀法　/ 078

　　二、重叠作为特殊的复合法　/ 081

　　三、晋语中的重叠构词　/ 085

第六节　双音节复合词的结构类型与音系形式　/ 087

第四章　辉县盘上话构词与音系的交互模式

第一节　盘上话音系和变调过程　/ 091

　　一、盘上话音系　/ 091

　　二、入声的舒化　/ 093

　　三、上上连读变调　/ 094

第二节　盘上话的构词操作和构词音系　/ 098

　　一、加缀构词　/ 099

　　二、变韵变调构词　/ 108

　　三、复合构词　/ 125

　　四、重叠构词　/ 130

第三节　盘上话构词层面的区分　/ 139

　　一、词根层面与词层面的区分　/ 139

　　二、上上变调规则的（非）循环性　/ 143

　　三、双音节复合词的轻声　/ 146

　　四、圆唇同化过程与两类圪头词　/ 152

第四节　构词层面之间规则的动态移动　/ 155

一、分属两个构词层面的词缀　/ 155
　　二、上声变调规则的形态化　/ 160
第五节　小结　/ 174

第五章　平遥话构词与音系的交互模式

第一节　平遥话的构词操作　/ 176
　　一、加缀构词　/ 177
　　二、重叠构词　/ 181
　　三、复合构词　/ 185
第二节　平遥话构词过程中的声调变化　/ 186
　　一、平遥话单字声调系统和底层声调系统　/ 186
　　二、双音节词中的三类变调模式　/ 188
　　三、AB子式、ABB式三音节名词的变调模式　/ 196
第三节　平遥话重叠构词的实质　/ 203
　　一、名词AA式、ABB式重叠　/ 204
　　二、动词AA式重叠　/ 205
第四节　平遥话构词层面的区分　/ 208
　　一、词根层面与词层面的区分　/ 208
　　二、词根层面构词与B类变调　/ 210
　　三、词层面构词与A类变调　/ 212
　　四、复合词的两类变调模式　/ 213
第五节　小结　/ 215

第六章　神木话构词与音系的交互模式

第一节　神木话的声调系统和变调过程　/ 218
　　一、阴平和上声的关系　/ 218
　　二、入声变调　/ 225
　　三、声调制约条件：*LL　/ 230
　　四、神木话的轻音调和轻声调　/ 232

第二节　神木话构词层面的区分　/ 234
　　一、词根层面与词层面的区分　/ 235
　　二、词根层面的构词操作和音系过程　/ 237
　　三、词层面的构词操作和音系过程　/ 252
　　四、分属两个层面的构词操作　/ 256
第三节　小结　/ 263

第七章　总　结

第一节　主要结论　/ 266
第二节　理论启示和未来研究方向　/ 269

译名对照表

图表目录

后　记

第一章 引 言

第一节 汉语构词音系的研究现状

人类语言由不同模块组成，在生成语法的语言理论模型中，句法、音系和语义三大模块始终为核心模块，句法为生成性模块，音系和语义为诠释性模块。在此基础上，词库和形态①是否具备和这三大模块相当的理论地位，一直以来是讨论的焦点问题。20世纪70年代以来，生成语言学关于形态构词发生的模块以及与之相关的语法内部组构的探讨中，主要有两种理论假设，即词库论和句法转换论。

词库论主张构词不同于造句，构词发生在词库内，并由音系和语义两个模块给予具体的音系内容和语义内容；词以一个完整体的形式进入句法运算，句法层面的操作无法作用于词的内部成分，即词库论所持的词汇完整性原则（The Lexical Integrity Principle）②。这样的话，语法有两个生成模块，即双引擎的语法结构，一个是词库内负责构词的形态部分，一个是词库外（或后词库）负责造句的句法部分③。相反，句法转换论否认词库的生成器地位，认为语法只有句法一个生成器，构词与造句遵循同样的原则

---

① 本书所讨论的形态指的是广义的形态，包括屈折、派生、复合、重叠等构词过程。不过由于汉语屈折形态不丰富，我们所讨论的形态过程主要涉及派生、复合、重叠这三类构词过程。
② Chomsky, N. "Remarks on Nominalization". In Jacobs. R. & Rosenbaum, P. (eds.). *Readings in English Transformational Grammar*, Waltham, Mass.: Ginn and co., 1970, pp. 184-221.
③ 持词库论观点的相关研究，可参见：M. Halle. "Prolegomena to a Theory of Word Formation" (1973, *Linguistic Inquiry* [4])、M. Aronoff. *Word Formation in Generative Grammar* (1976, MIT Press)、P. Kiparsky. "From Cyclic Phonology to Lexical Phonology" (1982, *The Structure of Phonological Representations* [I], Foris Publications) 和 "Lexical Morphology and Phonology" (1982, *Linguistics in the Morning Calm*, Hanshin) 等。

和限制条件①。直至现在，围绕这两种假设的讨论也一直在进行着，可以说，对于生成语言学而言，构词是否发生在词库内，以及构词与音系（和语义）有着怎样的互动关系始终是基础性的研究课题。

20世纪中期之前，很多西方语言学家对汉语所持的刻板印象就是汉语中只有单音节的字或语素，没有词；汉语是一种孤立型语言，没有形态（屈折形态）②。同样，在生成语言学关于词库内部结构的理论探讨中，理论构建所采用的语料多来自印欧语言（如英语之于词库音系学理论），理论检验的语言也多为形态（尤其是派生和屈折形态）丰富的语言，如俄语③、西班牙语④、波兰语⑤、挪威语⑥、马拉雅拉姆语（Malayalam）⑦、塞卡尼语（Sekani）⑧等。对于一向被视为语言形态贫瘠的汉语而言，生成语法提出的词库结构假设是否适用，形态运算的机制是否适用，则迫切需要系统的评估和检验。对于追求语法原则普遍意义的形式语言学而言，无论是从理论构建的角度出发，还是从理论检验的角度考虑，对有别于印欧语言的汉语形态系统加以全面、系统的考察十分有必要。

在已有的关于汉语词库内构词与音系交互关系的生成语法研究中，讨论的对象多为汉语普通话，鲜有涉及汉语方言。多位学者在标准词库音系

---

① 主张句法转换论的研究，可参见：M. Baker. *Incorporation: a Theory of Grammatical Function Changing* (1988, University of Chicago Press)、M. Halle & A. Marantz. "Distributed Morphology and the Pieces of Inflection" (1993, *The View from Building 20: Essays in Linguitics in Honor of Sylvain Bromberger*, MIT Press)，以及 A. Marantz "No Escape from Syntax: Don't Try Morphological Analysis in the Privacy of Your Own Lexicon" (1997, *UPenn Working Papers in Linguistics*)。
② Hockett, C. F. "Review of *Linguistic Interludes and Morphology: the Descriptive Analysis of Words* Both by E. A. Nida", 1944, *Language* (20), pp. 252-255.
③ Pesetsky, D. *Russian Morphology and Lexical Theory*. Ms., MIT, 1979.
④ Harris, J. W. *Syllable Structure and Stress in Spanish*. Cambridge, MA: MIT Press, 1983.
⑤ 词库音系学框架内关于波兰语的研究，可参阅：J. Rubach. *Cyclic and Lexical Phonology: The Structure of Polish* (1984, Foris Publications) 和 "An Overview of Lexical Phonology" (2008, *Language and Linguistics Compass* [2])，以及 G. Booij & J. Rubach. "Postcyclic vs. Postlexical Rules in Lexical Phonology" (1987, *Linguistic Inquiry* [18])。
⑥ Kristoffersen, G. *The Phonology of Norwegian*. Oxford: Oxford University Press, 2000.
⑦ Mohanan, K. P. *Lexical Phonology*. Ph.D. thesis, MIT. Distributed by Indiana University Linguistics Club, 1982.
⑧ Hargus, S. *The Lexical Phonology of Sekani*. Ph.D. thesis, University of California, Berkeley, CA, 1985.

学的理论框架内对汉语普通话中不同构词过程之间、构词与音系之间的交互进行分析，探讨了汉语普通话的词库结构[1]。这些研究认为汉语普通话的词库结构如标准词库音系学所预测的那样，词库内形态操作和音系操作彼此交互，根据不同的形态操作诱发的音系变化的不同，不同类型的形态操作和音系操作分属不同的词库层面，词库整体上呈现出多层面、串联式的内部结构，如图1.1所示：

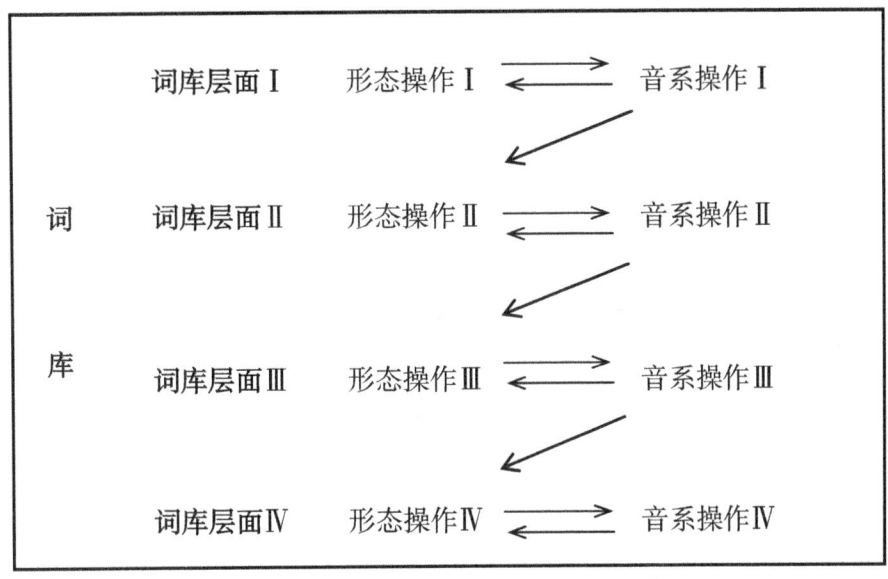

```
词  词库层面Ⅰ     形态操作Ⅰ  ⇌  音系操作Ⅰ
                                    ↘
    词库层面Ⅱ     形态操作Ⅱ  ⇌  音系操作Ⅱ
                                    ↘
库  词库层面Ⅲ     形态操作Ⅲ  ⇌  音系操作Ⅲ
                                    ↘
    词库层面Ⅳ     形态操作Ⅳ  ⇌  音系操作Ⅳ
```

图1.1 标准词库音系学提出的词库结构[2]

针对帕卡德（Packard）提出的汉语词库分层模式，斯普罗特和石基琳（Sproat & Shih）提出质疑，提供多方面证据表明汉语普通话的词库结构并

---

[1] 关于词库音系学框架内汉语普通话词库结构的探讨，可详细参见：J. Packard. "A Lexical Morphology Approach to Word Formation in Mandarin"（1990, *Yearbook of Morphology* [3]）和 "Why Mandarin Morphology is Stratum-ordered"（1992, Paper Presented to the NACCL-4）、许德宝（Xu De-bao）的 "Mandarin Tone Sandhi in Lexical Phonology"（1993, Paper Delivered at the NACCL-5）和 "Lexical Tone Sandhi and the Lexical Organization of Mandarin"（2001, *Chinese Phonology in Generative Grammar*, Academic Press），以及张洪明、于辉的《词汇音系学与汉语重叠式的音系研究》（《语言学论丛》第39辑，商务印书馆，2010年）。

[2] 标准词库音系学指的是柯珀斯基（Kiparsky）20世纪80年代提出的词库音系学理论模型以及后续一些理论上的修正，不包括优选论框架内的词库音系学研究和基格里希提出的词基驱动的词库分层模式。

非多个层面依序进行的串联式结构，汉语普通话词库内的构词格局很复杂，分层面、按次序的严格线性推导模式行不通[1]。因此，帕卡德之后的立场已经改变，文中讲到他并非想证明汉语普通话词库内部的构词操作是按照这种线性的层面排序模式来组织的，而是想表明汉语普通话当中不同类别的词由不同的构词操作生成，至于这些不同类型的构词操作在词库内以怎样的方式进行组织，暂时没有更好的答案[2]。就此，汉语词库内构词与音系的互动模式重新成为一个悬而未决的问题。

除了标准词库音系学框架内的探讨，在其他理论框架内关于汉语构词与音系交互的研究多专注于汉语普通话当中复合词的生成过程，如韵律音系学框架内冯胜利的研究[3]，分布形态学框架内薛念文、张宁和胡伟等的研究[4]。复合词之所以受到如此多的关注是因为普通话里复合构词是最为能产的构词方式。

汉语方言的调查材料表明，除了复合构词，汉语方言中还存在多种多样的派生构词现象和重叠构词现象，很多构词过程呈现出与音系的密切互动，如晋东南地区和豫北地区广泛存在的变韵构词、南部吴语地区的小称变调、西北方言中丰富的重叠现象。而且，不同的方言区域内，甚至是同一方言区的不同片点，构词过程以及构词与音系的交互既有共通之处，同时也体现出各自独特的特点。已有几位学者对汉语方言中构词与音系的亲密互动在生成音系学的理论框架内进行了理论分析和探讨，并且给后续的

---

[1] Sproat, R. and Shih C-L. "Why Mandarin Morphology is Not Stratum Ordered?" *The Yearbook of Morhology*. 1993, pp. 185-217.
[2] Packard, J. "A Lexical Phonology of Mandarin Chinese". In Packard. J. (ed.), *New Approaches to Chinese Word Formation: Morphology, Phonology and the Lexicon in Modern and Ancient Chinese. Trends in Linguistics Studies and Monographs*. Berlin and New York: Mouton de Gruyter, 1998, pp. 311-327.
[3] 关于冯胜利在韵律音系学框架内对汉语普通话复合词的相关研究成果，可参见："Prosodically Determined Word Formation in Mandarin Chinese"（1997, *Social Science in China* [Winter issue]）、《汉语韵律句法学》（上海教育出版社，2000年）、《汉语的韵律、词法与句法》（修订版）（北京大学出版社，2010年）。
[4] 关于分布形态学框架内薛念文、张宁和胡伟等的研究，详细参见：薛念文"Defining and Automatically Identifying Words in Chinese"（2001, Ph. D. thesis, University of Delaware）、张宁的"Root Merger in Chinese Compounds"（2007, *Studia Lingüistica* [61]）、胡伟《英汉复合构词的分布形态学研究》（南开大学博士学位论文，2013年）。

研究带来颇多启示①。但是这些研究多针对某一方言内个别典型的构词过程，对同一方言内不同构词过程之间的交互以及相对应的音系过程之间的交互，并未给予全面的观照。

此外，形态操作生成的词需要转送至音系模块和语义模块进行解读，不同的形态操作生成的词不仅在音系上可能有不同的表现，在语义上也可能呈现出不同的特点，语义解读上的差异对区分不同类型的形态操作同样具有关键性的参考价值，甚至比音系上的差异更为基础。然而，这并未受到侧重于词缀音系表现的标准词库音系学的重视，相比而言，基格里希（Giegerich）提出的词基驱动的词库分层假设②和分布形态学的词内语段理论（Word-internal Phase Theory）③兼顾词的音系表现和语义特点，因而可以更为合理地解释不同的形态操作与音系和语义两个模块之间的交互。

出于以上理论方面和实践方面的考虑，我们认为生成语法对汉语构词与音系（语义）交互关系的研究有必要"上山下乡"，深入到汉语方言中去考察其中丰富多样的构词现象，分析汉语方言中不同的构词过程究竟按照哪一种理论假设所预测的情形进行；分析过程不单单需要参照所造之词的音系特点，同时还要兼顾所造之词的语义特点。

---

① 这些研究中关于汉语方言变韵构词的研究比较突出，详细可参见：林燕慧(Lin Yen-Hwei)的 "Degenerate Affixes and Templatic Constraints: Rime Change in Chinese" (1993, *Language* [4])、"A Typology of Chinese Affixation" (1997, *Chinese Languages and Linguistics: Typological Studies of Languages in China* [4])、"Theoretical Implications of Huajia Rime Change" (1999, *Proceedings of IACL-7/NACCL-10*)、"Toward a Unified Account of Three Classes of Huojia Affixed Words" (2001, *Chinese Phonology in Generative Grammar*, Academic Press)、"Chinese Affixal Phonology: Some Analytical and Theoretical Issues" (2004, *Language and Linguistics* [54])，以及 M. Yip. "Prosodic Morphology in Four Chinese Dialects" (1992, *Journal of East Asian Linguistics* [1])。
② Giegerich, H. *Lexical Strata in English: Morphological Causes, Phonological Effects*. Cambridge: Cambridge University Press, 1999.
③ 词内语段理论的相关研究，可参见：A. Marantz *Words* (2001, Ms. MIT)、T. Marvin. *Topics in Stress and the Syntax of Words* (2002, Ph.D. thesis, MIT) 和 H. Newell. *Aspects of the Morphology and Phonology of Phases* (2008, Ph.D. thesis, McGill University)。

第二节　晋语之于构词-音系接口研究的价值

晋语指"山西及其毗连地区有入声的方言"[①]。由于特殊的地理环境和复杂的社会历史因素，晋语在音系方面呈现出不同于周边方言的诸多特征，如入声调的保留、连读变调过程中某些调类的合并与分立等。与此同时，晋语区方言还拥有丰富的形态构词手段。串联式形态构词手段，如加缀、复合，尤其是加缀法，晋语区方言拥有较多数量和较强能产性的词缀（如前缀"圪-、日-、老-"和后缀"-子、-货、-头"等）；非串联式形态构词手段，如变音（变声+变韵）、变调和重叠，这成为晋语区方言形态构词系统的一大特色。

这些不同类型的形态构词操作触发不同类型的音系过程。同一方言之内，同一个语素因参与不同类型的形态构词操作，其音系形式也会表现出系统性差异；此外，同一个构词操作，可能因构词语素在音系形式上的差异（如声调），最后衍生出来的词在音系特点上显现出系统差异。不同方言之间，同一构词操作可能触发相同的音系变化，也可能触发不同的音系变化，体现出跨方言的系统性差异。

晋语中这些饶有特色的构词现象表明汉语的形态变化并不匮乏，晋语区方言形态构词与音系之间存在密切的双向互动关系。这些构词-音系现象提请我们重新思考汉语的形态类型，而且要基于汉语方言语料来重新审视汉语形态构词系统的类型学特征。

鉴于此，我们以晋语区方言为研究对象，选取该方言区在构词手段、构词与音系-语义的互动上具备代表性的方言，对不同构词操作之间的互动关系、不同构词操作生成的词在音系和语义上的不同表现加以分析，以期得出晋语区方言词库内不同构词操作的运行模式。我们选取的方言分别为辉县盘上话、平遥话和神木话。辉县盘上话是豫北晋语，属于晋语邯新片，地理位置上位于河南省西北部，与山西省交界；平遥位于山西省中部，平遥话属于晋语并州片；神木话是陕北晋语，属于晋语五台片。

[①] 李荣：《汉语方言的分区》，《方言》1989年第4期，第241—259页。

之所以选取这些方言为主要的讨论对象，原因有以下几条。

首先，就构词所利用的手段而言，这三种方言的构词手段比较多样，既有加缀构词，还有多种重叠构词的方式，同时还有复合构词。可以说，这三种方言既有典型的串联式构词操作，还有非串联式的模板形态（template morphology）和重叠构词操作。这三种方言在构词方式上的多样性为我们提供了考察晋语区方言词库内构词模式的优质素材。

其次，这三种方言中与构词相关的音系变化较多，构词与音系的互动较为密切。与中原官话区相邻的盘上话当中，存在多种与构词相关的单音节变韵和变调现象；平遥话中不同结构的复合词、派生词和重叠词采用不同类型的变调模式；神木话中双音节复合词的轻读与否、派生词缀的轻声调值和重叠词中复式的轻声调值受声调线性配列条件的制约而呈现出音系上的交替。

第三，在语料的全面性和可用度方面，这三种方言均经过详细、全面的系统调查，关于平遥话细致的描写材料由侯精一先生调查获得并以期刊论文、学术著作等多种形式出版[①]，关于神木话的材料则来自邢向东先生详尽的描写[②]，盘上话材料则由本书作者亲自调查获得[③]。

[①] 本书关于平遥话中构词与音系交互关系的讨论，主要参考侯精一先生以下文章和著作中提供的语料：《平遥方言的连读变调》（《方言》1980年第1期）、《平遥方言三字组的连读变调》（《方言》1982年第1期）、《平遥方言广用式三字组的连读变调》（《方言》1982年第2期）、《平遥方言的重叠式》（《语文研究》，1988年第4期）、《平遥方言民俗语汇》（语文出版社，1995年）、《现代晋语研究》（商务印书馆，1999年）。

[②] 本书关于神木话中构词与音系交互关系的讨论，主要基于邢向东先生以下文章和著作中提供的语料：《神木方言的儿化变调》（《方言》1996年第1期）、《神木方言的两字组连读变调和轻声》（《语言研究》1999年第2期）、《神木方言音系及其内部差异》（日本早稻田大学《中国语学研究·开篇》1999年第19期）、《论西北方言和晋语重轻式语音词的调位中和模式》（《南开语言学刊》2004年第三辑）和《神木方言研究》（中华书局，2002年）。

[③] 盘上话的语料由本书作者调查获得，已有研究文献可参见本书作者《辉县盘上话的单音节动词重叠》（《中国语文》2013年第2期）、《辉县盘上话的名词小称变韵和变调》（《方言》2014年第1期）。

第三节　关于晋语构词与音系交互的理论问题

我们依然坚持词库论的基本假设，主张词在词库内生成，词在进入句法运算时，已经具备完整的音系信息、形态-句法信息和语义信息；词汇音系有别于短语音系，词的语义解读不同于短语的语义解读。在此理论假设下，基于以上晋语方言中的构词过程，我们主要对以下问题进行探讨和论证。

首先，晋语词库内的构词操作如何进行？一方面，从构词操作应用的顺序上，主要有三种理论上的可能性：一是不同的构词操作"组团"后按序依次进行（如词库音系学[1]）；二是所有的构词操作并行发生（如优选论框架内的并列音系理论[2]）；三是既有按序进行的构词操作，也有并行发生的构词操作。本书所分析的三种晋语方言符合第三种情况。

另一方面，从构词层面分层的依据上，主要有两种假设：一是根据词缀的音系表现划分词库层面（标准词库音系学[3]）；二是根据词基的形态范畴（词根或词）来划分构词的层面或范域[4]。前一种假设难以在理论上对词库内的层面数量加以限制，后一种假设可以将词库内的层面数量限制在两个。我们所讨论的三种晋语区方言支持第二种假设，根据构词的词基为词根还是成词，词库内总体上存在两个层面——词根层面和词的层面，词根和词最根本的区别在于前者未进行形态-句法语类特征的赋值，后者已经具

---

[1] Kiparsky, P. "Lexical Morphology and Phonology", in Yang, I.S. (ed.). *Linguistics in the Morning Calm*, Seoul: Hanshin, 1982, pp. 3-9.
[2] Inkelas, S. and C. Zoll. "Is Grammar Dependence Real? A Comparison Between Cophonological and Indexed Constraint Approaches to Morphologically Conditioned Phonology". *Linguistics* 45(1), 2007, pp. 133-171.
[3] 标准词库音系学框架内的相关研究成果较多，可参见：P. Kiparsky. "From Cyclic Phonology to Lexical Phonology" (1982, *The Structure of Phonological Representations* [I]) 和 "Lexical Morphology and Phonology" (1982, *Linguistics in the Morning Calm*)，以及 K. P. Mohanan. *The Theory of Lexical Phonology* (1986, D. Reidel Publishing Company)。
[4] 强调词基的不同范畴对词的音系特点的影响的研究，可参见：E. Selkirk. *The Syntax of Words* (1982, MIT Press)、H. Giegerich. *Lexical Strata in English: Morphological Causes, Phonological Effects* (1999, Cambridge University Press) 和 A. Marantz. *Words* (2001, Ms. MIT)。

备明确的形态-句法语类特征。词根层面的构词操作为词层面的构词操作提供输入项，反之，则不可行。在同一构词层面上，不同的构词操作同时进行，部分构词操作之间呈现出互相馈给的关系。

词库	词根层面	输入项	词根；功能语素
		形态操作→音系-语义拼出	
		输出项	词
	词层面	输入项	词；功能语素
		形态操作→音系-语义拼出	
		输出项	词

图1.2 词基驱动的词库分层模式

其次，不同构词层面上生成的词在语义和音系上的表现有何不同？标准词库音系学侧重于构词与音系的交互，对生成的词如何进行语义解读关注较少。然而，一个词在语义解读方面的表现对判定它在哪个层面上生成同样重要，在讨论具体的构词过程在词库内哪个层面上发生时，需要同时兼顾语义和音系方面的表现。

根据我们所提出的词基驱动的词库分层假设，词根层面上的词通过未范畴化的光杆词根与指派语类特征的功能语素直接合并生成，因而可能出现语义上的晦暗性；相反，词层面上的词通过已经范畴化的成词与功能语素合并生成，语义可分析性强。在音系表现上，词根层面的词应用的音系规则可能缺少明确的音系动因，例外较多，同时，由于该层面的词只构成一个语段，即一个音系域，因此语素之间的界线不会阻断特定音系规则的应用；相反，词层面的词应用的音系规则总体上比较自然，透明度高，概括性强，同时，该层面生成的词含有多个语段，语段之间的界线可能会阻断特定音系规则的应用。

第三，是否存在循环应用的变调规则？标准词库音系学所假设的分层面、按次序的串联式推导过程与生成音系学所提倡的音系规则有序应用和循环应用密切相关，词库内构词层面的划分与形态和音系规则的循环域存在特定的对应关系。在我们的理论假设中，循环域由语段界定，循环性视具体构词层面而定、视具体音系规则而定。在循环性的构词层面上，一条循环性音系规则可以完美展现其循环应用的特点；相反，在非循环性的构词层面上，循环应用的音系规则就会受到阻断，该规则的循环性会受到抑制。

　　从一个复杂词表面的线性结构来看，英语在词基单侧可以加缀多个词缀（尤其是后缀，如[[[[establish]词根+ment后缀1] +al后缀2] +ism后缀3]N），词重音规则循环应用的特点比较明显。相比而言，作为声调语言的汉语在词基的左侧或右侧可连续加缀的词缀较少，一个词内部嵌入的语素结构层次较少，而且很多功能语素音系上非显，因而音系规则在词层面的循环性体现得不是那么明显。不过在晋语方言中，存在大量三音节的AB子、ABB结构的词，这些词在某种程度上可以反映变调规则在词当中应用的（非）循环性。

第二章 形态与音系交互关系的理论研究

在这一章，我们将简要回顾生成语法不同时期处理形态与音系交互的理论假设和分析方法，对它们所采用的分析手段进行比较，指出它们所面临的主要问题。

第一节 生成语言学之词库研究

回顾生成语言学关于词库地位的探讨，就会发现这是一场句法和词库的"拉锯战"。生成语言学认为人脑中内在的语法知识由若干个模块或者子系统构成，各个模块各有分工，各司其职，同时它们之间存在着不同范畴的结构信息的转换[1]。然而，由于各个模块进行运算的符号系统不同，模块之间信息的转换和解读（即接口条件［Interface Conditions］）成为生成语言学需要应对的一个基础性理论课题。在生成语言学每个发展阶段，句法模块、音系模块和语义模块均为三大核心模块，存在争论的就是词库的功能和地位。争论的焦点在于词库和句法的分工，负责构词的形态成为它们"争夺"的对象，争论的主要问题就是构词和造句是否运用相同的运算机制？是否在同一个模块内进行？这个问题存在四种可能的回答：1）构词和造句运用相同的运算机制且在同一模块内进行；2）构词和造句运用相同的运算机制但在不同模块内进行；3）两者运用不同的运算机制，因此在不同的模块内进行；4）两者虽然运算机制不同，但在同一模块内发生。

生成语法学家具体会给出哪一种答案，与该理论在不同时期对句法推导过程的认识密切相关。早期的生成语法理论对词库和形态的认识相当粗略，句法转换规则不仅负责句子表层结构的推导，还负责词的推导。整个

---

[1] Fodor, J. *The Modularity of the Mind*. Cambridge. Mass.: MIT-Bradford. 1983.

语法系统由句法、音系和语义三个子系统组成，句法是唯一的生成器，词库和形态不具备自主的生成模块地位。生成语法早期对词库和形态的这种忽略虽然某种程度上与理论模型的构建有关，但是很大程度上是由于生成语言学尚处理论发展初期，当时明确肯定句法的生成能力已属理论之革新，其他模块是否同样具备生成能力尚未提上理论探讨的日程，因此，当时未充分认识到词库和形态的理论地位也是"可以理解的"[1]。

20世纪60年代中后期，转换规则在结构推导中的作用被过分夸大，尤其体现在生成语义学的研究中。很多学者致力于丰富语法中的转换部分，尽可能把各种表层结构不同而意义相近的结构设法通过转换规则关联起来，导致表层结构与深层结构相去甚远，"深层结构无用论"和"词项分解说"就是该趋势发展的极端体现。在这种趋势下，乔姆斯基（Chomsky）在《论名物化（Remarks on Nominalization）》一文中提出句法应该"分权"给词库[2]，英语中派生名词与动名词的来源不同，派生名词并不是通过句法结构转换而来的，而是由词库输出而来，在词库中完成名物化过程。乔姆斯基建议适当地减少句法的运算负担，把派生构词交给词库来承担。自此，主张构词发生在词库的词库论形成，生成语言学关于词库内部结构的讨论也风生水起。不过，乔姆斯基并未采取绝对的一刀切的观点，他认为词库和句法各自应该承担的运算任务的多寡，是一个经验问题。言下之意就是派生、复合和屈折并不应当一股脑地全交给词库来处理，这就为日后句法规则的"逆袭"埋下了伏笔，词库论内部出现两种观点，即强词库论和弱词库论。

持强词库论的学者主张所有的构词过程均发生在词库当中，这条路线上的排头兵则是哈勒（Halle）[3]，他首次在生成语言学框架内细致讨论了词库内部的组构、构词规则的功能、词库内语素的属性、音系对构词的影响

---

[1] Jackendoff, R. *Foundations of Language: Brain, Meaning, Grammar, Evolution*. Oxford: Oxford University Press, 2002.
[2] Chomsky, N. "Remarks on nominalization". In Jacobs R. and Rosenbaum, P. (eds.). *Readings in English Transformational Grammar*. Waltham, Mass.: Ginn and co., 1970, pp. 184-221.
[3] Halle, M. "Prolegomena to a Theory of Word Formation". *Linguistic Inquiry* (4). 1973, pp. 3-16.

等基础性理论问题。哈勒认为词库当中，不仅包含派生构词和复合构词，屈折构词也包括在内。可以说，哈勒当时讨论的问题为以后关于词库和形态的研究奠定了基础，生成语法之后关于词库的探讨也多围绕这些问题展开。

就形态与音系的交互而言，词库音系学理论则成为20世纪80年代至90年代关于词库内部结构和形态与音系交互的最重要理论成果。该理论认为所有的形态操作都在词库内进行，而且形态操作和音系操作交叉进行，词库内进行的形态音系过程不同于后词库层面的句法音系过程。当时有很多研究在词库音系学的框架内对世界上不同语言中形态与音系的交互进行了分析。直至目前，该理论依然表现出强大的生命力，一些理论假设和主张被反对词库论的分布形态学[1]和推导式优选论[2]所吸纳。

就词的成分结构而言，20世纪80年代正是管约论框架内句法研究的兴盛时期，一些学者在坚持词库论的前提下，采用分析短语结构的一些形式手段来分析词的内部结构。里伯（Lieber）和塞尔柯克（Selkirk）[3]采用X阶标理论（X-bar Theory）来阐释复合构词过程和加缀构词过程（屈折和派生）中不同范畴的形态单位的组合和这些形态单位在结构树中的位置，他们认为合成复合词中词项的论元结构与词在句子中的论元结构一致，词项的论元结构可以解释合成复合词的生成过程[4]。里伯在90年代彻底将句法规则全面覆盖至所有的形态过程，甚至较难处理的非串联式形态（如重叠）也被他纳入他的句法规则造词理论体系当中，句法的触角彻底深入词库部分[5]。

持弱词库论的学者则认为与句法关系密切的屈折形态不属于词库的管

---

[1] Halle, M. and O. Matushansky. "The morphophonology of Russian Adjectival Inflection". *Linguistic Inquiry* (37), 2006, pp. 351-404.
[2] 推导式优选论的研究可参见：J. Rubach. "Glide and Glottal Stop Insertion in Slavic Languages: A DOT Analysis"（2000, *Linguistic Inquiry* [31]）和 "Polish Palatalization in Derivational Optimality Theory"（2003, Lingua [113]），以及P. Kiparsky. "Opacity and Cyclicity"（2000, *The Lingusitic Review* [17]）。
[3] *The Syntax of Words*. Cambridge MA: MIT Press, 1982.
[4] 里伯采用X-阶标理论对构词过程的分析可参见：R. Lieber. *On the Organization of the Lexicon*（1980, Ph.D. thesis, MIT）和 "Argument Linking and Compounds in English"（1983, *Linguistic Inquiry* [14]）。塞尔柯克的同类研究可参见其专著 E. Selkirk. *The Syntax of Words*（1982, MIT Press）。
[5] Lieber, R. *Deconstructing Morphology*. Chicago: University of Chicago Press, 1992.

辖范围，形态分散于词库和句法（或音系）两个模块，这就是"分裂形态假设"（The Split-morphology Hypothesis）[1]。与此同时，一些研究进而指出部分能产的派生形态和复合构词也可以交由句法负责，通过中心语移位等句法操作来实现[2]。由此产生的一个理论趋势就是凡是可以通过句法分析手段解释的构词过程，就不要将其交给词库，尽可能地降低语法系统中的冗余成分，分布形态学理论则将这一趋势进一步强化。

20世纪90年代初期，在同一本论文集上，乔姆斯基论述了最简单方案的理论设想[3]，哈勒和马兰茨（Marantz）则提出了否认词库论的分布形态学理论[4]。之后马兰茨指出："分布形态学将要替代词库论，它使我们可以一劳永逸地将词库论丢弃……词库论已经没有生命力、已经离世，再也不会继续下去。"[5]分布形态学对词库论的摒弃体现在很多方面，最为突出的是体现在这两条基本假设：1）语言系统只有句法一个生成器，词和短语采用相同的生成机制（合并和移动），有别于词库论的双引擎模式；2）短语直接由语素构成，语素是句法运算的原始项，不存在词的层面，词失去了原有的理论地位。

分布形态学提供了新的可操作的技术手段来研究形态过程，尤其对于屈折形态而言，分布形态学可以较好处理。就派生构词和复合构词而言，

---

[1] 主张弱词库论观点的相关研究可参见：S. R. Anderson "Where's Morphology?" (1982, *Linguistic Inquiry* [13])、N. Fabb. *Syntactic Affixation* (1984, Ph.D. Dissertation, MIT) 和 "Doing Affixation in the GB Syntax" (1988, *Morphology and Modularity: In Honour of Henk Schultink*、S. Scalise "Inflection and Derivation" (1988, *Linguistics* [26])。

[2] 此类研究可参见：R. Sproat. *On Deriving the Lexicon* (1985, Ph.D. thesis, MIT)、T. Roeper. "Compound Syntax and Head Movement" (1988, *Yearbook of Morphology*)、M. Baker. *Incorporation: a Theory of Grammatical Function Changing* (1988, University of Chicago Press)，以及 K. Hale & S. J. Keyser "On Argument Structure and the Lexical Expression of Syntactic Relations" (1993, *The View From Building 20: Essays in Linguistics in Honor of Sylvain Bromberger*. MIT Press)。

[3] Chomsky, N. "A Minimalist Program for Linguistic Theory". In K. Hale & S. J. Keyser (eds.), *The View From Building 20: Essays in Linguistics in Honor of Sylvain Bromberger*, Cambridge, MA: MIT Press, 1993, pp. 1-52.

[4] Halle, M. & A. Marantz. "Distributed Morphology and the Pieces of Inflection". In K. Hale and S. J. Keyser (eds.), *The View from Building 20: Essays in Linguitics in Honor of Sylvain Bromberger*. Cambridge, MA: MIT Press, 1993, pp. 111-176.

[5] Marantz, A. "No Escape from Syntax: Don't Try Morphological Analysis in the Privacy of Your Own Lexicon". *UPenn Working Papers in Linguistics* (4), 1997, pp. 201-225.

早期的分布形态学理论并未给予适当的讨论。分布形态学理论设计中形态部分的操作，如分裂（Fission）、融合（Fusion）和剥夺（Impoverishment）等，也多针对屈折特征，与派生构词和复合构词关系并不大。而且，分裂、融合和剥夺等手段是形态特有的，句法操作并不利用这些手段。这等于承认句法并不能完全取代形态的功能，而这恰恰是词库论所持的观点，与分布形态学的反词库论相矛盾。之后分布形态学吸纳语段理论的研究成果用来探讨形态-句法结构的音系-语义解读，其中一个重要的理论发展就是词内语段理论，然而词内语段理论关于第一构词语段性质的理解显露出词库论的苗头，因此，威廉姆斯（Williams）提出分布形态学是否真的与词库论彻底决裂这一质疑[1]。

此外，分布形态学面临的另外一个重大问题就是句法部分运算的负荷太重，从语素（和形态-句法特征）到句子的推导步骤过多，对语言使用者的心理现实性也是一个巨大挑战。这背后还隐藏着包括分布形态学理论在内的句法构词理论的一个逻辑问题，即可用句法手段分析的词就必然在句法模块生成吗[2]？

目前来看，就词库在语法系统中的地位问题，生成语言学的研究似乎重新回到了乔姆斯基1970年《论名物化》一文之前的时期，生成语法学家需要重新考量该文中的语言事实和理论启示[3]。构建最简单的语法理论固然是生成语法的终极理论目标，但是人类的语言系统不可避免地含有规律性差一点的异质成分和羡余成分，我们应当寻求实际可行的方式来归置并处理这些异质成分和羡余成分，词库论则可以做到这一点。

---

[1] Williams, E. "Dumping Lexicalism". In Gillian Ramchand and Charles Weiss (eds.), *The Oxford Handbook of Linguistic Interfaces*, Oxford University Press, 2007, pp. 353-382.
[2] 李亚非，《核心移位的本质及其条件——兼论句法和词法的交界面》，《当代语言学》2000年第1期，第1—17页。
[3] Aronoff, M. "Face the Facts". In Florence Villoing and Sophie David (ed.), *Foisonnements Morphologiques: Études en Hommage à Françoise Kerleroux*, Paris: PUPO, 2013, pp. 307-324.

第二节　标准词库音系学框架内的汉语词库研究

标准词库音系学关于词库内部分层的假设主要基于以下事实提出：1）英语中Ⅰ类词缀和Ⅱ类词缀加缀的顺序；2）Ⅰ类词缀和Ⅱ类词缀音系上的不同表现；3）词库音系规则的循环性。已有的在标准词库音系学框架内对汉语构词过程的研究均以汉语普通话为分析的对象，这些研究更大程度上是采用词库音系学的分析手段来考察汉语当中形态与音系的交互。然而，以上三方面的形态事实在汉语普通话的构词过程中体现得并不明显[1]。

首先，英语中Ⅰ类词缀和Ⅱ类词缀之间的差异是由历史原因造成的，这些原因主要有：1）不同历史层次的形态规则和音系规则共时层面上的沉积；2）词和构词规则语源上的不同。前者是所有语言中普遍存在的现象，后者则视具体语言而有所不同，汉语历史上虽曾引入不少外来词汇，但借入的词缀极少。其次，就不同词缀加缀的先后顺序而言，汉语大多数词基后面并不能如英语等印欧系语言一样可以附加多个词缀，词缀的有序性在汉语中体现得并不明显。最后，汉语普通话缺少一条公认的（如英语词重音指派规则那样具备明显循环性）词库音系规则，上声变调规则和重音指派规则曾被视作普通话当中的循环性词库音系规则，但仍具争议。同时，普通话的上声变调规则在后词库层面（即短语层面）也体现出鲜明的循环性。因此就汉语普通话本身而言，并不能为标准词库音系学多层面、有次序的串联式词库结构提供直接证据，标准词库音系学也无法给出关于汉语普通话词库结构的满意答案。

在汉语普通话词库内层面划分的标准问题上，学者们并没有达成共识，采用的标准不一，划分出来的词库层面当然也就大相径庭，帕卡德分出四层[2]，而许德宝分出两层[3]。分层标准上的巨大分歧表明标准词库音系学的分

---

[1] Sproat, R. & Shih C-L. "Why Mandarin Morphology is Not Stratum Ordered?" *The Yearbook of Morphology*, 1993, pp. 185-217.
[2] Packard, J. "A Lexical Morphology Approach to Word Formation in Mandarin". *Yearbook of Morphology*, 1990, pp. 21-37.
[3] Xu, De-bao. "Lexical Tone Sandhi and the Lexical Organization of Mandarin". In Xu Debao (ed.), *Chinese Phonology in Generative Grammar*, New York: Academic Press, 2001.

层模式在汉语中并不适用。下面我们对这些学者的分析进行简要的评述。

首先是最为饱受争议的帕卡德的分析，帕卡德分别从不同形态过程之间的关系[1]、形态与音系的交互[2]以及认知的角度[3]对汉语普通话的词库结构进行了讨论，得出的结论是普通话的词库结构如标准词库音系学所预测的那样，具备多个层面，且各个层面的形态过程按次序进行。帕卡德1990年的文章在未考虑形态与音系交互的情况下，基于构词过程的能产性、不同类型复合词与加缀构词之间的关系这两条标准将汉语词库分为四层，如图2.1所示：

词库层面Ⅰ	所有的离心复合词 受限的动补复合词	
词库层面Ⅱ	名词复合词 一般的动补复合词	名词后缀"-子""-儿""-头" 中缀"不""得"（V₁不/得V₂）
词库层面Ⅲ	向心动词复合词 结合紧密的动宾复合词	是否问句中缀（V₁不V₁V₂）
词库层面Ⅳ	屈折词缀加缀	

图2.1　帕卡德（1990）的汉语普通话词库结构

在以上的词库分层结构中，帕卡德认为对分层起到关键作用的证据涉及：1) 不同类型的动词复合词是否可以插入中缀"不""得"（V₁不/得V₂），如层面Ⅰ动补复合词"改善"和层面Ⅱ动补复合词"看完"的区别，*"改不改善"[4]~"看不/得完"；2) 不同类型的动词复合词是否可以插入疑问句中缀"不"（V₁不V₁V₂），如层面Ⅱ动词复合词"看完"和层面Ⅲ动词复合词"负责"的区别，*"看不看完"~"负不负责"；3) 子尾词不常作为名词复合词的前字，因此与名词复合词处在同一层面上。

---

[1] Packard, J. "A Lexical Morphology Approach to Word Formation in Mandarin", *Yearbook of Morphology*, 1990, pp. 21-37.
[2] Packard, J. "Why Mandarin Morphology is Stratum-ordered?" *Paper Presented to the NACCL-4*, 1992.
[3] Packard, J. *A Linguistic Investigation of Aphasic Chinese Speech*. Dordrecht: Kluwer, 1993.
[4] *星号在此表示不合语法规范的语例。

帕卡德（1990）参照构词过程发生的先后顺序来划分不同的构词层面，帕卡德（1992）参照的则是普通话中构词与音系的交互，认为双音节复合词、重叠词和派生词中后一音节是否负载重音是影响上声变调是否运用的关键条件，即后一音节是否在所属的词库层面获得重音是前一音节变调的决定性因素。帕卡德将普通话的重音指派规则按照中心语原则（Headedness Principle）分为两类，中心语重读规则（Head Stress）和非中心语重读规则（Non-head Stress），其中双音节名词中心语在后一音节，双音节动词和形容词中心语在前一音节。分布于不同词库层面的词运用不同的重音指派规则，汉语词库共分为四层：

	形态		音系
词库层面 I	称谓词重叠 副词重叠	受限的动补复合词 离心动词复合词，其他	高调替换（副词重叠） 非中心语重读规则
词库层面 II	量词重叠 名词复合词	指示词/数词+量词 动补复合词	中心语重读规则
词库层面 III	"子"缀词 "的"尾词 动词 AA 重叠 形容词重叠 （AABB）	动词复合词 形容词复合词 动宾复合词 名词+方位词 V_1 不 V_1V_2	非中心语重读规则
词库层面 IV	动词 ABAB 重叠	屈折词缀（了、着）	上上变调 重音移除（非强制性）
后词库层面			轻声规则（强制性）

图 2.2 帕卡德（1992）的汉语普通话词库结构

在帕卡德（1992）的词库结构中，虽然分层时也考虑到重叠词和复合词的词类、内部结构等形态构词方面的特点，但帕卡德这种过分倚重重音指派规则分层的做法似乎有点本末倒置。由于混淆了后缀"-子"在底层表达中的轻声和其他双音节词中因后一音节轻读导致的轻声，帕卡德不得不任意地在词库内为不同类型的词设定不同的重读规则，不同层面上的重音指派规则发挥的作用仅仅在于诱发或者阻断层面Ⅳ当中上上变调规则的应用。这种为了上上变调的应用而指派重音的做法值得商榷，更不能将其作为词库分层的依据。

对比帕卡德（1990）和帕卡德（1992）得出的汉语普通话不同的词库分层模式，可以发现两者最大的不同之处在于"-子""-儿""-头"等名词后缀在词库内所处层面的差异。在帕卡德（1990）的分层中，出发点是名词复合词与这些词缀进行组合的限制条件，由于"-子、-儿、-头"等名词后缀很少加缀在名词复合词的前字上，因此这些词缀的加缀发生在第二层面，与向心式复合名词处在同一层面上。但是在帕卡德（1992）中，由于向心式名词复合词可以运用上上连读变调，而"-子"与上声词基组合时并不发生上上变调，因此"-子"加缀被分配到了第三层面，运用非中心语重读规则。由此可见，采用不同的分层标准（纯粹的形态标准或者纯粹的音系标准）得出的汉语普通话词库的层面结构存在差异，标准词库音系学关于词库内各个层面上形态过程和音系过程有序运行的假设在汉语中似乎并不适用。因此，帕卡德（1998）[①]的立场已经稍微发生了变化，帕卡德说他分析的目的并非是要表明汉语词库是按照这种层级有序排列的形式来组织的，而是想表明汉语不同类型的词分为不同的类别。

许德宝认为汉语和英语一样，词库内同样存在Ⅰ类和Ⅱ类词缀的区分[②]。在对汉语普通话的形态过程和音系过程考察之后，他认为汉语词库内分为两层，而不是帕卡德所划分的四层，如图2.3所示。其中，在词库层面Ⅰ上发生的构词操作有轻声后缀的加缀（统称为Ⅰ类后缀法）、名词重叠和非意愿动词重叠（统称为Ⅰ类重叠），词库层面Ⅱ上进行的构词操作有前缀加缀、非轻声后缀的加缀（统称为Ⅱ类后缀法）、意愿动词重叠、形容词重叠、量词重叠（统称为Ⅱ类重叠）以及复合构词。词库层面Ⅰ上运用的音

[①] Packard, J. "A Lexical Phonology of Mandarin Chinese". In Packard. J. (ed.), *New Approaches to Chinese Word Formation: Morphology, Phonology and the Lexicon in Modern and Ancient Chinese*, Berlin and New York: Mouton de Gruyter, 1998, pp. 311-327.
[②] 许德宝基于词库音系学理论对汉语普通话构词与音系交互的研究主要可参见：Xu De-Bao "Mandarin Tone Sandhi in Lexical Phonology"（1993, paper delivered at the NACCL-5, University of Delaware）和 "Lexical Tone Sandhi and the Lexical Organization of Mandarin"（2001, *Chinese Phonology in Generative Grammar*, Academic Press）。

系规则不具循环性,该层面应用的音系规则只有轻声规则,因此名词性重叠词无上上变调现象;词库层面Ⅱ上运用的音系规则具有循环性,该层面应用的音系规则有上上变调规则和轻声规则,且上声变调规则在轻声规则之前应用,因此,动词、形容词和量词重叠后运用上上变调规则。

	形态操作		音系操作
层面Ⅰ 非循环性	Ⅰ类后缀法： Ⅰ类重叠：	-子、-头、-巴、-朵 称谓词、非意愿动词重叠	轻声规则
层面Ⅱ 循环性	前缀法： Ⅱ类后缀法： Ⅱ类重叠： 复合构词	老-、小-、第-、初- -儿、-们、-化、-学、-家 形容词、动词、量词重叠	上上变调 轻声规则

图2.3　许德宝(2001)的普通话词库分层

可以肯定的是,许德宝对普通话当中Ⅰ类后缀和Ⅱ类后缀、Ⅰ类重叠和Ⅱ类重叠的区分无论是从共时角度还是从历时角度来看,都更符合汉语普通话构词的实际情况,因此许德宝(2001)对汉语普通话词库层面的划分模式要优于帕卡德的分层模式。但是许德宝的分析面临以下问题。首先,跟帕卡德犯的同一个错误就是,对后缀"-子""-儿"的轻声与双音节复合词末音节的轻读一视同仁,未区分两者在底层表达上的差异。这也是为何许认为层面Ⅰ不具备循环性,上上变调规则在该层面不应用。事实上,在底层表达中,Ⅰ类词缀和Ⅰ类重叠词复式中没有声调特征的赋值,即使上上变调想在该层面应用,也会因结构条件不满足而无法应用。其次,将动词重叠词按语义标准分为意愿动词重叠和非意愿动词重叠,并让它们分处两层,这种区分的理论意义值得商讨。不管意愿动词重叠词,还是非意愿动词重叠词,在后面不接宾语时语音表现一致,都是复式必读轻声。

新近在词库音系学框架内分析汉语普通话词库内构词和音系交互的有张洪明和于辉的研究[①]。他们重点讨论了普通话当中的动词重叠和名词重

[①] 张洪明、于辉:《词汇音系学与汉语重叠式的音系研究》,《语言学论丛》第39辑,2010年,第506—524页。

叠，并正确地指出名词重叠和动词重叠的性质不同，因此诱发的音系变化也有所不同。他们认为动词重叠应该在后词库层面的句法模块中进行，动词重叠与"前缀+词根"形式一样；而名词重叠应该放在词库里面，和"词根+后缀"的构词过程在词库里发生。对于普通话词库内究竟存在几个构词层面，张洪明和于辉并未从形态方面和音系方面给予详细的分析和界定，而且他们探讨的仅仅是汉语普通话构词过程的一部分（动词重叠、名词重叠、子尾词），没有全面地对普通话当中所有的构词过程以及发生的相应音系变化加以考察。

综上所述，以上在标准词库音系学框架内对汉语普通话词库结构的研究分析表明，多层面、按次序的串联式词库结构并不能对普通话当中形态与音系的交互做出充分的解释。而且，串联式的词库结构即使在英语等语言中也有其难言之隐，尤其是词缀的双重性问题（The Affix Duality Problem）已经成为词库音系学的阿基里斯之踵。不过，以上学者的分析作为探讨汉语词库结构的早期尝试，其中不乏真知灼见，这些重要的观点包括：

1) 汉语普通话的构词过程总体上可区分两大类，这两类构词过程中伴随着不同的音系变化；

2) 名词重叠、形容词重叠和动词重叠性质不同，重叠过程伴随的相应的音系变化因此也就不同。

第三节 形态与音系互动的两种分析方法

在生成语法（尤其是生成音系学）的理论发展中，始终作为讨论焦点的一个议题就是形态与音系之间的互动。形态对音系的影响有几种情况[1]，两个语素 M_1 和 M_2 的组合可能：

1) 不诱发任何音系变化。音系似乎对这两个语素的组合以及它们之间的界线不敏感，将两个语素的组合结构与单个语素等同对待，结构内部的语素界线不为音系可视。

---

[1] Kenstowicz, M. and C. Kisseberth. *Generative Phonology: Descriptions and Theory*. New York: Academic Press, 1979.

2）阻碍某个音系过程的发生。这意味着如果这两个语素未发生组合，某个音系过程会发生，也就是说，该音系过程仅发生在单个语素内部。

3）作为某个音系过程发生的条件。如果是单个的语素，特定的音系过程不会发生，但如果是多个语素发生组合，那么相应的音系过程就会发生，即推导环境效应。

对于形态对音系的这种影响，生成语言学分别从两个角度进行分析：一是从语素的结构表达出发；二是从形态和音系过程发生的方式出发[①]。第一种分析方法通过给予不同类型的语素不同的结构表达，来解释为何有些语素的合并可以促发特定音系过程的发生，而有些语素的合并则不可以，如《英语语音模式》(*The Sound Pattern of English*，以下简称为 SPE)[②]中不同类型的语素界线符号"+、=、#"，韵律音系学中不同的语素结构转换为不同层级的韵律结构单位[③]。第二种分析方法认为诱发（或未诱发）不同音系变化的形态过程构成形态-音系语法中不同的小语法，这些小语法可能以先后顺序发生，如词库音系学，也可能并行发生，如并列音系理论（Cophonology Theory）[④]。以规则的有序应用为基础的词库音系学认为这些小语法以先后顺序发生，以优选论的制约条件排序为基础的并列音系理论则认为它们并行发生。

此外，有些分析方法兼顾静态的结构表达和动态的推导过程，不单单考虑形态结构传送至音系模块和语义模块进行解读时内部成分之间的结构

[①] 就生成语言学处理形态与音系互动的不同分析方法，舍尔（Scheer）对此有详细论述，可参见：T. Scheer. *A Guide to Morphosyntax-Phonology Interface Theories: How Extra-Phonological Information is Treated in Phonology Since Trubetzkoy's Grenzsignale* (2011, Mouton de Gruyter) 和 "Chunk Definition in Phonology: Prosodic Constituency vs. Phase Structure" (2012, *Modules and Interfaces*, Wydawnictwo KUL)，以及 R. D'Alessandro 和 T. Scheer 合著的 "Modular PIC" (2015, *Linguistic Inquiry* [46])。

[②] Chomsky, N. & M. Halle. *The Sound Pattern of English*. New York: Harper and Row, 1968.

[③] 关于韵律音系学处理词句与其音系形式之间对应关系的研究，可详细参见：E. Selkirk. *The Phrase Phonology of English and French* (1972, Ph.D. thesis, MIT) 和 *Phonology and Syntax: The Relation Between Sound and Structure* (1984, MIT press), M. Nespor & I. Vogel. *Prosodic Phonology* (1986, Foris Publications)，以及 S. Inkelas. *Prosodic Constituency in the Lexicon* (1990, Garland Publishing Inc.)。

[④] Inkelas, S. "The Theoretical Status of Morphologically Conditioned Phonology: A Case Study From Dominance". *Yearbook of Morphology*, 1998, pp. 121-155.

关系，同时还关注解读过程所遵循的制约条件。采取这种分析方法的有凯耶（Kaye）关于可分析的形态与不可分析的形态（Analytic morphology vs. Non-analytic morphology）的区分[①]，以及分布形态学词内语段理论基于语段推导思想提出的内域形态与外域形态（Inner Morphology & Outer Morphology）的区分[②]。

以上处理形态与音系之间关系的两种分析方法实质上并不冲突，前者从静态的结构表达出发，后者将静态的结构表达上的差异转换为形态过程和音系过程发生的先后顺序或制约条件的不同排序。将语段推导的思想延伸至词的推导的词内语段理论在关注不同形态语段（morphological phases）的推导过程的同时，还探讨不同的形态语段的结构表达，如第一语段（内域形态）与之后语段（外域形态）在内部结构上的差别。接下来，我们对这两种分析方法逐一进行分析对比。

一、词库音系学：层面排序假设

词库音系学是在承认任何语言都有一个词库且所有形态操作（派生、屈折和复合构词）在词库内进行的前提下来讨论词库内具体的形态操作和音系操作的交互。词库音系学的基本假设为：1）词汇音系不同于短语音系；2）词库内形态操作和音系操作交叉运行；3）不同类型的形态操作与对应的音系操作分属不同的层面按序进行。

在过去的三十年间，词库音系学理论是生成语法处理形态与音系交互的主要理论模型之一，很多语言中与形态构词相关的音系过程在该理论模型中得到了形式化的描写和解释，这些语言多具有较为丰富的形态系统。发展至今，基于柯珀斯基（Kiparsky）1982年提出的理论模型，词库音系学主要发展出三种形式：第一种形式坚持原先词缀驱动的词库分层模式并基于规则的有序推导来解释形态和音系的交互，我们称之为标准词库音系学理论；第二种形式同样基于规则的有序推导来解释形态和音系的交互，但却提倡词基驱

[①] Kaye, J. "Derivation and Interfaces". In J. Durand, & F. Katamba (eds.), *Frontiers of Phonology*, London and New York: Longman, 1995, pp. 289-332.
[②] 内域形态和外域形态的区分，可参见：A. Marantz. *Words*（2001, Ms. MIT）、*Phases and Words*（2007, Ms. NYU）。

动的词库分层模式；第三种形式则是词库音系学理论和优选论的结合产生的"分层优选论（Stratal OT）"或"推导式优选论（Derivational OT）"。下面我们主要评述前两种基于规则的有序推导的词库音系学理论。

（一）词缀驱动的词库分层模式

标准词库音系学关于词库内形态与音系交互模式的假设是在综合多个现象和问题的基础上提出的，这些现象和问题包括：1）英语中Ⅰ类词缀和Ⅱ类词缀的区分；2）Ⅰ类词缀与Ⅱ类词缀之间的排序；3）结构的循环式推导和规则的循环运用；4）底层表达的抽象性问题（The Abstractness Debate）。其中与层面排序假设关系密切的是前三项。两类词缀的区分和词缀之间的排序为标准词库音系学层面排序的假设提供形态方面和音系方面的直接证据。结构的循环式推导或规则的循环式运用则向来是生成语法关于语言结构推导的基本理念，不单单是词库音系学需要讨论的问题，SPE、韵律音系学和分布形态学同样秉承循环式推导的思想。在标准词库音系学的理论模型当中，由内及外的循环式推导思想被纳入串联式的推导模式之中，如下所示：

（1） a. 词库音系学的串联式推导模式　　　　b. 结构的循环式推导
　　　词库层面1[①]　　[x+词缀1]　　　　　　[x+y]　　　　循环域1
　　　词库层面2　　　[[x+词缀1]+词缀2]　　　[[x+y]+z]　　循环域2
　　　词库层面n　　　[[[x+词缀1]+词缀2]+词缀n]　[[[x+y]+z]+n]　循环域n

标准词库音系学理论根据词缀的表现来确定词库内层面的划分和排序，参考词缀附加在词基上的先后顺序、加缀诱发的音系过程来定义每个词库层面的属性和层面之间的排序。词缀驱动的层面排序假设面临很多问题，主要涉及词库内层面的数量、同一词缀分属不同层面的问题和层面之间严格的排序导致的加括号悖论现象（Bracketing Paradox）[②]。

[①] 此处"词库层面1"对应"词库层面Ⅰ"，两者只是采用的数字形式不同。下文中的"词库层面2"亦属此类情况。此处特意使用"词库层面1""词库层面2"，是为了与"词缀1""词缀2"和"循环域1""循环域2"中的数字形式相对应。
[②] Kaisse, E. & A. McMahon. "Lexical Phonology and the Lexical Syndrome". In Van Oostendorp, M. et al. (eds.), *The Blackwell Companion to Phonology*, John Wiley & Sons, 2011, pp. 236-2257.

词库内存在多少个构词层面一直是困扰词库音系学的问题。就英语的词库分层而言，柯珀斯基1982年的模型中有三个层面[①]，哈勒和莫哈那（Mohanan）1985年的模型中有四个层面[②]，其他学者后续的研究则主要区分两个层面[③]。

英语词库结构中，层面Ⅰ和层面Ⅱ的区分基于Ⅰ类词缀和Ⅱ类词缀的区分。这两类词缀的区分大致反映了英语历史发展过程中不同的词汇层次：Ⅰ类词缀来自罗曼语族语言借词，Ⅱ类词缀多为日耳曼语言的固有词缀[④]。其他语言的研究也表明存在类似于英语词汇的这种分层，如荷兰语[⑤]和日语[⑥]。词缀的不同类型对应的是特定语言在不同历史时期借入的不同层次的词汇。这样的话，从历时角度来看，有多少个词汇层面原则上是不定的，因为理论上来讲，如果词缀有n个来源，且不同来源的词缀促发不同的音系过程，那么词库内就会有n个词汇层面。所以，仅仅根据历史证据来定义层面的特点以及层面的数量是不可取的，这将会导致层面定义和层面数量的不可预测性，应该从共时的形态过程和音系过程来定义，布伊（Booij）就此问题有详细讨论[⑦]。

然而，根据共时的形态表现和音系表现同样无法将不同的词缀完美地分派到不同的词库层面，某些词缀体现出分属双重层面的特点，如英语中的派生后缀-able/-ible、-ify等。这些词缀附加到某些词基上时，词基的重音发生转移，词基中特定的元音发生特征变化（如com'pare~'comparable, clea[i]r~cla

---

[①] Kiparsky, P. "Lexical Morphology and Phonology". In Yang, I. S. (ed.), *Linguistics in the Morning Calm*, Seoul: Hanshin, 1982, pp. 3-9.
[②] Halle, M. & K. P. Mohanan. "Segmental Phonology of Modern English". *Linguistic Inquiry* (16), 1985, pp. 57-116.
[③] 词库内区分两个构词层面的研究可参见：A. McMahon. "Vowel Shift, Free Rides and Strict Cyclicity"（1990, *Lingua* [80]）和T. Borowsky. "On the Word Level"（1993, *Phonetics and Phonology 4: Studies in Lexical Phonology*, Academic Press）。
[④] Saciuk, B. "The Stratal Division of the Lexicon". *Linguistics* (1), 1969, pp. 464-532.
[⑤] Booij, G. *The Phonology of Dutch*. Oxford: Oxford University Press, 1995.
[⑥] Itô, J. & A. Mester. "The Phonological Lexicon". In N. Tsujimura (ed.), *A Handbook of Japanese Linguistics*, Oxford: Blackwell, 1999, pp. 62-100.
[⑦] Booij, G. "The Phonology-morphology Interface". In Cheng, L. & Sybesma, R. (eds.), *The First Glot International State-of-the-article Book*. Berlin/New York: Mouton de Gruyter, 2000, pp. 287-306.

[æ]rify），但是当这些词缀附加到另外一些词基上时，则不会导致词基重音的转移和元音性质的变化（如 com'pare~com'parable，co[əu]de~co[əu]dify）。这些有双重表现的词缀对词缀驱动的分层模式构成一大挑战。

此外，词缀驱动的分层假设面临的另一个难题就是层面的严格排序所导致的加括号悖论现象，例如 transformational grammarian、moral philosopher 等词的形态结构和音系结构并不对应，复合词内部出现派生词（如 transformational、moral），同时复合词整体上还可以附加词库层面Ⅰ中的派生词缀-ian 和词库层面Ⅱ中的派生词缀-er，复合构词与派生构词之间可以互相作为输入项，这一事实俨然是对词库音系学严格的串联式推导模式的挑战。

最后，参照构词操作中发生的音系变化这一标准很容易导致词库层面无限制地增长，因为在有的语言中不同的加缀过程会促发不同类型的音系变化，很难根据音系方面的证据将这些加缀过程归为同一类①。如果无法在形式上对词库内构词层面的数量加以严格的限制，那么经典词库音系学在描写充分性和解释充分性上就会大打折扣。

针对词缀驱动的标准词库音系学理论所面临的一系列问题，尤其是同一词缀分属两个层面的双重特点，基格里希认为应当根据加缀的对象，即词基的属性来定义不同的词汇层面②。

（二）词基驱动的词库分层模式

基格里希认为在词库分层中起关键作用的是词缀加缀的对象——即词基的形态范畴（词根、词干和词），并不是传统词库音系学所参照的词缀的不同形态表现和音系表现，词基的不同决定了不同的构词过程生成的词在音系和语义上的不同表现。

作为词库音系学理论的先导，西格尔已经注意到英语当中Ⅰ类词缀加缀的词基既有黏着词根也有自由词③，Ⅱ类词缀加缀的词基则只能是自由的

---

① Itô, J. & A. Mester. "Lexical and Postlexical Phonology in Optimality Theory: Evidence From Japanese". In Caroline Féry and Ruben van de Vijver (eds.), *The Syllable in Optimality Theory*, Cambridge: Cambridge University Press, 2003, pp. 271-303.
② Giegerich, H. *Lexical Strata in English: Morphological Causes, Phonological Effects*. Cambridge: Cambridge University Press, 1999.
③ Siegel, D. *Topics in English Morphology*. Ph.D. thesis, MIT, 1974.

词，但是在词缀驱动的标准词库音系学的理论模型当中，构词词基上的这一差异并未被视作词库分层参照的首要标准，正是由于这一点，词缀驱动的词库分层模式才面临很多难以回答的问题。在此基础上，基格里希提出应该根据词基的范畴来划分词库内的构词层面，词基有词根（Root）、词干（Stem）和词（Word）三种类型①，相应地，词库内存在三个构词的层面，即词根层面、词干层面和词层面，不过并非所有的语言都具备这三个层面。英语当中屈折形态严重退化，词干这一形态范畴也随之丧失②，因此英语中只有词根层面和词层面，而屈折形态比较丰富的德语中则三个层面皆有。不同的构词过程在不同的构词层面上发生，词根层面发生的构词过程的词基类型为词根，词层面发生的构词过程的词基类型为词。就英语而言，基格里希提出的词基驱动的词库分层模型如图2.4（R=词根）：

		形态操作	音系操作	
词根层面	输入项	词根　词缀	重音位移 音节重新划分 三音节元音松化	Ⅰ类词缀： -al, -ity, -ic 等
		[词根+词缀1]ᴿ		
		[[词根+词缀1]ᴿ+词缀2]ᴿ		
		[词根+词根]ᴿ		
		词根→词		
	输出项	词		
词层面	输入项	词　词缀	重音指派	Ⅱ类词缀： -ness, -hood, -less 等
		词+词缀1		
		[词+词缀1]+词缀2		
		词+词		
	输出项	词		

图2.4　基格里希（1999）词基驱动的词库分层模式（英语）

---

① 根据基格里希的解释，这三类形态范畴的区别在于，词根是无具体的语类特征的黏着语素，词干是有具体的语类特征的黏着语素，词是有具体的语类特征的自由语素。
② Kastovsky, D. "Verbal Derivation in English: A Historical Survey or Much Ado About Nothing". In Britton, Derek (ed.), *English Historical Linguistics* 1994, John Benjamins Publishing Company, 1996, pp. 93-117.

由图2.4可以发现，在基格里希给出的英语词库分层模式里，词根层面和词层面上各自发生的形态过程和音系过程与柯珀斯基1982年提出的词库层面Ⅰ和词库层面Ⅱ上发生的形态过程和音系过程并无较大出入，但是基格里希认为Ⅰ类词缀构成的派生词在音系和语义上的特殊表现是由于这类词缀的词基是词根而非词。

根据基格里希的假设，词根和词这两类形态范畴都具有递归性，词根无具体的语类特征，而词具有明确的语类特征。词根层面的输入项（即词基）为词根，词根层面上的构词操作生成的形态结构在离开词根层面之前均为词根，因此也就没有与形态-句法有关的语类信息的赋值；而在词的层面上，构词的输入项（即词基）和输出项均为词，因此词根层面生成的词根结构（原始词根和衍生的词根）在离开词根层面进入词层面之前需要进行"词根→词的转换"这一形态操作，目的在于赋予词根层面生成的词根结构具体的语类信息。

(2) 词根→词的转换 $[\ ]_R \to [\ [\ ]_R\ ]_X$　　[R=词根，X=N（名词）、V（动词）、A（形容词）]

　　　　　　　　　　　　　　　词根层面　　　　　词层面
　　　　　　　　　　　加缀　词根→词　　　　　词→词
　　　　　　　　　　　　　　$[nation]_R \to [nation]_N$
　　　　　　　　　　　　　　$[divine]_R \to [divine]_A$
　　　　　　　　　　　　　　$[divide]_R \to [divide]_V$
　　　　　　　　　　　　　　　　　　　　　　　　　　　→ …
　　　$[modern]_R+ize \to [modern+ize]_R \to [modernize]_V$
　　　$[nation]_R+al \to [nation+al]_R \to [national]_A$
$[nation]_R+al \to [national]_R \to [nationality]_R \to [nationality]_N$

概括地说，词根层面的形态操作和词层面的形态操作分别体现出以下特点：

(3)　　　　　　词根层面　　　　　　　　　词层面
　　　　a）无语类特征的词根作为词基；　a）有语类特征的词作为词基；
　　　　b）语义组合性弱；　　　　　　　b）语义统一；
　　　　c）能产度低；　　　　　　　　　c）能产度高；
　　　　d）陈列于词库当中。　　　　　　d）在线生成。

词根层面上，词缀直接与词根组合，而在词的层面上，与词缀发生组合的对象是词。较低的能产度和语义上的不可分解性意味着词根层面发生的形态操作与具体的词项有关，哪些词缀可以加在哪些词根上之类的信息包含在特定词项的语素信息中，即关于词缀与词根选择关系的信息由词库直接提供，如英语中 atom 的语素信息提示该词根可以与派生后缀 -ic 结合，**dog** 的语素信息则提示该词根不可以与 -ic 结合。词根层面的这些属性可以解释为什么该层面的形态操作能产性较低，存在很多例外情况，以及为什么该层面生成的结构的语义可分解度较低。

至于那些在词缀驱动的词库分层模式中体现出双重层面特点的词缀，基格里希从历时的角度给出了解释：归因于语义、音系或者形态方面的因素，如语义的不可分解性可能导致音系结构和形态结构呈晦暗状态，一个词缀在词根层面和词层面之间的移动是可能的。不过基格里希认为词根层面的词缀和词层面的词缀在移动能力上并不对等，这种不对等性源自两类词缀加缀对象的不同。词层面的词缀向词根层面移动的潜力较大，因为该层面的词基类型为词，而词具有词和词根的双重身份；相比较而言，词根层面的词缀向词层面移动的潜力受限，因为该层面的词基类型为词根，需要将不自由的词根转换为自由的词，但是在某些情况下，这种转换可以通过逆序造词法（backformation）完成，如英语一些方言中 burglar → burgle 的转换。

基格里希词基驱动的词库分层假设正确地捕捉到了词库内两类不同性质的词汇和与之相关的形态过程的差异，这些差异涉及语义结构的可分解性、音系结构的透明度和形态方面的能产度。对于词根层面上发生的构词操作而言，基格里希认为词基与词缀之间的选择关系以及词缀之间的选择关系之类的信息均由词库提供，直接储存于大脑当中；而对于词层面上发生的构词操作而言，词基与词缀之间的搭配度高，这些信息不需要列入词基和词缀的次范畴信息当中，可以用构词规则加以概括。词根层面生成的词汇与词层面生成的词汇在信息储存上的差异涉及语言知识的储存和运算之间的分工[①]。

然而，基格里希还是未能彻底摆脱标准词库音系学基于词缀的词库分层模式的影响。在他提出的英语词库的分层模式中，Ⅰ类词缀无论是加在原始词根上（如[matern]$_R$+ity→maternity），还是加在派生的词基上（如[[nation]$_R$+al]$_R$+ity→nationality），都在词根层面上进行，这与词缀驱动的词库分层模式并无二致。实际上，当后缀-ity加在派生的词基上时，构成的词的语义结构是透明的，与词层面构词的语义特点一致，例如：

(4)　　national　　　　国家的　　　　nationality　　国籍
　　　grammatical　　合语法规则的　grammaticality　合法性
　　　drinkable　　　可以饮用的　　drinkability　　可饮性
　　　creative　　　　有创造力的　　creativity　　　创造性

因此，后缀-ity构词的过程不应该局限于词根层面，在词的层面上同样发生，其他有类似表现的Ⅰ类词缀也应该是这样的情况，这类词缀既可以在词根层面构词，也可以在词层面构词。至于这些词缀触发的音系过程，如重音的位移，则是这些词缀作为罗曼语词缀的特有属性，不是特定构词层面的属性。

[①] 关于不同类型词汇在大脑里储存方式和运算方式的差异，可参见：R. Jackendoff. *The Architecture of the Language Faculty*（1997, MIT Press）、"What's in the Lexicon"（2002, *Storage and Computation in the Language Faculty*, Kluwer Academic Publishers）、*Foundations of Language: Brain, Meaning, Grammar, Evolution*（2002, Oxford University Press）和 *Meaning and the Lexicon: the Parallel Architecture 1975-2010*（2010, Oxford University Press），以及 R. Bermúdez-Otero. "The Architecture of Grammar and the Division of Labour in Exponence"（2012, *The Morphology and Phonology of Exponence*, Oxford Studies in Theoretical Linguistics, Oxford University Press）。

二、关注结构表达的分析方法

从结构表达的角度来处理构词与音系的互动，探讨形态结构与音系规则作用域之间的对应关系，有两种分析方法，直接参照假设和间接参照假设。前者认为音系规则直接参照形态句法范畴界定的域发挥作用，音系结构的层次应该近乎完美地反映形态结构的层次[1]；后者则认为音系模块的运算只能识别音系符号，无法识别形态、句法等其他语法模块的运算符号；形态句法结构推送至音系模块进行解读时，音系会将其转换成自身可以识别的结构形式，如音系短语、音系词等韵律结构[2]。

（一）韵律词库音系学

将塞尔柯克提出的韵律层级理论（Prosodic Hierarchy Theory）[3]扩展至词库内部用以解释构词过程，主要有两类探索：一是韵律形态学（Prosodic Morphology）参照韵律层级中具体的韵律结构单位（如最小词、音步、音节等）来解释一些非串联式构词过程，如闪-含语言的模板形态、重叠构词、中缀构词等；另外则是因克拉斯（Inkelas）提出的韵律词库音系学理论（Prosodic Lexical Phonology）[4]。

韵律词库音系学采纳标准词库音系学与韵律音系学提出的一些基本假设，将这两种理论融合后提出一些新的分析手段，不过在基本理念上还是与词库音系学保持一致，可视作传统音系学的一种变体。

首先，与词库音系学一样，韵律词库音系学认为词库内形态操作与音系规则的应用交叉进行，词库内存在不同的层面，每一个层面对应特定的韵律结构成分，这些韵律结构成分构成层级关系，最顶端是音系词。柯珀

---

[1] Kaisse, E. *Connected Speech: The Interaction of Syntax and Phonology*. Orlando: Academic Press, 1985.
[2] 认为音系规则与形态-句法结构之间存在间接参照关系的相关研究，主要有：E. Selkirk. *Phonology and Syntax: The Relation Between Sound and Structure* (1984, MIT Press), S. Inkelas *Prosodic Constituency in the Lexicon* (1990, Garland Publishing Inc.) 和 "Deriving Cyclicity" (1993, *Studies in Lexical Phonology*, Academic Press)。
[3] Selkirk, E. *Phonology and Syntax: The Relation Between Sound and Structure*. Cambridge, Mass.: MIT Press, 1984.
[4] Inkelas, S. *Prosodic Constituency in the Lexicon*. New York: Garland, 1990.

斯基提出英语词库内有三个词库层面[①]，这三个层面在韵律词库音系学当中对应的是三类不同的韵律结构成分α、β和γ，α、β和γ构成不同层面的音系规则的作用域。

（5）

话语	
语调短语	
音系短语	后词库
音系词	词库
韵律结构成分γ	
韵律结构成分β	
韵律结构成分α	

英语三个构词层面上生成的形态结构和它们对应的韵律结构如（6）所示。

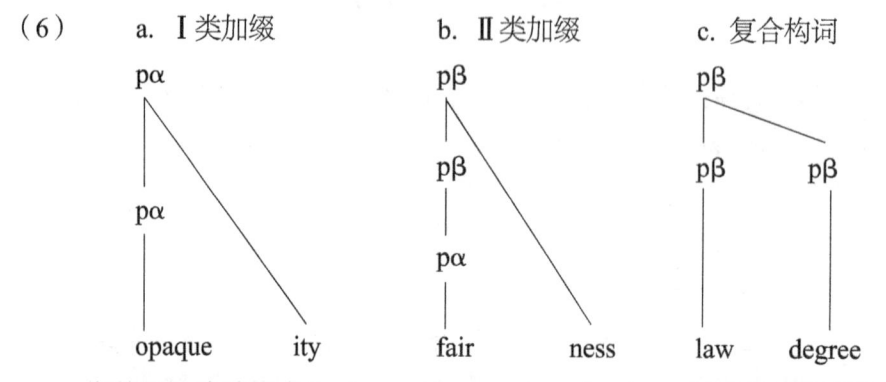

（6）　　　a. Ⅰ类加缀　　　　　b. Ⅱ类加缀　　　　c. 复合构词

pα　　　　　　　　　pβ　　　　　　　　pβ

pα　　　　　　　　　pβ　　　　　　　pβ　　pβ

　　　　　　　　　　pα

opaque　　ity　　　fair　　ness　　law　　degree

p指的是韵律结构成分（prosodic constituent），α、β标记不同类型的韵律结构成分，pα相当于传统词库音系学当中词库层面Ⅰ构建的韵律结构成分，pβ则相当于词库层面Ⅱ构建的韵律结构成分。不过，因克拉斯并未明确定义词库内这些不同的韵律结构成分pα、pβ和pγ究竟具备怎样的形式特点，以及它们之间存在哪些形式上的差异。

其次，韵律词库音系学沿用了韵律音系学提出的处理句法–音系接口的

[①] Kiparsky, P. "From Cyclic Phonology to Lexical Phonology". In Harry van der Hulst and Norval Smith (eds.). *The Structure of Phonological Representations*, Vol. I, Dordrecht: Foris, 1982.

间接参照假设来处理词库内形态与音系的交互，语素的韵律结构在韵律词库音系学当中发挥关键作用。具体来说，在词库当中，语素具有两类结构表达，形态结构表达（M-structure）和韵律结构表达（P-structure），音系规则仅仅参照韵律结构来界定其应用的范域，并非参照形态结构。不过在韵律词库音系学看来，这两类结构彼此独立，两者之间不存在转换关系（transformational relation）[1]，这一点与韵律音系学认为短语的韵律结构由句法结构转换而来的观点又有所不同。

词库内存在两套算法来分别构建语素的形态结构和韵律结构，即构建形态结构的算法（Morphological Constituent Formation Algorithm，以下简称为MCF）和构建韵律结构的算法（Prosodic Constituent Formation Algorithm，以下简称为PCF），前者先于后者进行；MCF和PCF在词库内循环应用，每进入一个新的词库层面以及每进行一次形态操作（如加缀、复合），MCF和PCF就会相应地进行运算。

（7）构建形态结构的算法：

| 自由词根 | ⟶ | αMCF | ⟶ | βMCF |
| x | | [x]mα | | [[x]mα]mβ |

（8）构建韵律结构的算法：

自由词根	⟶	αMCF αPCF	⟶	βMCF βPCF
x		[x]mα [x]mα		[[x]mα]mβ [[x]mα]mβ
		[x]pα		[x]pα [[x]pα]pβ

韵律结构的构建以已经构建的形态结构为基础，也就是说，形态结构的构建（MCF）与韵律结构的构建之间是馈给关系（feeding relation）。词库内每构建一个新的形态结构，就会有相应的韵律结构的构建。因此，通常情况下，韵律结构与形态结构体现为一一对应的关系，词库内词汇音系规则的作用域应该对应于形态结构的构成成分。但是很多情况下，词库音系规则的作用域与形态结构界定的范围并不匹配，出现"错搭现象"，这一

---

[1] Zec, D. & S. Inkelas. "Prosodically Constrained Syntax". In S. Inkelas & D. Zec (eds.), *The Phonology-Syntax Connection*, University of Chicago Press, 1990, pp. 365-378.

点可以归因于韵律结构和形态结构构建过程的彼此独立性。

因克拉斯主要对两大类"错搭现象"进行了分析。一类是复合词当中形态结构与音系结构的非对应关系；另一类是某些音系成分或语素所体现出的不可透视性，即它们被排除在音系规则的作用域之外，这些音系规则似乎看不见它们[1]。这里我们主要评述因克拉斯对第一类现象——复合词当中的"错搭现象"的处理方法。

就复合词而言，词汇音系规则的应用有两类情况：一是音系规则对复合词的内部结构不敏感，将整个复合词视作单独一个音系域；二是音系规则可以识别复合词的两个组成成分，复合词当中存在两个音系域，每个组成成分对应一个音系域。这两类情况存在于很多语言的复合词中，如马拉雅拉姆语的从属复合词（subordinate compounds）和并列复合词（coordinate compounds）[2]，希腊语的词干复合词（stem compounds）和成词复合词（word compounds）[3]。对于这两类复合词，韵律词库音系学的处理方法是将复合过程分为两类，一类是语素的形态结构的复合（M-compounding），如马拉雅拉姆语的从属复合词；一类是语素的韵律结构的复合（P-compounding），如马拉雅拉姆语的并列复合词。形态结构的复合在两个语素的形态结构构建（MCF）之后、韵律结构构建（PCF）之前发生，韵律结构的复合则是在两个语素的形态结构和韵律结构均构建完成之后发生。

---

[1] 主要是与韵律相关的重音指派规则、声调规则以及元音和谐。关于声调规则的应用方式，参见：D. Pulleyblank. *Tone in Lexical Phonology* (1986, D. Reidel Publishing Company).
[2] Mohanan, K. P. *The Theory of Lexical Phonology*. Springer, 1986.
[3] Ralli, A. *Compounding in Modern Greek*. Dordrecht: Springer, 2013.

（9） 形态结构的复合：
　　　 输入项　　　　　　　　　　　　　　[x]mα　[y]mα
　　　　　　　　　　　　　　　　　　　　[x]pα　[y]pα
　　　───
　　　β层面　　　βMCF　　　　　　　　　[x]mβ　[y]mβ
　　　　　　　　　　　　　　　　　　　　[x]pα　[y]pα
　　　　　　　　形态结构复合　　　　　　[x+y]mβ
　　　　　　　　　　　　　　　　　　　　[x]pα　[y]pα
　　　　　　　　βPCF　　　　　　　　　　[x+y]mβ
　　　　　　　　　　　　　　　　　　　　[x+y]pβ

（10） 韵律结构的复合：
　　　 输入项　　　　　　　　　　　　　　[x]mα　[y]mα
　　　　　　　　　　　　　　　　　　　　[x]pα　[y]pα
　　　───
　　　β层面　　　βMCF　　　　　　　　　[x]mβ　[y]mβ
　　　　　　　　　　　　　　　　　　　　[x]pα　[y]pα
　　　　　　　　βPCF　　　　　　　　　　[x]mβ　[y]mβ
　　　　　　　　　　　　　　　　　　　　[x]pβ　[y]pβ
　　　　　　　　音系结构复合　　　　　　[x+y]mβ
　　　　　　　　βPCF　　　　　　　　　　[x]pβ　[y]pβ

就（9）的形态结构的复合而言，当语素x、y从α层面出来进入β层面后，MCF首先运用，但此时x、y尚未获得β层面的语素应该具备的韵律结构，随后发生的复合操作将两个语素组合为一个结构单位，因此βPCF应用的对象是整个复合词，构建出来的韵律结构只能构成一个音系域。相反，就（10）的韵律结构的复合而言，复合在βPCF之后发生，此时语素x、y已经获得了β层面的韵律结构，在该层面是两个独立的音系域，因此两个语素复合后对应在韵律结构上是两个独立的单位。

现在我们看一下因克拉斯如何在韵律词库音系学的框架内处理英语中Ⅰ类词缀和Ⅱ类词缀不同的形态表现和音系表现。在这个问题上，因克拉斯的处理方法并不比传统的词库音系学更为简洁。传统词库音系学将不同的词缀分派到不同的词库层面当中，具体词缀所属的层面包含在词缀的底层表达中。因克拉斯则认为在词库中，不同类型的语素底层表达都有一个次范畴信息结构（subcategorization frame），这个次范畴信息结构规定了不同类型的语素所具备的形态属性和韵律属性，主要包括：

1）它们可以依附的形态结构的类型和韵律结构类型（α或β类型）；
2）它们生成的形态结构的类型和韵律结构的类型（α或β类型）；
3）语素与宿主组合的线性顺序。

前两项次范畴信息决定了具体的语素分属的不同类别，标明不同语素之间发生组合的选择关系，只有结构类型一致的两个语素才可以组合构成新的形态结构，如α类词缀只能加在α类词根上。因克拉斯的分类与词库音系学的分类大致相同，英语派生词缀 in-、-ity、-ous 和词根 -ceive、-fer、-mit 属于α类语素，它们加缀的词基、附加的词缀以及生成的形态结构和韵律结构均属于α类：

(11) a. in-: [[ ]α]α   b. -ceive: [[ ]α_]α
     -ity: [[ ]α_]α   -mit: [[ ]α_]α

英语派生词缀 un-、-hood、-less 则属于β类语素，它们加缀的词基、生成的形态结构和韵律结构属于β类：

(12) a. un-: [[ ]β]β
     -less: [[ ]β_]β

韵律词库音系学理论主张词库内音系规则的作用域由语素的韵律结构定义，并指出音系词以下的韵律结构单位音步、音节、莫拉并不能对词库内音系规则的作用域以及形态结构与音系规则的作用域之间的（非）对应关系给出充分解释，词库内的韵律结构成分"另有他人"[①]。但正如前面已经提到的，借鉴词库音系学的分层假设，因克拉斯认为词库内不同的构词层面对应不同类型的形态结构和韵律结构，但她却未对这些不同类型的形

[①] 塞尔柯克认为根据韵律结构单位之间的层级关系，音系词是形态与句法的分界点或交汇点，词库内的韵律结构应该体现为音系词及其以下的音步、音节和莫拉这些韵律单位，详见：E. Selkirk. "On Prosodic Structure and its Relation to Syntactic Structure" (1981, *Nordic Prosody II*, Trondheim: TAPIR). 关于音步、音节是否可以作为循环性词库音系规则的作用域，还可参考：M. Nespor & I. Vogel *Prosodic Phonology* (1986, Foris Publications)、D. Zec *Sonority Constraints on Prosodic Structucre* (1988, Ph.D. thesis, Standford University)。

态结构和韵律结构进行明确定义，它们分别属于哪些语素范畴（如词根、词）和韵律成分范畴（音系词或其他）也没有讲明，这是因克拉斯的理论分析中最大的一个问题。

（二）可分析的形态与不可分析的形态

凯耶（Kaye）根据形态结构对音系推导造成的不同影响，区分两类形态：可分析的形态和不可分析的形态，这两类形态各自的特点如下[①]：

（13） 可分析的形态
　　　1）内部结构为音系所见，音系上可分析；
　　　2）构成多个音系域；
　　　3）维持内域结构的完整性；
　　　4）在线计算生成；
　　　5）意义组合性强；
　　　6）有规律的形态变化。

　　　不可分析的形态
　　　1）内部结构不为音系所见，音系上不可分析；
　　　2）仅构成一个音系域；
　　　3）无内域，因此不存在维持内域结构的完整性；
　　　4）储存于词库当中，采取查找的方式提取；
　　　5）意义组合性弱；
　　　6）不规律的形态变化。

这两类形态之间最重要的区分在于它们对应的形态结构是否为音系所见。可分析的形态结构中，内部成分之间的界线可以为音系所见，因此以循环的方式传输多个作用域至音系；而对于不可分析的形态结构而言，内部成分之间的界线不为音系所见，也就是说，即使是多个语素构成的复杂结构，音系也将其视作单语素的简单结构，不可分析的形态结构仅仅构成一个音系作用域。

以英语为例，不可分析的形态结构涉及一些特殊的构词过程构成的词

[①] Kaye, J. "Derivation and Interfaces". In J. Durand & F. Katamba (eds.), *Frontiers of Phonology*, London and New York: Longman, 1995, pp. 289-332.

（如 kept、wrote、sang、width 等），Ⅰ类词缀构成的派生词，大致对应于标准词库音系学词库层面Ⅰ上生成的词；可分析的形态结构包括Ⅱ类词缀构成的派生词、屈折形态变化的词和复合词，大致对应于标准词库音系学词库层面Ⅰ之后的层面上生成的词，这些词当中语素之间的界线可以被音系所见。

（14） 语素A+B　　例词
　　　　a. [A B]　　[parent al]　　[ir regular]　　不可分析形态
　　　　b. [[A] [B]]　[[un] [real]]　[[super] [man]]　可分析形态
　　　　c. [[A]B]　　[[seep] ed]　　[[post] man]　　可分析形态
　　　　d. *[A[B]]

（14a）对应的是凯耶定义的不可分析的形态结构，两个语素A和B组合后仅仅构成一个音系作用域，音系似乎对两者之间的界线不敏感，这种情况主要涉及不规律的形态变化和Ⅰ类词缀，如派生词缀-al、in-构成的词 pa'rent-al 和 ir'regular。（14b）和（14c）对应的则是可分析的形态结构，音系可以察觉到两个语素之间的界线，其中（14b）中语素A与B分别可以作为音系规则的作用域，英语中部分派生前缀和复合词则属于这种情况，如 un-'real 和 'super-man，而（14c）中，只有语素A可以作为一个独立的音系域，英语中Ⅱ类派生后缀构成的词和部分复合词则属于这种类型，如 'seep-ed 和 'post-man。根据凯耶的论述，（14d）中的情况目前尚未在自然语言中观察到。

　　虽未给出详细论述，凯耶指出可分析形态与不可分析形态之间的界线并不是绝对的，从历时演变的角度去观察，可分析的形态结构可能会演变为不可分析的形态结构，这种演变过程中伴随着形态结构音系和语义上的变化，如英语中的复合词 cupboard 经历了以下演变：

（15） cupboard
　　　音系：　　[['kʌp] ['bɔːd]]　　→　　['kʌbəd]
　　　语义：　　放杯子的板子　　　→　　橱柜

　　就音系上的变化而言，cupboard 只剩下词首重音，许多复合词中常见的次要重音丧失，cup 末尾的 p 和 board 开头的 b 构成的辅音序列 pb 合为 b，此外，board 的音节核元音也弱化为央元音 ə。就语义的组合性而言，cupboard 的意义不再是"放置杯子的板"，而是"放置餐具、食品或其他东西的橱柜",即cupboard的意义不是cup+board的简单组合,而是重新获得了新的意义,需要整体上记忆该词的意义。

凯耶将不同形态过程中发生的不同音系操作归因于这些形态过程生成的结构之间存在的差异和推导过程中不可回望原则的作用,他对形态与音系之间关系的这种理解与词内语段理论关于形态结构的音系推导的看法基本一致,不可回望原则的作用相当于语段不可透条件(the Phase Impenetrability Condition,缩写为PIC)。可以发现,在乔姆斯基提出语段理论和马兰茨提出词内语段理论假设之前,凯耶已经对词的组成成分之间的结构关系加以关注。

三、语段理论

语段理论初期的构想中,乔姆斯基提出具备语段地位的短语结构有CP和及物的vP。不过,乔姆斯基1999年的文章这样论述:"在XP为一个实体性的根投射(root projection)且功能性成分F决定其范畴的情况下,任何F-XP形式的结构可构成一个语段。"[1]据此,一些学者将句法层面的语段推导思想延伸至词的层面,指出词的推导同样以语段为单位,实词语类名词、动词和形容词同样具备语段的属性,它们构成词层面的语段nP、vP、aP,其中作为语类定义成分(category-defining elements)的派生构词词缀可以作为语段的中心语(即F-XP中的F)[2]。

(一)词内语段理论

采用语段这个概念来处理形态与音系–语义之间接口的研究者多为分布

---

[1] Chomsky, N. "Derivation by Phase". *MIT Occasional Papers in Linguistics 18*, Cambridge, MA: MIT, 1999.
[2] 派生构词词缀可以作为语段中心语,持该观点的研究可参见:M. Arad. "Locality Constraints on the Interpretation of Roots: The Case of Hebrew Denominal Verbs"(2003, *Natural Language and Linguistic Theory* [21])、A. Marantz *Phases and Words*(2007, Ms. NYU)、H. Newell *Aspects of the Morphology and Phonology of Phases*(2008, Ph.D. Thesis, McGill University),以及B. Samuels. "Phonological Derivation by Phase: Evidence From Basque"(2010, *University of Pennsylvania Working Papers in Linguistics*)和"Consequences of Phases for Morphophonology"(2012, *Phases: Developing the Framework*, Mouton de Gruyter)。

形态学的拥趸者[①]，这些研究将语段这个原先用于处理句法结构推导的拼出单位向下贯穿至词的推导，指出词作为独立的语义单位和音系单位，同样具备语段的地位，词层面的语段为名词（nP）、动词（vP）、形容词（aP）这些实词语类，语段的中心语为可以指派语类的功能语素 n、v、a，语段中心语往往由派生词缀充当。

在基于语段的音系推导模式中，音系规则作用域由具备语段地位的形态-句法结构界定，中间不存在类似于韵律结构这样的"缓冲地带"，因为音系规则拼读的对象——语段，本身就是由 CP、vP、DP、nP、vP、aP 这些形态-句法结构单位构成。

在关于词内语段结构的理论探讨中，词根这个形态范畴发挥着十分重要的作用，语段中心语 H 与词根在结构关系上的远近对语段 HP 的音系-语义解读产生重要影响。词内语段假设区分语素发生合并的两个范域：内层范域（inner domain）与外层范域（outer domain）。送至 PF 和 LF 接受拼出的第一个语段构成内层范域，内层范域当中语段中心语 H 与词根直接合并，词根是中心语 H 的补足语；第一语段之后的语段构成外层范域，外层范域当中语段中心语 H 的补足语为语段 nP、aP、vP。

[①] 将语段理论与分布形态学理论相结合来探讨形态与音系互动的研究，主要可参见：T. Marvin. *Topics in Stress and the Syntax of Words*（2002, Ph.D. thesis, MIT）、M. Arad. *Roots and Patterns: Hebrew Morpho-syntax*（2005, Springer）、M. Volpe. *Japanese Morphology and its Theoretical Consequences: Derivational Morphology in Distributed Morphology*（2005, Ph.D. thesis, the State University of New York, Stone Brook）、H. Newell. *Aspects of the Morphology and Phonology of Phases*（2008, Ph.D. Thesis, McGill University）和 H. Borer. "Roots and Categories"（2009, *Talk Given at the 19th Colloquium on Generative Grammar*）。

（16）内层范域与外层范域

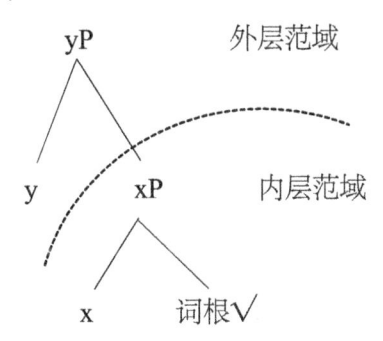

```
          yP         外层范域
         /  \
        /    \
       y      xP     内层范域
             /  \
            x   词根√
```

内层范域中发生的形态过程称作内域形态，外层范域中发生的形态过程称作外域形态。内域形态与外域形态涉及的形态操作、音系过程以及生成的结构分别体现出以下特点：

（17）**内域形态**

1）指派语类：与语段中心语 n、v、a 合并的补足语为无语类赋值的光杆词根；

2）语义可预测度低，组合性弱；

3）音系过程可能不透明；

4）能产性较低，词干和词缀较严格的选择关系，词干存在语素变体；

5）单语段结构。

外域形态

1）改变语类：与语段中心语 n、v、a 合并的补足语为已经有语类赋值的 nP、aP、vP 等形态句法范畴；

2）语义可预测度高，组合性强；

3）音系过程较透明；

4）能产性较高，词干和词缀的搭配性较强，词干无语素变体；

5）多语段结构。

根据词内语段理论的假设，所有词根均无形态-句法语类特征的赋值，它们与可以指派语类的功能语素 n、v、a 合并获得相应的语类。内域形态中最重要的一项形态操作就是为词根指派特定的形态-句法语类（n、v、a），使其成为在音系、句法和语义上独立的、可自由移动的形态-句法范畴，内域形态操作生成的词为单语段结构：[√+x]xP；外域形态的作用在于改变语段已有的语类特征，通过指派新的语类特征来构成新的语段，因此外域形态操作生成的词包含多个语段：[[[√+x]xP+y]yP+z]zP。实现语类指派功能的语素往往为派生词缀，它们可以有具体的音系形式，如[√vari+ous]aP，也可以为无音系内容的空语素，如[vary+Ø]vP。

在第一语段当中，作为语类指派成分的派生词缀与词根直接合并，派生词缀与词根一起经历语义和音系的解读，由于词根所包含的义项不可预测，因而第一语段中生成的词在语义上可能也难以预测，需要参考该词出现的句法环境并求助于我们的百科知识或经验知识才能进行正确的语义解读，如[conserve+n]nP的语义为"果酱"，[conserve+v]vP的语义为"保存或制成果酱"。对第一语段进行拼读的音系规则也呈现出一定程度的不可预测性和晦暗性，如绝对中和规则的应用。相反，对于第一语段以后搭建的语段而言，语义的组合性和音系的透明性增强，如[[[fear+Ø]nP+less]aP+ness]nP：无畏，[[[hope+Ø]nP+less]aP+ness]nP：无望。

内域形态与外域形态的区分可以解释形态、音系和语义三者的互动中发生的一些有趣的现象。首先，对于传统词库音系学当中Ⅰ类词缀与Ⅱ类词缀之间的区分，词内语段理论的解释是这两类词缀生成的词的语段结构不同，Ⅰ类词缀与Ⅱ类词缀在结构树当中与词根合并的位置不同，这导致它们触发的音系过程和语义解读上有差异。Ⅰ类词缀与词根直接合并构成第一语段，Ⅱ类词缀合并的对象是已经经历过音系-语义解读的语段，构成第二语段及之后的语段；Ⅰ类词缀与词根位于同一语段内（[√parent+al]aP），构成一个重音指派的循环域，因此重音指派规则以整个词为重音指派的对象。相反，Ⅱ类词缀与词根中间隔着一个语段中心语（[[√parent+Ø]nP+hood]nP），由于第一语段已经拼出，重音已经指派，受语段不可透条件的制约，在Ⅱ类词缀作为中心语的第二语段中，重音指派规则不可以删除上一语段已经指派的重音，因此Ⅱ类词缀与词基合并后，词基的重音并未发生位移。关于语段不可透条件，后面会有详细讨论。

内域形态与外域形态的区分还可以解释表面上共享同一词根、同一词缀的词对儿在音系和语义上的不同表现。

(18) a. twinkling　　[twɪŋklɪŋ]　　瞬间　　'comparable　大致相当的
　　　b. twinkling　　[twɪŋkəlɪŋ]　　闪烁的动作　com'parable　可对比的

（18a）中词的意义比较特殊，不好根据动词 twinkle/compare 和后缀-ing/-able 的意义预测出来，需要语言使用者专门记忆这些词的意义，相比而言，（18b）中词的意义是可以预测的，可分析为动词 twinkle/compare 和后缀-ing/-able 意义的叠加。在音系上，两组词也有差别。（18a）的 twinkling [twɪŋklɪŋ]中辅音串 kl 中并未插入 ə，'comparable 中重音位置较之 com'pare 发生改变，相反，（18b）的 twinkling[twɪŋkəlɪŋ] 中 ə 插入隔开辅音串 kl，com'parable 重读的音节与动词 com'pare 一致。对于以上差异，马文的解释为后缀-ing、-able 与词根√twinkle、√compare 发生合并的结构位置不同①。在（18a）中，作为语段中心语的后缀-ing、-able 与词根直接合并，这两个后缀与词根是姊妹节点的关系，一起转送至音系和语义模块进行拼读，因此词根√twinkle 中的辅音串 kl 与后缀的元音组合后重新划分音节，[√compare+able]aP 整体上接受重音指派；同时，词根与后缀的直接合并也导致生成的词在语义上的特殊性。在（18b）中，与-ing、-able 这两个后缀合并的是已经有动词语类特征赋值的动词[twinkle]vP 和[com'pare]vP，合并之前 twinkle 中元音 ə 已经插入[twɪŋkəl]，com'pare 的重音已经指派，受语段不可透条件的制约，词基的音系形式不可改变；在语义上，生成的词体现为后缀与动词意义的组合。

不过，需要指明的一点是，内域形态与外域形态的区分仅仅是两类形态过程总体上呈现出的趋势，由于一种语言的形态系统在演化过程中受到多方面因素的制约和影响，对其中不同类别的形态操作进行确切的归类并非易事。

（二）语段不可透条件

接下来我们讨论语段推导理论中非常重要的一个概念，即语段在推导过程中所遵循的不可透条件。生成语法关于结构推导的一个重要假设就是

---

① Marvin, T. *Topics in Stress and the Syntax of Words*. Ph.D. thesis, MIT, 2002.

推导过程的循环性，循环式的推导过程是语法运算的最优方式，可以提升运算过程的效率①。在最简方案基于语段的结构推导理论中，循环式推导遵循的一个重要的限制条件就是语段不可透条件。

（19）语段不可透条件：对于H为中心语的语段α而言，H辖域内的成分不为语段α之外发生的操作影响，这些操作仅仅可以触及中心语H或它的边缘（edge）。

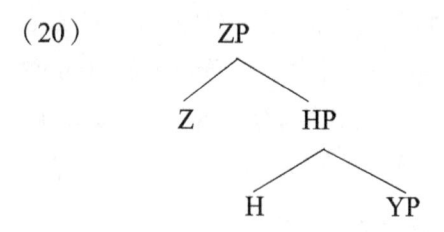

（20）

```
        ZP
       /  \
      Z    HP
          /  \
         H    YP
```

在（20）中，Z、H、Y均为语段中心语，语段HP之外发生的操作，即ZP中发生的操作，只能触及HP的中心语H和它的边缘，即标记语（Specifier）或附加语（Adjunct），无法影响到中心语H的补足语YP，这是因为H的补足语已经被推送至PF和LF进行解读。

针对语段的音系拼读，恩比克（Embick）提出了音系推导中的语段不可透条件（Phase Impenetrability for Phonology）②：

（21）语段中心语x的补足语不被高一级语段yP的音系运算可见或改变。

语段不可透条件的作用在于确保规则在一个局域范围内运用，不可回望亦不可前瞻。一方面，语段不可透条件可以确保当前语段中进行的操作无法对上一语段中已经拼读出来的内容加以改变，当前语段进行的音系和语义操作只能参照自身和上一语段边缘位置上的信息，相当于柯珀斯基提

---

① 循环式推导，是生成语法关于结构推导的重要假设，可参见乔姆斯基以下文章："Derivation by Phase"（2001, *Ken Hale: A Life in Language*, MIT Press）、"Beyond Explanatory Adequacy"（2004, *Structures and Beyond: The Cartography of Syntactic Structures*, Oxford University Press）、"Three Factors in Language Design"（2005, Linguistic Inquiry 36 [1]）。还可参见：R. Bermúdez-Otero. "Cyclicity"（2012, *The Blackwell Companion to Phonology*, Wiley-Blackwell）。
② Embick, D. "Locality Across Domains: From Morphemes to Structures to Sounds". *Handout Given at NESL 44*, 2013.

出的"括号删除规约（Bracket Erasure Convention）"[①]或莫哈那（Mohanan）提出的"晦暗原则（Opacity Principle）"[②]发挥的作用；另一方面，语段不可透条件可以破坏某些规则应用的环境，即阻断该规则的应用。如，某语言中存在这样两条规则：

(22) 规则1：A → B / X __
　　 规则2：A → C / __ Y

在XAY这个序列当中，如果规则1先应用（XAY → XBY），那么规则2就不会应用。

总而言之，语段理论提供了新的理论工具来考察结构的推导过程中生成模块（形态-句法）与解读模块（音系-语义）之间的互动和沟通，现有的研究表明，将语段这个起初用于句法推导的概念应用到形态结构的推导是可行的。语段作为界定音系块（phonological chunk）以及语义块（semantic chunk）的形态-句法结构单位，将此前词库音系学和韵律音系学的不同分工统一起来，即将词内部结构的音系推导和短语结构的音系推导合二为一，这种融合的最大优势在于提升模块之间信息转换的简洁性。

四、词根层面与词层面的区分——从SPE到词内语段理论

针对SPE当中提出的两类不同性质的语素界线"+"和"#"以及两类不同的词缀，学者们从不同的视角出发提出不同的理论框架，来处理与这两类语素界线有关的形态操作和音系规则的作用方式。在前面几节中，我们阐述了生成语法处理构词与音系之间关系的两种分析方法。词库音系学从不同的形态操作之间、形态操作与音系操作之间的动态交互过程出发来探讨这个问题。根据词库内分层参照标准的不同，存在两种分层模式，词缀驱动的词库分层模式和词基驱动的词库分层模式，其中词基驱动的词库分层模式可以严格限制词库内层面的数量，在理论预测力度上优于传统词库音系学基于词缀的分层模式。

[①] Kiparsky, P. "Lexical Morphology and Phonology". In Yang, I.S. (ed.), *Linguistics in the Morning Calm*, Seoul: Hanshin, 1982, pp. 3-9.
[②] Mohanan, K. P. *Lexical Phonology*. Ph.D. thesis, MIT, 1982.

基格里希提出的词基驱动的词库分层模式认为SPE当中"+"和"#"这两类不同性质的语素界线之间的差异真正反映的是形态操作涉及的词基形态范畴的不同和在词库内运算模式的不同①。实际上，乔姆斯基和哈勒在SPE一书中表达了相同的看法："标记为#这个界线符号的词缀，大多通过语法转换规则附加到词上面，而造成重音位移的那些派生词缀，大多是词库内在的一部分。"②

除此之外，基格里希关于词根层面和词层面的区分在其他学者的研究中也可以找到共鸣，这些研究均强调词基范畴的不同对生成的词在音系和语义上的影响。在基格里希之前，塞尔柯克就已经强调词基形态范畴的不同对词内部结构的影响③，基格里希的很多看法与塞尔柯克一致④。

塞尔柯克指出分析词的内部结构时，应该考虑词基的形态范畴对词的形态表现和音系表现的影响，词基的范畴不同，词的内部结构表征也有所不同；不同词汇层面之间的区别源于加缀的词基在形态范畴上的差异："（i）在英语中，词的内部结构中存在两个（递归性）范畴层面或两类形态范畴，即词和'较低级别'的词根；（ii）Ⅰ类词缀加在词根上（形成词根的组合），Ⅱ类词缀加在词这一形态范畴上（形成词）"。⑤

在塞尔柯克看来，英语中派生词的构成成分有三种类型，即词缀和作为词基的词根和词。词缀的次范畴信息结构中标明该词缀附加在词根上还是词上，抑或两种词基都可以⑥，言下之意就是同一个词缀可以同时附加在词根上，也可以附加在词上。对于英语中Ⅰ类词缀和Ⅱ类词缀与词基结合后生成的形态结构的差异，塞尔柯克用（23）中的三个结构树表示。

---

① Giegerich, H. *Lexical Strata in English: Morphological Causes, Phonological Effects*. Cambridge: Cambridge University Press, 1999.
② Chomsky, N. & M. Halle. *The Sound Pattern of English*. New York: Harper and Row, 1968.
③ Selkirk, E. *The Syntax of Words*. Cambridge MA: MIT Press, 1982.
④ Hammond, M. "Review of Lexical Strata in English: Morphological Causes, Phonological Effects by Heinz J. Giegerich". *Phonology* 17(2), 2000, pp. 287-290.
⑤ Selkirk, E. *The Syntax of Words*. Cambridge MA: MIT Press, 1982, pp. 77-78.
⑥ 同上，p. 94, pp. 100-106。

(23) Ⅰ类词缀和Ⅱ类词缀的结构表达①

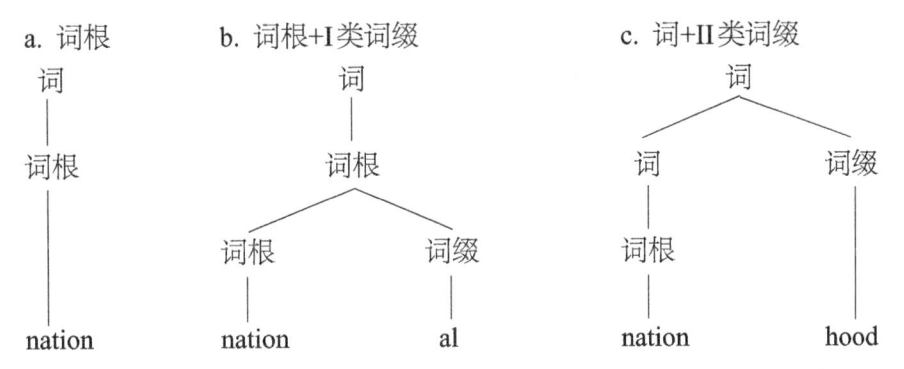

a. 词根　　　　　　b. 词根+Ⅰ类词缀　　　　c. 词+Ⅱ类词缀

```
    词              词                       词
    │              │                       ╱╲
   词根           词根                     词  词缀
    │           ╱    ╲                    │    │
                词根  词缀                词根
                │      │                  │
  nation       nation  al                nation  hood
```

现在我们再来看一下马兰茨对Ⅰ类词缀和Ⅱ类词缀的理解，他认为Ⅰ类词缀可以在内层范域与词根直接合并构成第一语段，而Ⅱ类词缀的添加在外层范域进行，合并的词基是已经有语类赋值的词（nP、aP、vP）。

(24) 分布形态学中Ⅰ类词缀和Ⅱ类词缀的结构表达②

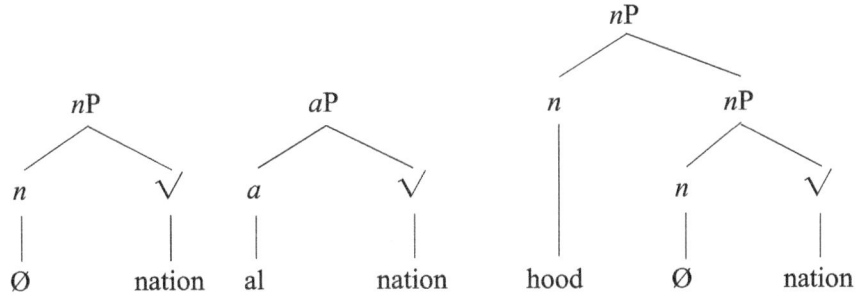

a. 词根　　　　　　b. 词根+Ⅰ类词缀　　　　c. 词根+Ⅱ类词缀

```
                                              nP
                                             ╱  ╲
    nP              aP                      n    nP
   ╱  ╲            ╱  ╲                    │   ╱  ╲
  n    √          a    √                       n    √
  │    │          │    │                       │    │
  Ø  nation       al  nation              hood  Ø  nation
```

在基本理念上，基格里希和塞尔柯克区分两类构词词基的观点与区分内层范域构词和外层范域构词的词内语段理论相一致，但是在具体的理论设定上，三者还是存在较大的分歧。

首先，这三种理论都认为构词操作的第一步以词根为作用对象，但是在词根是否具有语类特征这一点上，马兰茨、基格里希与塞尔柯克的理解不同，前两位学者认为词根本身为无语类赋值的光杆词根，塞尔柯克则认为词根以名词性词根、动词性词根、形容词性词根这样的形式储存在词库

---

① Selkirk, E. *The Syntax of Words*. Cambridge MA: MIT Press, 1982, pp. 96-97.
② Marantz, A. *Words*. Ms. MIT, 2001.

当中。这种差异其实并不重要，塞尔柯克所认为的词根的名词性、动词性和形容词性这些特征可以看作词根内在的语义特征，而不是形态句法运算中的语类特征，只有后者可以为词根贴上一个形态句法语类的标签，将其转换为一个语义上完整、音系上独立的词。

其次，在词根层面构成的形态结构是否具有词的地位上，这三位学者的理解也存在些许差别。就英语而言，基格里希与塞尔柯克认为词根与Ⅰ类派生词缀结合后形成的复杂形式仍然为词根，需要经过"词根→词"这么一个转换操作，词根层面上生成的形态结构才转换为具有语类特征的词，Ⅰ类词缀自身不具备将词根转换为词的作用。也就是说，[origin]、[[origin]+al]、[[[origin]+al]+ity]都是词根，只有当它们离开词根层面时，才会转换为词。相反，在词内语段理论中，可以指派语类的派生词缀可以作为语段的中心语，词根与这些指派语类的派生词缀直接合并后构成一个语段（如[√origin+Ø]nP、[√origin+al]aP、[[√origin+al]aP+ity]nP），语段本身就是独立的音系和语义拼出单位，因此理论上自然具备词的地位。

基格里希与塞尔柯克虽然意识到了英语当中Ⅰ类词缀与Ⅱ类词缀之间真正的区分在于加缀的词基为词根还是词（Ⅰ类词缀可加在词和词根上，Ⅱ类词缀只加在词上），但还是无法彻底摆脱西格尔[①]和传统词库音系学对英语的Ⅰ类词缀和Ⅱ类词缀的理解，认为Ⅰ类词缀和Ⅱ类词缀应该属于不同的构词层面。实际情况应该是英语当中的Ⅰ类词缀可以在词根层面参与构词，也可以在词层面参与构词，而Ⅱ类词缀则只在词层面参与构词，如Ⅱ类派生后缀-ity的加缀过程可以在词根层面进行（[√matern+ity]nP→maternity），也可以在词层面进行（[[drinkable]aP+ity]nP→drinkability），而Ⅱ类后缀-ly的加缀过程只能在词层面进行（[[friend]nP+ly]aP→friendly）。至于Ⅰ类词缀导致词基重音的位移，Ⅱ类词缀对词基的重音没有影响，则是不同类型词缀的独特属性，与词根层面构词还是词

---

① Siegel, D. *Topics in English Morphology*. Ph.D. dissertation, MIT, 1974.

层面构词无关[①]。

在讨论构词过程中发生的音系变化时，需要理清楚哪些音系变化是特定的构词层面特有的，哪些音系变化是特定的词缀触发的。同一个词缀可以附加在不同的形态范畴上，既可以添加在词根上，也可以添加在词上。如果触发的音系变化一致，这意味着这些音系行为是该词缀特有的属性，与词基为词根还是词无关；相反，如果触发不同的音系过程，这就表明是由加缀的对象，即词基为词根还是词决定的。ma'ternity 和 drinka'bility 这两个词当中重音均落在 -ity 之前的音节之上，而且重读的元音均变为松元音，这表明这些音系过程是 -ity 这个后缀特有的，不是词根层面特有的。

综合以上讨论，可以得出的结论是：无论是坚持词库论的学者还是否定词库论的学者，他们达成的一条共识就是，形态系统内部区分两类形态操作，词根作为词基的形态操作（内域形态）和词作为词基的形态操作（外域形态），这种区分可以合理地解释音系和语义这两个解读模块对不同的形态结构所采取的不同拼出（Spell-out）方式。

第四节 词基驱动的构词与音系交互模式

在第二节，我们评述了标准词库音系学框架内关于汉语普通话词库结构的研究，指出标准词库音系学词缀驱动的分层模式无法提供汉语普通话词库结构的满意答案。在第三节，对生成语法处理形态与音系交互的多种分析方法加以比较之后发现，着眼于词基的不同来区分不同层面的形态操作可以更合理地解释不同类型的词所应用的音系规则的不同，同时还可以解释这些词不同的语义解读方式，采取这种分析方法的词基驱动的词库分层假设和词内语段理论在描写力度和解释力度上优于词缀驱动的词库分层假设。

[①] 加缀是否导致词根重音发生位移是具体词缀的属性，持该观点的研究，可参见：M. Halle and J. Vergnaud. *An Essay on Stress*（1987, MIT Press）、T. Marvin. *Topics in Stress and the Syntax of Words*（2002, Ph.D. thesis, MIT）。

一、词基驱动的词库分层假设和词内语段理论

关于基格里希词基驱动的词库分层假设是否与词内语段理论兼容，我们认为坚持词库论的前者与否定词库论的后者并不冲突。分布形态学声称词和短语采用同样的生成机制，但该理论近年来对词层面结构和短语层面结构如何进行音系和语义推导的研究表明其仍然未能摆脱词库论，至少在一部分语言中，词与短语推送至音系模块和语义模块进行拼出的方式存在差异，甚至在词的层面上，如词库音系学所预测的一样，应用的音系规则存在循环式规则和后循环式规则的区分[①]。

在分布形态学的理论模型当中，构建形态-句法结构的主要机制为合并（Merge）和移位（Move）；在解读机制上，词内语段理论将语段这个概念从句子层面向下延伸至语素层面，采用以语段为单位的"多次拼出（multiple spell-out）"模式对形态句法结构进行音系和语义拼出，拼出的过程强调结构的生成与解读的亲密互动。也就是说，形态-句法结构的构建与音系-语义解读交叉进行。显而易见，这种对模块之间互动关系的理解与词库音系学词库内形态操作与音系操作交叉进行的假设在基本理念上一致，如图2.5和图2.6所示：

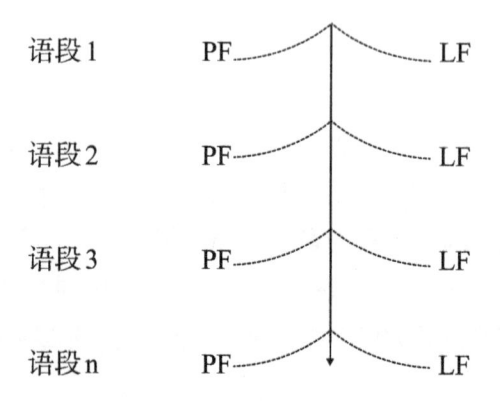

图2.5　分布形态学中形态-句法与音系-语义的交互模式

[①] Halle, M. & O. Matushansky. "The Morphophonology of Russian Adjectival Inflection". *Linguistic Inquiry* (37), 2006, pp. 351-404.

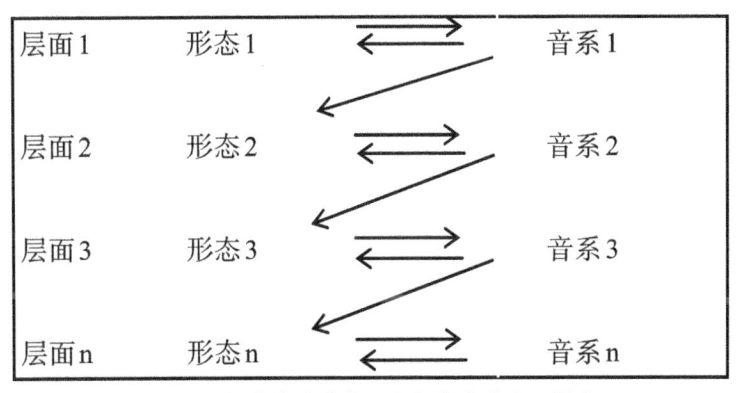

图2.6　词库音系学中形态与音系的交互模式

据词库音系学理论，词库内形态操作与音系操作交叉进行，每一次形态操作（加缀、复合）的输出项都会进入音系模块应用相应的音系规则，然后再经历下一次的形态操作和音系过程。也就是说，每进行一次加缀操作或复合操作就会构成一个音系域，音系规则应用的范围直接参照形态界定的范围，后者相当于接受音系和语义解读的语段。马文（Marvin）表达了大致相同的观点："如果将词库内不同的层面视作词缀加缀的不同句法层面，实际上可以认为，词库音系学暗示着音系规则的应用受句法域的限制，可能就是语段的限制。"[1]

可以说，当分布形态学将语段理论纳入其理论框架内，并将语段结构扩展至词以下的结构层面用以分析形态结构的音系和语义拼出过程，它就不得不重新回到词库论的怀抱。在生成机制上，构词与造句存在采取相同机制的可能性，如合并、移位作为最基本的结构生成操作。但是，就形态-句法结构的音系和语义解读而言，诚如不少语言中形态-句法与音系的互动所体现的那样，词层面以下的结构和词层面以上的结构应用的音系规则体现出诸多差异，有些音系规则为形态系统专有。因此，在运用语段理论处理形态-句法结构的音系拼出时，分布形态学不得不设立两类不同的语段推导模式，一类针对词以下的结构，一类针对词以上的结构，这两类推导过程的差异体现在多个方面。

---

[1] Marvin, T. *Topics in Stress and the Syntax of Words*. Ph.D. thesis, MIT, 2002.

首先，词层面和短语层面的语段中心语性质不同。词层面语段的中心语为语类指派语素 v、n、a，而句子层面的语段中心语则设定为 CP（Complementizer Phrase，标句词短语）、DP（Determiner Phrase，限定词短语）、vP（verb Phrase，动词短语）中的 C、D 和 v[①]。这两类中心语的差别在于 v、n、a 未携带不可解读的特征，而 C、D 和 v 则携带有不可解读的特征。nP、aP、vP 可以出现在 CP、vP、DP 当中，但是 DP、CP、vP 却很少出现在前者当中。

其次，纽厄尔（Newell）提出存在两类语段，补足语解读语段（complement-interpretation phases）和整体解读语段（total-interpretation phases）[②]。前者包括 CP、DP、vP，与句法层面相关联；后者包括 nP、aP、vP，与传统意义上的词层面相关联。这两类语段送入 PF 和 LF 接受解读的内容不同。在补足语解读语段当中，接受解读的只有补足语，而不是整个语段，中心语由于携带有不可解读的特征（如一致特征与格特征），因此该类语段允许进一步的移位操作去进行特征的核查。相反，对于整体解读语段而言，包括对中心语和补足语在内的整个语段进行解读，这是因为：1）第一语段中作为补足语的词根没有具体的形态-句法语类特征；2）中心语 v、n、a 未携带不可解读的特征，而且该类语段也没有不可解读的边缘。

虽然分布形态学声称自己是对词库论的完全否定，词没有理论地位，但是以上两类语段以及两类语段的中心语所表现出的性质上差异，表明分布形态学依然需要承认词和短语这两个层面的结构之间的差异，虽然并不是以直接的方式。词和短语这两类结构的生成操作可能一致，但对它们进行音系和语义解读却需要采取不同的方式，尤其是构词的第一语段（即内域形态）在音系和语义解读上与短语相差甚远。词库音系学将构词放在词

[①] 关于句子层面语段中心语的设定，可参见：N. Chomsky. "Derivation by Phase"（1999, MIT *Occasional Papers in Linguistics* [18]）、J. Uriagereka. "Multiple Spell-Out"（1999, *Working Minimalism*, MIT Press）、J. Legate. "Some Interface Properties of the Phase"（2003, Linguistic Inquiry [34]）、F. Marušič. "Non-simutaneous Spell-out in the Clausal and Nominal Domain"（2009, *Interphases: Phase-theoretic Investigation of Linguistic Interfaces*, Oxford University Press）。

[②] Newell, H. *Aspects of the Morphology and Phonology of Phases*. Ph.D. dissertation, McGill University, 2008.

库内进行，区分词库音系与后词库音系；分布形态学虽将形态结构的构建纳入句法模块，但却需要采取不同的方式来处理词以下的语段结构和词以上的语段结构的音系拼出和语义解读。显然，在对形态句法与音系的交互模式的理解上，基于语段的音系推导模式与词库音系学在基本理念上是一致的[①]。

此外，在对词根的属性的理解上，基格里希词基驱动的词库分层假设与词内语段理论一致，两者均认为作为构词的原始项，词根没有相应的语类特征。最后，词内语段理论区分内域形态与外域形态，内域形态与外域形态在能产度、语义和音系方面各呈现出不同特点，这与基格里希关于词根层面和词层面的区分一致。据此，我们认为词基驱动的词库分层假设与词内语段理论并不冲突，可以将语段这一概念引入词基驱动的词库分层模式，从词的语段结构和推导过程两方面来探讨不同类型的词如何在音系和语义两个模块获得相应的解读。

二、修正后的词基驱动的词库分层模式

在此基础上，我们对基格里希词基驱动的词库分层模式进行了修正。首先，引入词内语段理论提倡的语段推导这一思想，每个构词层面上，形态操作生成的结构需要构成一个语段后方可转送至音系模块和语义模块进行解读，具备语段地位的形态结构包括名词、动词、形容词这些实词语类；可作为语段中心语的功能成分包括那些可以定义语类的派生词缀，这些派生词缀除了界定词基的语类特征，还可以携带特定的语义特征。

其次，在基格里希词基驱动的词库分层理论模型中，英语中-al、-ity这些I类派生词缀不具备将词根转换为词的功能，需要经过专门的"词根→词"转换操作才可以获得语类特征成为一个词。采用词内语段理论的术语，就是这些派生词缀不具备作为语段中心语的资格，这显然与事实不符，因为英语当中无论是黏着词根还是自由词根作为词基，与-al、-ity这些派生词缀

---

① 持该观点的研究可参见：B. Samuels. *The Structure of Phonological Theory*（2009, Ph. D. dissertation, Harvard University）和 "Consequences of Phases for Morphophonology"（2012, *Phases: Developing the Framework*, Mouton de Gruyter）。

合并后构成的必然是一个自由词。在这一点上，我们认同词内语段理论所持观点，认为词根层面上词根与可以指派语类的派生词缀合并后生成的结构具备语段的资格，可以送至音系模块和语义模块进行拼出和解读。

第三，基格里希词基驱动的词库分层模式由于未能完全摆脱标准词库音系学的影响，因此在其定义的词根层面上，那些与词基关系紧密的黏附性词缀（cohering affixes），如英语的 I 类词缀，既可以与原始词根合并（如√matern+ity→maternity），还可以与派生词合并（如[nation+al]+ity→nationality），也就是说，词根在词根层面上可以与多个指派语类的派生词缀合并。我们不同意这种观点，认为词根层面上词根只可以与一个指派语类的派生词缀合并。在词根层面上，形态操作的主要功能在于将词根范畴化，尚未进行范畴化的词根通过与可以定义语类的功能语素合并获得相应的语类标签，该层面的形态操作只生成一个语段；在词层面上，形态操作的主要功能在于改变词基已有的语类特征或语义特征来构造新词，该层面上，词基可以叠加多个功能语素。

修正后的词基驱动的词库分层模式如图2.7所示：

	形态	音系	语义
词根层面	词根作为词基 单语段 [√+x]xP [√P+x]xP	一个音系域 音系规则不自然 语素变体 例外较多	特殊语义： 词缀、词根协商解读
词层面	词作为词基 多语段 [xP+y]yP [xP+yP]xP	多个音系域 音系规则自然 无语素变体	组合语义： 词缀、词基语义相加

图2.7 修正后的词基驱动的词库分层模式

词库内参与构词的语素分成两类，即词汇语素（词根）和功能语素（词缀）。词汇语素（词根）只包含音系信息和语义信息，没有具体的形态句法语类信息的赋值；功能语素则携带具体的形态–句法信息和语义信息，但是在音系内容上，有的功能语素在底层表达中没有赋值或不完全赋值。

(25)   语类信息   音系信息   语义信息
     词根   −   +   +
     功能语素   +   +/−   +

作为功能语素的词缀的作用在于：1）定义词基的语类；2）改变词基的语义。可以定义词基的语类特征的词缀具备作为语段中心语的资格，仅改变词基的语义特征的词缀是否可以作为语段的中心语则视具体情况而定，如果这类词缀只选择某一特定语类作为词基，那么可以将这类词缀视作定义语类特征的语段中心语，如果这类词缀可以附加在语类不同的词基上，那么可以将这类词缀视作词基的附加语（Adjunct）。

在词根层面上，形态操作只生成单语段的形态结构，与语段中心语 n、v、a 合并的补足语（即词根）包括：1）无语类赋值的光杆词根（√）；2）直接合并的复合词根（即词根短语√P）；3）非语类指派词缀与词根直接合并后形成的词根短语√P。由于非语类指派的词缀往往改变词根的语义，这类词缀可以视作一个语义上（或音系上）弱化的词根，它们与词根直接合并后的组合形式相当于两个词根直接合并后的组合形式。(26)—(28)给出了这三类词根与可作为语段中心语的功能语素合并后构成的语段的内部结构，x 为语段中心语：

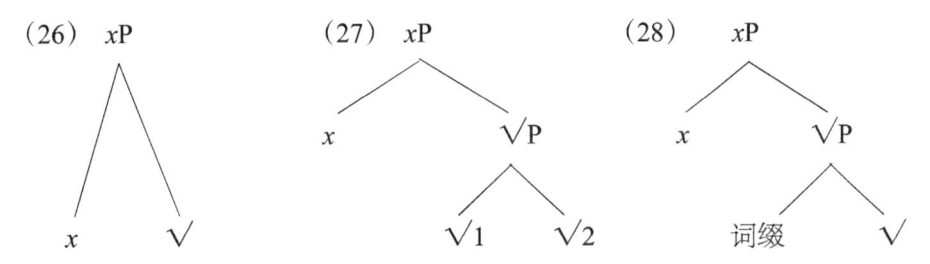

(26) xP   (27) xP   (28) xP
          /\   /\   /\
         x √ x √P x √P
                                /\   /\
                              √1   √2   词缀   √

构成（26）中的语段结构的形态操作有派生构词，如[√难+n]nP→难去声：难处、[√傻+子]nP→傻子；构成（27）中的语段结构的形态操作主要为基础复合词（primary compounds），如[[√长+√短]√P+n]nP→长短：长度、[[√秉+√持]√P+v]vP→秉持；在（28）中，语段 xP 当中包含一个不具备语段中心语地位的词缀，如盘上话屹头名词、屹头形容词和Ⅰ类屹头动词中的前缀"屹-"：[[屹+√搅]√P+v]vP→屹搅：打扰。

在音系方面，由于词根层面上生成的词都是单语段结构，只构成一个音系域，因而音系规则对词内语素之间的界线不敏感，语素之间的界线不会阻断特定的音系规则的应用，因而该层面应用的音系规则数量较多，音系推导步骤多。此外，词根层面应用的音系规则可能表现出不自然、不透明的特点，而且存在例外。在语义方面，由于该层面上涉及词根与词根的直接合并、词根与词缀的直接合并，词根在特定的形态-句法环境中的语义解读需要参考百科知识，因此生成的词语义组合性差，会出现特殊的语义解读。总的来说，词根层面是形态系统当中异质成分的藏身之处，多数不规律的形态变化、能产度低的构词过程、透明度和自然度较低的音系规则，以及特殊的语义解读都在该层面发生。

在词层面上，构词的词基为已经有语类赋值的词（即语段 nP、vP、aP），这些词与词缀或其他词合并后生成以下多语段的复杂结构：

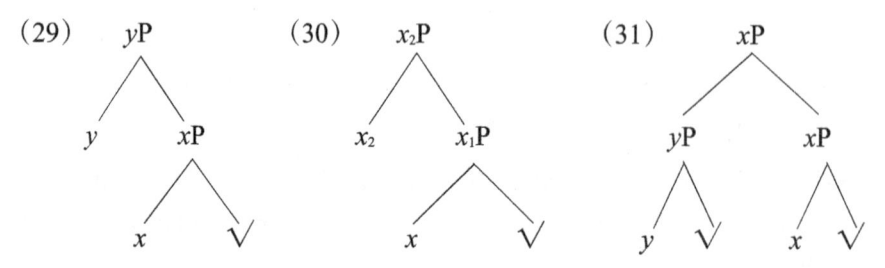

（29） yP　　（30） x_2P　　（31） xP

词基与可以改变语类的派生词缀形成的语段结构如（29）所示，例如盘上话当中的[[√能+Ø]aP+家儿]nP→能家儿：聪明的人。词基与仅改变语义内容的派生词缀形成的语段结构如（30）所示，例如晋语区方言当中普遍存在的圪头动词[圪+[√搅+Ø]vP]vP→圪搅：小幅度搅动，由于在词层面上该词缀只选择动词作为词基并且只构成动词，因此该前缀可以视作一个语段中心语。部分复合词形成的语段结构如（31）所示，如[[√桃+儿]nP+[√核+儿]nP]nP→桃儿核儿。

在词的层面上进行的形态操作能产度较高，生成的词语义结构透明，可分析为词基与词缀的简单相加。在音系方面，该层面生成的词包含多个语段，由于语段之间的界线可能会阻碍音系规则的应用，因此较之词根层面，该层面应用的音系规则数量较少，词的音系结构相对比较透明。

三、语段的循环拼出与模块化的PIC理论

语段理论提出伊始，语段的不可穿透性（PIC）即被视作形态-句法结构在循环拼出过程中必须遵守的条件，所有语段送至PF和LF进行拼出时，均不可违反语段的不可透条件。在这种情况下，PF和LF的拼出与PIC紧密捆绑在一起，每一个语段均具备不可穿透性。达勒桑德鲁和舍尔（D'Alessandro & Scheer）指出，对语段拼出和PIC的这种捆绑式理解过于严格刻板，语段理论需要加以修改以期更好地描述和解释某些语段在PF当中的音系拼出方式，具体的做法就是将语段的音系和语义拼出与PIC分开对待，将PIC视作一个特征，同一个语段在语法的不同模块中可能同时呈现出不可穿透的性质，也可能只在PF或LF中具备该性质，这就是他们提出的模块化的语段不可透条件（Modular PIC）[①]。模块化的语段不可透理论主张：

1）具体语言中语段的中心语由句法运算定义，不同语言中具备语段中心语地位的功能范畴存在差异。

2）语段的拼出与PIC紧密关联但彼此独立进行。语段的拼读是否遵守PIC，视具体语段而定；同一个语段在不同模块中是否具备不可穿透性，这视具体模块而定；不同音系过程的应用是否受PIC的制约，这视具体的音系过程而定。

3）存在两类与语段相关的变异，一类体现为不同语言之间在含有的语段中心语集合及语段性质上的参数差异；另一类则体现为同一语言中不同的语段中心语在不同的模块中体现出的PIC方面的差异，这种差异由语段中心语自身的词汇特征决定。

模块化的PIC理论承认每一个语言的运算系统都有一个语段骨架（phase skeleton），构成这个语段骨架的具体语段因语言的不同而有参数化的差异。每一个语段在构建完成后均转送至PF和LF进行拼出，也就是说，

[①] 这两位学者关于模块化的语段不可透条件的论述，详见：R. D'Alessandro & T. Scheer. "Phase-head Marking"（2013, *Universal Syntax and Parametric Phonology. Special Issue of Linguistic Analysis*）、"Modular PIC"（2015, *Linguistic Inquiry* [46]）。

句法模块向PF和LF两个模块输送语段是机械式的，所有构建好的语段都会经历拼出，但是拼出过程是否受PIC的制约则视具体语段和具体模块而定。模块化的PIC理论参照具体语段在语法不同模块中的表现区分语段的句法PIC、音系PIC和语义PIC。

模块化的PIC理论是生成语法关于结构推导的循环性的讨论在最简方案时期的延续，之前的相关研究已经表达过大致相同的基本思想。哈勒和维尔纽（Vergnaud）区分规则的循环性和词项的循环性[1]。循环式规则可以在结构中多次应用，非循环式规则只应用一次；循环式词项可以触发循环规则的应用，非循环式词项不会触发循环规则的应用。如英语中词重音规则是一条循环式规则，Ⅰ类词缀属于循环式词项，Ⅱ类词缀属于非循环式词项，因此在Ⅰ类词缀构成的词当中，词重音规则循环应用，而在Ⅱ类词缀构成的词当中，词重音规则不循环应用。

类似地，在标准词库音系学当中，循环性体现在两个方面：一是特定音系规则的循环性；二是具体层面的循环性[2]。对于一条具体的音系规则而言，如果该规则在层面n、层面n+1等多个连续的层面重复运用，那么该条规则具有内在的循环性，可以在多个层面当中循环应用，这类规则的典型代表就是英语的重音指派规则。对于具体层面的循环性而言，如果某些规则在层面n当中从该层面生成的最小形态结构开始依次作用于该层面生成的最大形态结构，可以说层面n具有循环性，如标准词库音系学理论模型中的词库层面Ⅰ。

在语段理论当中，PIC的作用在于限定当前语段中的哪些成分在经历了拼出后可以被（或不被）下一个语段相关的操作所影响。可以说，语段只有经历拼出操作后，继而其补足语才会表现出不可透的特点，拼出操作与PIC之间存在紧密的关联[3]。然而，两者存在紧密关联并不意味着两者必然同时发挥作用。模块化PIC理论的主要设想可展示如下：

---

[1] Halle, M. & J. Vergnaud. *An Essay on Stress*. Cambridge: The MIT Press, 1987.
[2] Odden, D. "Interaction in Lexical Phonology". In Hargus, Sharon and Helen Kaisse (eds.), *Studies in Lexical Phonology*, Academic Press, 1993, pp. 111-144.
[3] Chomsky, N. "Foreword". In Ángel Gallego(ed.), *Phases: Developing the Framework*, Berlin/Boston: Walter de Gruyter, 2012, pp. 1-9.

(32) a. 语言A　　　　　　　　b. 语言B

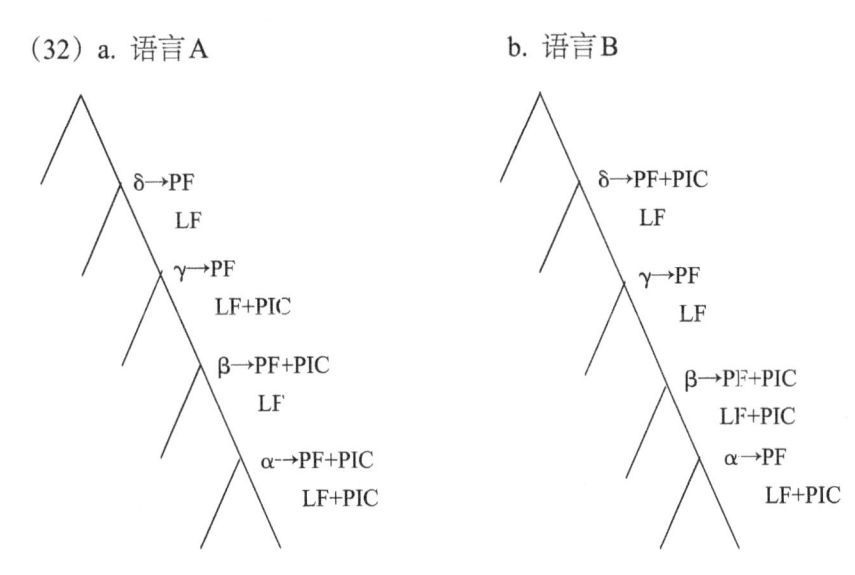

```
                δ→PF                    δ→PF+PIC
                LF                      LF
              γ→PF                    γ→PF
              LF+PIC                  LF
            β→PF+PIC               β→PF+PIC
            LF                     LF+PIC
          α→PF+PIC               α→PF
          LF+PIC                 LF+PIC
```

（32）给出的两种语言A和B具有相同的语段骨架，语段中心语α、β、γ、δ分别构成语段Phα、Phβ、Phγ和Phδ，这四个语段的形态-句法结构相同，但在PF和LF两个模块当中，因语段中心语α、β、γ、δ在是否具备PIC特征上的差异，这四个语段在这两种语言当中经历的音系和语义拼出过程存在差异。以Phα为例，在语言A当中，该语段在PF和LF两个模块当中均具备PIC特征，因此该语段在PF和LF拼出后，α的补足语被凝固，下一语段中发生的音系和语义过程无法对其施加作用；而在语言B当中，Phα只在LF模块中具备PIC特征，在PF模块中不具备PIC特征，因此下一语段中发生的语义过程无法对Phα的补足语施加影响，但下一语段中发生的音系过程可以对其发挥作用。

　　模块化的PIC理论对于形态构词与音系-语义之间的接口研究具有重要的理论启示。具体到形态与音系-语义的交互而言，可以解释同一语言当中不同的构词过程诱发或未诱发音系变化的差异，如英语中Ⅰ类词缀和Ⅱ类词缀的差异、马拉雅拉姆语中从属复合词和并列复合词的差异。英语的Ⅰ类词缀和马拉雅拉姆语的从属复合词对应的语段在PF模块中不具备PIC特征，因此音系将其视作一个整体进行重音的指派，这导致词基原来的重音发生位移；相反，英语的Ⅱ类词缀和马拉雅拉姆语的并列复合词对应的语段在PF模块中具备PIC特征，音系规则无法改变附加Ⅱ类词缀的词基、并列复合词中两个成分现有的音系形式，因此不会发生重音的位移。可以这么理解，由于以上两类语段中心语在PF中具备不同的PIC特征，Ⅰ类词缀与词基之间的界线、从属复合词当中两个成分之间的界线不为音系所见，Ⅱ类词缀与词基之间的界线、并列复合词中两个成分之间的界线可以为音系所见。

基于模块化PIC理论的基本假设和分析方法，我们将对同一方言中不同变调规则以及不同方言中同类变调规则的循环应用进行分析，区分变调规则自身的PIC特征和具体语段的PIC特征。

四、音系模块的再调整

纽厄尔指出，形态句法只决定语段拼出的时间点，即决定什么时候将构成的语段送入音系和语义模块进行拼出，怎么拼出由音系和语义负责[①]。换言之，形态句法向音系模块和语义模块的语段推送是机械的，每形成一个语段就会输送至这两个解读模块进行拼读，但是就音系模块的拼读而言，拼出的音系形式并不总是符合特定语言的音系语法要求。在这种情况下，音系模块会采取相应的音系机制对拼出的音系形式进行修补。

具体语言中的某些音系制约条件对音系模块拼出的音系形式的合法性的监控是全程的（可能也有仅仅针对某一推导步骤的制约条件），这些音系制约条件控制音系推导的每一个步骤，它们的监控作用体现在：1）决定词项插入时的语素变体形式；2）决定拼出后的音系形式是否合法（即音系模块的再调整措施）。

具体到词的音系拼出而言，会出现诸如未完全赋值的音系成分、浮游的特征词缀、语素调以及违反具体语言对词内音段线性配列要求或最小韵律词条件的情况。面临这些音系上无法独立的成分或不合格的情况，音系模块会采取不同的补救性手段使其成为合格的音段序列或最小词。

对于未完全赋值的音系成分，音系语法通常采用的补救机制主要有两种：一是通过默认规则使用具体语言当中标记程度相对最弱的音系成分来补位；二是通过邻近音系成分的特征扩散来获得具体的特征赋值，如果扩散的

[①] Newell, H. *Aspects of the Morphology and Phonology of Phases*. Ph.D. dissertation, McGill University, Montreal, 2008.

是音节、音步等较高层级的韵律单位或整个语素的音系形式，则体现为重叠。

对于浮游的特征词缀或语素调而言，它们自身无法在语音层面上得以实现，如果想要使它们表达的形态功能在表层的语音形式上有所体现，它们需要一个宿主能够使其在韵律上获得允准，通常情况下充当宿主的是词基[①]。

对于违反具体语言对词内音段线性配列要求的情况，可通过额外插入一个音段或删除其中一个不合格的音段来满足音系合格条件的要求。最后，如果一个语段拼出后的形式不满足最小词的条件，可采取PF的调整措施，包括增加音节、元音插入、元音延长等音系机制；但另外一种可能就是暂停拼出，需要等到下一语段送来的时候一起拼出。

第五节 小结

本章我们简要评述了标准词库音系学理论框架内关于汉语普通话当中构词与音系交互的研究，指出词缀驱动的多层面、串联式词库分层模式并不能合理解释汉语当中构词操作与音系操作之间的互动模式；根据不同的构词过程之间的关系得出的词库分层模式与根据构词过程中应用的音系规则得出的词库分层模式并不一致，因此基于词缀的多层面、串联式词库结构并不适合于汉语普通话。

接下来，通过对比生成语言学处理构词与音系之间交互的两种分析方法，即从形态过程和音系过程之间发生的顺序出发的处理方法和从词的结构表达（形态结构的表达和音系结构的表达）出发的处理方法，我们表明这两种从不同角度出发的分析方法并不冲突，可以将两种分析方法相互结合，既关注构词过程之间发生的顺序，同时关注不同类型的构词过程生成的形态结构的性质。

基格里希提出的词基驱动的词库音系学理论将词库内的构词层面缩减

[①] 关于浮游的音段特征或声调如何在韵律上获得允准，相关研究可详见：J. Itô. "A Prosodic Theory of Epenthesis"（1989, *Natural Language and Linguitic Theory* [7]）、M. Yip. "Prosodic Morphology in Four Chinese Dialects"（1992, *Journal of East Asian Linguistics* [1]）和 A. Akinlabi. "Featural Affixes"（2011, *The Blackwell Companion to Phonology* Vol. Ⅳ, Blackwell）。

为词根层面和词层面（有的语言中有一个词干层面），这两个层面的区别在于词根层面上构词的词基为词根，词的层面上构词的词基为词；马兰茨的词内语段理论区分构建形态结构的内层范域与外层范域，内层范域中可指派形态–句法语类的语段中心语与词根直接合并构成结构推导过程中的第一个语段，外层范域当中与语段中心语合并的不再是词根，而是已经获得语类指派的形态–句法结构。基格里希对词库内构词模式的这种理解与马兰茨的词内语段理论在基本精神上是一致的，在此基础上，我们将这两种理论模型相融合，将语段这一概念纳入词基驱动的词库分层模式，词库内区分两个构词的层面：词根层面和词的层面。

　　词根层面上，词根与可以指派语类的功能语素（音系上显性或隐性的功能语素）直接合并形成推导过程的第一语段；词的层面上，与可以指派语类的功能语素合并的是词根层面上已经生成的有语类特征的词。由于这两个层面当中进行合并的形态范畴不同，生成的语段结构也有所不同，因此音系和语义两个模块采用不同的拼出规则对其进行解读。最后，音系和语义模块对这两个层面上生成的形态结构以语段为单位、采用循环的方式依次进行解读，解读的过程遵循语段不可透条件（PIC）。

　　在这种以语素作为构词基本元素的形态理论中，所有的词都是复杂词，因为一个词至少由一个词根与一个可以指派语类的功能语素组成，所以不存在传统形态学意义上的单语素词或单纯词，只存在单语段的词与多语段的词之间的区分。

　　在汉语诸方言当中，晋语区方言采用的构词手段较为丰富，不同的构词过程伴随不同的音系变化过程，构词与音系之间的这种密切互动为我们提供了可以观察形态结构的生成模块与解读模块（音系和语义）之间如何进行沟通的窗口，即作为独立的形态–句法范畴，一个具体的词如何获得最终的音系形式和语义内容。在接下来的四章当中，我们将对三种晋语区方言当中构词与语义、构词与音系的交互进行深入分析，对本章提出的词基驱动的词库分层假设加以论证，并对这三种方言当中相关的构词现象进行分析。

第三章 晋语区方言构词特点

本章我们将概述晋语区方言在构词过程中总体上呈现出的一些特点，指出这些特点与词基驱动的词库分层假设之间的关联。此外，重叠往往被视作一种特殊的非串联式的构词过程，本章对重叠的实质进行讨论，认为重叠可以视作一种特殊的串联式构词过程，并概括出几条参考标准来判断具体的重叠过程属于加缀构词还是复合构词。将重叠构词视作加缀构词或复合构词有助于我们了解不同的重叠过程在词库内所属的构词层面。

晋语指的是"山西省及其毗连地区有入声的方言"[1]，主要涉及太行山以西山西省的中西部、北部、东南部，太行山以东河南省北部和河北西南部邻近山西的地区，陕西北部邻近山西的地区，以及内蒙古黄河以东的中西部地区。晋语区方言当中，构词的手段既有典型的串联式加缀构词法，还有非串联式的变韵变调构词、模板形态和重叠构词法，此外还有不同结构类型的复合词。其中相关调查研究最多、比较有特色的构词手段主要有两种：一类是重叠构词这一手段，该区方言利用多种不同的重叠模式来构成新词；另外一类就是晋语当中普遍存在的圪头词，"圪"这个前缀具有较高的能产度。除了这两种具有典型晋语特色的构词手段，处于中原官话与山西晋语交界区的晋东南晋语、豫西北晋语中存在另一种独特的构词现象，即通过词根自身韵母和声调的变化来构成新词的变韵变调构词法。

我们讨论的晋语区方言包括豫北晋语辉县盘上话、山西晋语平遥话和陕北晋语神木话，其中盘上话的语料由本书作者亲自调查所得，平遥话的语料主要参考侯精一发表的关于平遥话的一系列调查研究成果，神木话的语料主要基于邢向东的相关专著和一些神木话方言材料。在这三种晋语方

---

[1] 李荣：《汉语方言的分区》，《方言》1989年第4期，第241—259页。

言当中，不同的构词过程生成的词在音系和语义上表现出系统性差异，这使得该区方言的词汇系统内部呈现出不同类别和层次。

第一节　词库内词汇的分类

语言的词汇系统往往是不同历史时期、不同来源的词汇经过长期的发展沉积于共时层面的结果。就具体语言而言，词汇系统并不具备完美的同质性和规律性，但是各种类型的词汇还是系统地共存于同一种方言的词库当中，它们分别占据着词库内的不同部分。贝穆德斯·奥特罗（Bermúdez-Otero）提出参照三个参数，可以将具体语言词库中的词分为三大类[①]，这三个参数分别是：

A. 可分析方式列出

B. 不可分析方式列出

C. 明确的抽象化概括

首先根据前两个参数，总体上可以把词库内的词分为两大类：一类词可以通过能产的形态规则在线生产出来，因此在词库内的形式是可分析的；另外一类词因内部结构的非组合性需要在词库内直接列出，这类词不可分析或者可分析性较差。这两类词在音系和语义上的差异大致相当于凯耶关于可分析形态和不可分析形态的区分[②]。第一类词音系结构透明，语义组成体现为各构成成分的总和；第二类词无法通过能产的形态规则以机械化的方式在线生成，需要以整体的方式在词库内列出，音系结构的透明度和语义内容预测度较低[③]。第二类词根据第三个参数还可以细分为两类：一类词完全词汇化，其音系内容和语义内容完全固化，由词库直接提供；另一类词虽然内部结构可分析性较差，但依然可以进行一定程度的抽象化概

[①] Bermúdez-Otero, R. "The Architecture of Grammar and the Division of Labour in Exponence". In Jochen Trommer (ed.), *The Morphology and Phonology of Exponence*, Oxford Studies in Theoretical Linguistics, Oxford University Press, 2012, pp. 8-83.

[②] Kaye, J. "Derivation and interfaces". In J. Durand & F. Katamba (eds.), *Frontiers of Phonology*, London and New York: Longman, 1995, pp. 289-332.

[③] Clahsen, H & K. Neubauer. "Morphology, Frequency, and the Processing of Derived Words in Native and Non-native Speakers". *Lingua* 120(11), 2010, pp. 2627-2637.

括，即可以通过词汇羡余规则相互关联，构成局部的系统性关系[1]。下面是这三类词在词库内的处理方式：

（1）　Ⅰ类词汇：　不可分析方式列出　　不可进行明确的抽象化概括
　　　　Ⅱ类词汇：　不可分析方式列出　　可进行明确的抽象化概括
　　　　Ⅲ类词汇：　可分析方式列出　　　可进行明确的抽象化概括

第一类词对应的是单纯词和固定用法的习语；第二类词大致对应于标准词库音系学当中词库层面Ⅰ、基格里希的词根层面以及马兰茨的内域形态上生成的词，这类词当中词缀与词基相互选择，可搭配性没那么自由；第三类词对应的则是标准词库音系学当中词库层面Ⅱ及以后层面上生成的词，或者基格里希的词层面和马兰茨的外域形态生成的词，这类词中词缀与词基的可搭配性比较自由。

在我们所分析的三种晋语区方言当中，它们的词汇系统同样呈现出以上三类词汇的区分。这三类词在音系、形态和语义结构上各有自己的特点，其中第二类词汇和第三类词汇是我们研究的对象。这两类词汇在语义的组合性、应用的音系规则上表现出来的差异表明它们是通过不同的构词操作生成的内部结构不同的两类词，内部结构的不同导致它们在音系模块和语义模块接受解读的方式存在差异。在下面的第二节中，我们分别从词基的形态范畴、语义的组合性、涉及的音系过程三方面来概述这三种方言当中与Ⅱ类词汇和Ⅲ类词汇相对应的两种构词操作的差异，具体细节会在后面的章节中分别详细阐述。

---

[1] 对词库内不同类型词汇的讨论，可参见以下两位学者的研究：S. R. Anderson. "Where's morphology?"（1982, *Linguistic Inquiry* [13]）和 *A-Morphous Morphology*（1992, Cambridge University Press）, R. Jackendoff. "Morphological and Semantic Regularities in the Lexicon"（1975, Language [51]）、*The Architecture of the Language Faculty*（1997, MIT Press）、*Foundations of Language: Brain, Meaning, Grammar, Evolution*（2002, Oxford University Press）和 *Meaning and the Lexicon: the Parallel Architecture 1975-2010*（2010, Oxford University Press）。

第二节　词库内构词操作的分类

一、词基的形态范畴

根据上一章第四节提出的理论假设，所有的词根，无论在实际使用当中是自由词根还是黏着词根，都需要在词根层面与可以指派语类的（显性或隐性）语段中心语合并后才可进入词的层面。那些在实际使用当中可以独立成词的词根（即自由词根）合并的语类中心语是隐性的，即没有具体的语音实现形式，如[√地+Ø]nP；那些在实际使用当中不可独立成词的黏着词根，往往会与音系上显性的语类中心语合并，如[√椅+子]nP。按照这种逻辑，自然语言中可以独立使用的词其实都是派生的复杂词，至少包含一个词根语素和一个功能语素。

在我们所讨论的三种晋语区方言中，根据不同构词过程生成的词语义上的可分析程度（或语义组合性）和应用的音系规则，构词过程总体上可分为两大类。一类构词操作选择词根作为加缀或合并的对象，构成派生词和复合词；另外一类构词操作则选择已经有明确词类特征的词作为词基。

前面已经讲到，构词的两类词基-词根和词的区别在于前者无形态-句法语类特征的赋值，后者则有具体的语类特征。也就是说，在我们的理论设定中，词根无法独立使用指的是缺失相应的形态-句法语类信息，没有贴上"语类标签"，不是音系上不自由不独立，与传统意义上所理解的黏着性词根或自由词根有所不同。传统意义上所理解的"语素不可单独使用"指的是音系上不可独立使用，至于不可单用的原因则是多方面的，如受词长、使用频率等因素的制约。

在我们讨论的三种晋语区方言当中，总体上而言，词根层面上构词的词基既有音系上不独立的黏着词根，也有音系上独立的自由词根，而词层面上构词的词基则往往为形态-句法上和音系上均自由的词。

音系上不独立的黏着词根作为词基的典型例子就是平遥话的AA式名词重叠、神木话的子尾名词（和AA式重叠名词）以及盘上话的子变韵构词，这些构词操作生成的名词相当于普通话的子尾名词。

(2) a. 平遥话　　篮篮　　[laŋ¹³ laŋ¹³]　　盆盆　　[pʰəŋ¹³ pʰəŋ¹³]
　　 b. 神木话　　篮篮　　[lɛ⁴⁴ lɛ⁰]　　　盆子　　[pʰʅ⁴⁴ tsəʔ⁰]
　　 c. 盘上话　　篮子　　[lɔ⁵³]　　　　盆子　　[pʰɔ⁵³]

这三种方言中，词根语素"篮""盆"都不可以单独使用，只能通过添加子尾、重叠后或者变韵后才可以独立使用。

只选择形态-句法上和音系上独立的词作为词基的词缀有平遥话的动词前缀"厮-[sʌʔ¹³]"、盘上话的名词性后缀"-头[səu⁰]"等，例词如下：

(3) a. 平遥话

厮跟　　　　　厮砍　　　　　厮咬　　　　　厮看

[sʌʔ¹³ kəŋ¹³]　[sʌʔ³⁵ kʰaŋ⁵³]　[sʌʔ³⁵ jɔ⁵³]　[sʌʔ³¹ kʰaŋ³⁵]

厮照护　　　　　　　　　　　厮谨让

[sʌʔ³¹ tʂɔ³⁵ xu⁵³]　　　　　[sʌʔ³⁵ tɕjəŋ⁵³ aŋ³⁵]

b. 盘上话

听头　　　　　瞧头　　　　　耍头　　　　　吃头

[tʰjəŋ⁴² səu⁰]　[tɕʰjau⁵³ səu⁰]　[ʂuɤ²³² səu⁰]　[tʂʰʅ³¹ səu⁰]

前缀"厮-"表相互的意义，加在动词词基上，后缀"-头"相当于英语中两个派生后缀的组合-ability，也是只加在动词词基上，将其转换为名词。这两个词缀附加的单音节动词词基和双音节动词词基在平遥话和盘上话当中均可独立使用，而且这两个词缀能产性很高，只要词基语义上符合要求，均可以添加这两个词缀构成新词。后面第四章和第五章的分析表明，(2) 中的派生名词在词根层面上生成，(3) 中的派生动词和派生名词在词层面生成。

二、语义的组合性和音系变化的可预测性

现在再来看一看上一节例(2)和(3)中这两类词在语义方面和音系方面的特点。首先是语义方面，对于(3)中的词而言，词的整体意义几乎完全体现为词基与词缀意义的相加，即整个词的意义完全可以通过其构成成分的语义预测出来；在(2)给出的例词中，词基通过加缀或重叠后构成的名词的含义基本上以词根义为基础，但是并非所有的重叠名词、子尾名

词或子变韵词的含义可以通过词基推导出来，例如：

（4）　a. 平遥话　　红红　　[xwəŋ¹³ xwəŋ¹³]　　挠挠　　[nau¹³ nau¹³]
　　　　　　　　　　　　　　　胭脂　　　　　　　　　　　去瓜皮的工具
　　　b. 神木话　　棒棒　　[pã⁵³ pã²¹]　　　　　灰子　　[xwei²⁴ tsəʔ²¹]
　　　　　　　　　　　　　　　高粱秆儿　　　　　　　　　傻子
　　　c. 盘上话　　孩子　　[xjɔ⁵³]　　　　　　　板子　　[pɔ⁵³]
　　　　　　　　　　　　　　　男孩子　　　　　　　　　　菜板

以上重叠名词或子尾名词具体的指称与词根的意义有一定的关联，但仅仅根据词根的意义无法得出整个词的含义，如平遥话"红红"指的是胭脂，神木话"灰子"指的是傻子，盘上话的子变韵词"孩子"专指男孩子，"板子"专指厨房用的菜板。对于成人来说，这些名词的具体指称需要参考我们的百科知识才能了解；对于儿童来说，则需要专门记忆才能习得这些词的语义。

（2）（4）和（3）给出的两类词在语义上的差异意味着（2）（4）中列举的词在词根层面构成，（3）中列举的词在词层面生成；词根层面上生成的词有时无法通过词基和词缀两个构成成分的语义预测出来；相反，词层面上生成的词则可以通过词基和词缀的语义进行预测。

在音系表现上，（2）（4）和（3）中的两类词也有差别。就盘上话而言，（2）（4）中的派生词应用的变调规则表现出一定程度的晦暗性和音系上的非自然性，如只在子变韵名词、儿变韵名词、D变韵动词等合音词中应用的声调中和规则"上声变调规则"：板[pai 上声 232] →板子[pɔ 阳平 53]，而且该规则的应用存在例外情况，如"鼓[ku 上声 232]"并不应用上声变调；相比较而言，（3）中轻声后缀"–头"构成的派生词则不运用任何变调规则，音系结构透明。

平遥话也表现出类似的情况，（2）中的名词重叠词采用侯精一（1980）分类中的B类变调模式，（3）中的"厮V"动词则采用A类变调模式。A类变调模式与B类变调模式的差别在于前者不区分阴平和阳平两个调，后者则可以区分；A类变调过程具备一定的音系自然性，可以通过常见的变调机制加以分析；B类变调则存在较高的晦暗性，较为复杂，难以用一般的变调机制进行分析。

如果假设名词重叠在词根层面进行，"厮-"的加缀在词层面进行，阴平和阳平的对立在词的右边界位置上发生中和，中和发生在语段拼读的最后阶段，在未经过推导的原始词根中两个调依然读底层调，那么平遥话A类变调模式与B类变调模式的区分就可以解释，这两类变调模式所处的构词层面如（5）所示：

（5）			a. 蛛蛛	b. 厮跟	
词根层面	形态	加缀	[√蛛+n]nP [31 RED]	[√厮+a]aP, [31ʔ Ø]	[√跟+v]vP [31 Ø]
	音系	复制	31 31	—①	—
		B类变调	31 35	—	—
		阴平、阳平中和	—	[13ʔ]	[13]
输出项			[蛛蛛]nP [31-35]	[厮]aP [13]	[跟]vP [13]
词层面	形态	加缀	无	[[厮]aP+[跟]vP]vP	
	音系	A类变调	无	[13ʔ-13]	
输出项			[蛛蛛]nP [31-35]	[厮跟]vP [13ʔ-13]	

名词重叠词的生成在词根层面进行，即第一语段构词，词根与指派语类的语段中心语 n 合并后构成一个语段，语段中心语 n 的音系内容通过完全复制词根的音系内容获得，复制使得两个阴平调处在相邻的位置上进而触发B类变调，待变调结束后阴平和阳平的中和才开始应用。由于在语段拼读的最后时刻才发生阴平和阳平两调的中和过程，因此词根分别为阴平和阳平的名词重叠词变调后的表层形式有差别。对于"厮V"动词而言，两个构成成分在第一语段分别拼出为[厮]aP和动词[跟]vP，然后继续在词层面（第二语段）发生合并，经历过第一语段的拼出后，"厮""跟"的声调已经中

---

① "—"表示相应的规则没有运用，这类情况，全书统一用该符号表示。

和为与阳平调一致的形式13，因此在第二语段的音系拼读过程中，阴平和阳平的对立没有显现。

除了上面列举的构词操作，我们所讨论的三种晋语区方言中其他的构词操作在语义和音系方面的不同表现同样呈现出这种两分的趋势，表明它们分别在两个构词层面上进行，符合词基驱动的词库分层假设和词内语段理论的预测。然而，在有些情况下，音系方面的证据表明某一构词过程应该在词根层面上发生，但是语义上的表现似乎并不支持这样的分析，或者出现相反的情况。这些不统一的情况恰恰体现了词库内部的复杂性和异质性，形态系统是一个始终在演化着的自组织体系，一个词的语义和语音形式的演化并不总是同步，会出现不对应的情况。

第三节　双重表现的词缀

在我们所讨论的三种晋语区方言当中，有这样一类词缀，它们在某个词类当中高度能产，只要语义上符合要求，就可以与词基结合构成一个词，派生出来的词词类不变，仅仅是有规律地在词基的语义上增添某一固定的语义特征。与此同时，这类词缀也可以与其他类型的词基结合构成词，但是能产度较低，派生出来的词语义与词基相关，但不一定是词基语义加上词缀的语义，可能会引申出其他特殊含义。

在我们讨论的三种晋语区方言当中，表现出这种双重特征的最典型的一个词缀就是这三种方言共有的前缀"圪-"，这个前缀在整个晋语区都非常普遍，圪头词是晋语词汇的一大特色。前缀"圪-"可以构成圪头名词、圪头形容词和圪头动词，但是只有在动词当中，这个前缀享有较高的能产度。我们以盘上话中的圪头词为例：

(6) 盘上话圪头词

a. 圪头名词

圪针	[kiʔ³¹ tʂən⁰]	酸枣树或酸枣树上的刺
圪台儿	[kiʔ³¹ tʰər⁰]	台阶
圪渣	[kiʔ³¹ tʂɐ⁰]	蒸米饭时锅底的锅巴
圪泡	[kiʔ³¹ pʰau⁰]	泡泡

| 骨①洞 | [kuʔ³¹ twəŋ⁰] | 胡同、小巷子 |
| 骨絮 | [kuʔ³¹ ɕyʔ⁰] | 絮状物体 |

b. 圪头形容词

圪整	[kɨʔ³¹ tʂəŋ⁰]	穿着整齐漂亮
圪犟	[kɨʔ³¹ tɕjaŋ⁰]	不听话、执拗
骨抓	[kuʔ³¹ tʂwɐ⁰]	心里发慌、烦躁的感觉
骨钝	[kuʔ³¹ twən⁰]	不锋利

c. 圪头动词

圪塞₁	[kɨʔ³¹ sʌʔ⁰]	把剩余的食物吃掉或者把剩余的活儿做完
圪塞₂	[kɨʔ³¹ sʌʔ³¹]	随意地塞进去
圪搅₁	[kɨʔ³¹ tɕjau⁰]	打扰
圪搅₂	[kɨʔ³¹ tɕjau²³²]	随便搅动或小幅度搅动
圪摸₁	[kɨʔ³¹ mʌʔ⁰]	慢慢地来回散步
圪摸₂	[kɨʔ³¹ mʌʔ³¹]	随意地摸一摸
圪捣₁	[kɨʔ³¹ tau⁰]	捣乱、困扰
圪捣₂	[kɨʔ³¹ tau²³²]	随意地捣或小幅度地捣

根据前缀"圪-"对词基语义的影响（程度弱、随意、时间短），可以将其视作一个小称词缀。(6a) 的圪头名词虽然指称的事物体积本身不大，但指称的事物更为具体，如"圪台儿"不是指矮一点的台子，而是专指楼梯的台阶；"圪针"不是指小的针，而是专指酸枣树上的刺。(6b) 的形容词可以用程度副词"可""十分""特别"修饰，表明"圪-"作为程度词缀的功能已经弱化。

(6c) 圪头动词最能体现前缀"圪-"的双重性，每对第一行的圪V₁动词与第二行的圪V₂动词虽然表面上构词的语素相同，但是这两类词在读音和语义上有差别。"圪V₂"的意思为随意地、小幅度地进行词基动词所表示的动作，如"圪搅₂"的意义为随意地或小幅度地搅动；相比较而言，"圪V₁"表达的并一定是词基的本义，有时是引申义，如"圪搅₁"的意思是打扰

---

① "骨"与"圪"是同一个词缀，是因为词根读音不同而存在两种变体，因此使用不同的汉字记音。

某人。

在音系表现上，圪头名词、圪头形容词、"圪V_1"中第二个音节轻声，同时"圪-"的元音根据词基的介音或韵腹元音是否圆唇存在两个变体：展唇的[kɿʔ³¹]和圆唇的[kuʔ³¹]，相比较而言，"圪V_2"动词大多情况下动词词基不轻声，"圪-"只有展唇的[kɿʔ³¹]这一种语音形式，不存在圆唇的变体形式[kuʔ³¹]。

上一章已经讲到，具有双重表现的词缀对于基于词缀的传统词库音系学是一大挑战，对词基驱动的词库分层模式和词内语段理论反而是一种支持性证据。盘上话圪头词在语义和音系上的双重表现意味着圪头名词、圪头形容词、"圪V_1"动词与"圪V_2"动词不是在同一层面上构成，前两类词在词根层面上构成，后一类圪头动词则在词层面上构成。由于不同类型的圪头词在不同构词层面上生成，前缀"圪-"与词根的结构关系不同，因而不同类型的圪头词在音系上和语义上表现出不同的特点，词缀与词根在结构树中的不同位置关系决定了同一个词缀构成的词有不同的音系和语义特点①。

我们所讨论的三种方言当中，除了前缀"圪-"表现出这种双重特点，其他一些构词过程同样表现出这一特点，在后面章节中会有详细讨论。

第四节　构词操作之间的馈给关系

在不同构词操作之间的互动当中，如果 A 类构词规则的输出项可作为 B 类构词规则的输入项；反之，不可行，那么 A 类构词规则单向馈给 B 类构词规则。

（7）　　A　→　　B
　　　　*B　→　　A

构词规则之间的互相馈给指的是 A 类构词规则的输出项可以作为 B 类构词规则的输入项；反之，B 类构词规则的输出项可以作为 A 类构词规则的输

---

① 就同一词缀触发不同音系规则的应用这一现象，词内语段理论的处理方式，可参见：T. Marvin. *Topics in Stress and the Syntax of Words*（2002, Ph.D. thesis, MIT）和 "Is Word Structure Relevant for Stress Assignment"（2013, *Distributed Morphology Today: Morphemes for Morris Halle*, MIT Press）。

入项。

(8)　　A　→　　B
　　　　B　→　　A

如果置于传统词库音系学的串联式分层模式中，单向馈给关系体现为层面Ⅰ构词与层面Ⅱ构词之间严格的先后顺序，层面Ⅰ构词规则的输出项可以作为层面Ⅱ构词规则的输入项，反过来的顺序则不被允许，如层面Ⅰ的派生词可以在层面Ⅲ构成复合词（如formal linguistics），但复合词后面不可加Ⅰ类词缀。对于互相馈给关系，传统词库音系学的分层模式只允许一类情况出现，即同一词汇层面上两类构词规则之间可以互相馈给，不同词汇层面上的构词规则不可以互相馈给。

在传统词库音系学的理论设计中，同一词汇层面上的构词操作之间不存在运用顺序上的限制，一旦它们的次范畴化限制条件（subcategorization restrictions）得以满足，构词规则就会自动运用。然而，对于分属不同词汇层面上的两个构词规则而言，两者之间的"互相馈给"则为词库音系学的串联式推导模型所抵制，因为这类现象违反层面排序假设，该假设要求库层n上构词操作必须先于库层n+1发生，前者为后者提供输入项，反过来则不可行。但是事实上，具体语言中往往出现挑战该假设的构词现象[①]。以英语为例，派生词可以与另一个词结合构成一个复合词，同时复合词还可以整体上附加一个派生词缀，如：

(9) a. neighbourhood　gang

　　　[[neighbour]hood]　→　[[[neighbour]hood][gang]]

　　　加缀　→　复合

　　b. re-aircondition

　　　[[air] [condition]]　→　[re[[air][condition]]]

　　　复合　→　加缀

---

① 关于词库内规则之间的应用顺序问题，详见：M. Halle & K. P. Mohanan. "Segmental Phonology of Modern English"（1985, *Linguistic Inquiry* [16]）和 E. Kaisse & P. A. Shaw. "On the Theory of Lexical Phonology"（1985, *Phonology Yearbook*）。

柯珀斯基的处理方法是将加缀构词与复合构词置于同一词库层面上[①]，由于共处同一层面上的构词规则并不存在排序的问题，因此允许出现"互相馈给"的情况（即第一类互相馈给现象），如（10）所示。相反，哈勒和莫哈那则将加缀构词与复合构词置于不同的词汇层面上[②]，加缀构词在第二词库层面，复合构词在第三词库层面，加缀构词先于复合构词，如（11）所示。因此对于复合词附加一个派生词缀的情况，他们只能使用"回环（Loop）"这一机制。这意味着词库层面n+1的输出项需要返回到词库层面n重新作为输入项运用该层面的构词和音系操作。哈勒和莫哈那做出这样的处理方法虽有其音系上的考虑，但古斯曼（Gussmann）认为，使用回环的做法是一个低劣的小把戏，是对"不可回望原则"的严重违反[③]。

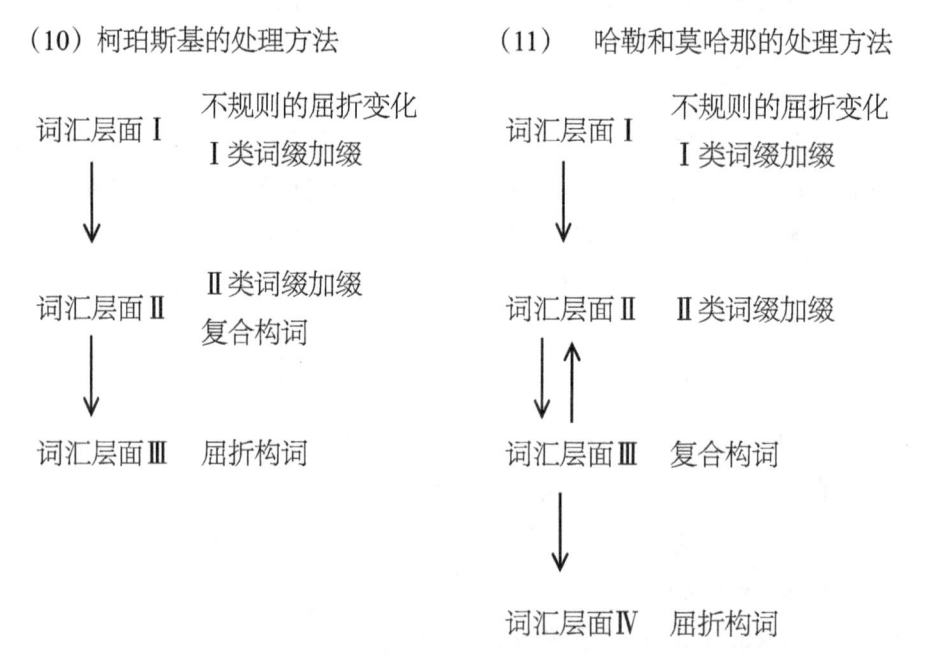

（10）柯珀斯基的处理方法

词汇层面Ⅰ　　不规则的屈折变化
　　↓　　　　Ⅰ类词缀加缀

词汇层面Ⅱ　　Ⅱ类词缀加缀
　　↓　　　　复合构词

词汇层面Ⅲ　　屈折构词

（11）　哈勒和莫哈那的处理方法

词汇层面Ⅰ　　不规则的屈折变化
　　↓　　　　Ⅰ类词缀加缀

词汇层面Ⅱ　　Ⅱ类词缀加缀
　　↓↑

词汇层面Ⅲ　　复合构词
　　↓

词汇层面Ⅳ　　屈折构词

[①] Kiparsky, P. "From Cyclic Phonology to Lexical Phonology". In Harry van der Hulst and Norval Smith (eds.), *The Structure of Phonological Representations*, Vol. I, Dordrecht: Foris, 1982, pp. 131-175.

[②] Halle, M & K. P. Mohanan. "Segmental Phonology of Modern English". *Linguistic Inquiry* (16), 1985, pp. 57-116.

[③] Gussmann, E. "Review of Mohanan (1986)". *Journal of Linguistics* (24), 1988, pp. 232-239.

哈勒和莫哈那在其分析中不得不支左绌右、使用回环的妥协性做法，说明派生构词（尤其是 II 类派生构词）与复合构词之间的关系十分复杂，两者并不以纯粹的先后顺序进行。可以说，如何在词库内合理安置复合构词是传统词库音系学需要应对的一个棘手的难题，不单单英语中复合构词与加缀构词之间的关系难以厘清，其他语言中复合构词亦是如此，如马拉雅拉姆语中并列复合词与从属复合词之间的关系①。

汉语中复合构词是主要的构词手段之一，晋语区方言也不例外。再加上该区方言中不同模式的重叠构词方式和加缀构词方式，这就导致三种构词方式之间的交互尤为复杂。在这三种晋语方言当中，部分构词规则之间呈现出单向馈给关系，在应用顺序上体现为馈给方构词规则在受馈方构词规则之前应用，其中馈给方构词规则多为词根层面构词规则，受馈方构词规则则为词层面的构词规则。

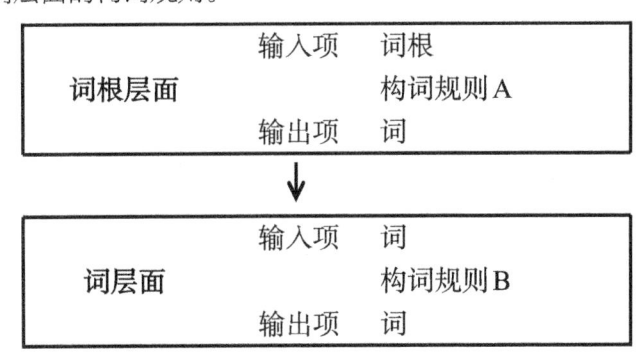

```
┌─────────────────────────────────┐
│           输入项   词根          │
│  词根层面          构词规则 A     │
│           输出项   词            │
└─────────────────────────────────┘
              ↓
┌─────────────────────────────────┐
│           输入项   词            │
│  词层面            构词规则 B     │
│           输出项   词            │
└─────────────────────────────────┘
```

图 3.1　词根层面构词规则与词层面构词规则之间的单向馈给关系

这里需要说明的一点是，词库内区分词根层面构词和词层面构词的理论假设本身蕴含着这两类构词规则之间的单向馈给关系，因为词根层面上构词的词基为词根、构词的输出项为词，而词层面上构词的词基为词、构词的输出项同样为词。词根层面构词规则的输出项的形态范畴（词）满足词层面构词规则对输入项形态范畴（词）的要求，而词层面构词的输出项（词）则不满足词根层面构词规则对输入项形态范畴（词根）的要求。

在我们探讨的三种晋语区方言当中，词根层面构词规则与词层面构词

---

① Mohanan, K. P. *Lexical Phonology*. Ph.D. dissertation, MIT, 1982.

规则之间呈现出的单向馈给关系是词库内总体上的构词模式。在此基础上，加缀法、复合法和重叠法三者之间体现出互相馈给的关系，换言之，这三类构词过程分别在词根层面和词层面上同时进行。在下一节中，参考重叠构词过程中基式和复式的音系表现，我们认为可以将不同的重叠构词过程视作加缀构词过程或复合构词过程，这样，构词的方式就减缩至加缀构词和复合构词两大类。综合以上几点考虑，我们认为就晋语区方言而言，词库内不同的构词过程之间呈现出以下互动关系：

（12）　　　词根层面　　　加缀　　⇄　　复合

　　　　　词层面　　　　加缀　　⇄　　复合

在词根层面上，两个词根复合后可以加缀，如神木话的 ABB 式重叠名词（如"实挨挨：真正亲近的人"）和 AB 子名词（如"稀水子：煮得很稀的粥"）、平遥话的 AB 子名词（如"折叠子：合页"），两个词根 A、B 复合后构成一个"复合词根"，然后再加上一个后缀构成一个词。不过，加缀馈给复合的情况不常见，这是因为词根层面上的词缀大多为可以指派语类的派生词缀，词根与这些词缀合并构成一个有具体语类特征的词后就会离开词根层面。但是，实际情况中是否发生与理论上是否可能是两码事，两者之间的互相馈给在理论上是可能的。

对于词层面构词而言，所有的加缀过程与复合过程均以词作为词基进行，在满足特定的形态-语义要求的前提下，词与词缀之间、词与词之间的合并较之词根层面比较自由。如盘上话当中前缀"圪-"可以加在动词重叠式上，反过来，圪头动词可以重叠：

（13）　　吃[tʂʰɨʔ³¹]

　　　　　重叠→加缀：　吃吃　　　　→　圪[吃吃]

　　　　　　　　　　　[tʂʰei³¹　tʂʰei⁰]　　[kɨʔ³¹　tʂʰei³¹　tʂʰei⁰]

　　　　　加缀→重叠：　圪吃　　　　→　[圪吃][圪吃]

　　　　　　　　　　　[kɨʔ³¹　tʂʰʅʔ³¹]　　[kɨʔ³¹　tʂʰʅʔ³¹　kɨʔ³¹　tʂʰʅʔ³¹]

第五节 重叠构词的实质

晋语重叠现象十分丰富，重叠的模式多种多样，这些不同类型的重叠词表达的形态语义功能各有差别，伴随的音系过程也不尽相同。根据重叠词表达的语法功能与重叠过程中发生的音系过程，一些重叠构词过程表现出与加缀构词法类似的特点，另外一些重叠构词过程则表现出与复合构词法类似的一些特点。重叠构词与这两类构词方式之间存在的相似性表明重叠并不是一种独立的构词手段，重叠词中应用的音系规则与加缀词、复合词中应用的音系规则属于同一套规则系统，重叠可以视作特殊形式的复合构词（如完全重叠）或加缀构词（如部分重叠）[1]。

生成语言学从形式上对重叠现象进行系统的探讨始于威尔伯（Wilbur）的研究，其中重点讨论的一个问题就是重叠过程中音系规则应用的三种方式，即正常应用、未充分应用和过度应用[2]。对于重叠过程中音系规则的未充分应用和过度应用，威尔伯当时的解决办法一是通过音系规则与形态规则（词基复制）之间的不同排序；二是通过"一致性制约条件（The Identity Constraint）"[3]对基式和复式之间跨推导层面的对应关系加以全程的控制，这一制约条件后来在优选论的对应理论（Correspondence Theory）中广受推崇[4]。虽然威尔伯的一些处理方法在现在看来值得重新商榷，但关于重叠过程中音系规则的过度应用和未充分应用这两类现象的讨论，促使以后的研究者开始思考以下两个问题：

1）重叠是否是一种有别于加缀与复合的特殊的构词手段？

---

[1] Booij, G. "Morphology: the Structure of Words". In Keith Allan (ed.), *The Routledge Handbook of Linguistics*, London & New York: Routledge, 2016, pp. 104-117.
[2] Wilbur, R. *The Phonology of Reduplication*. Ph.D. dissertation, University of Illinois, 1973.
[3] 一致性制约条件：在重叠词中，存在的一个趋势就是维持基式和复式之间的一致性。
[4] 优选论对一致性条件在构词音系中所起作用的深入研究，可参见：J. McCarthy & Prince, A. "Faithfulness and Reduplicative Identiy" [1995, *Papers in Optimality Theory* (*University of Massachusetts Occasional Papers in Linguistics 18*, University of Massachusetts)] 和 L. Benua *Tranderivational Identity: Phonological Relations Between Words* (1997, Ph.D. dissertation, University of Massachusetts)。

2）重叠过程中复制的成分属于哪一类范畴，复制的是词基的形态特征、语义内容还是音系内容？

围绕这两个问题，学者们从不同的角度给出了不同的解答。

一、重叠作为特殊的加缀法

莫拉维切克（Moravcsik）[1]和麦卡锡（McCarthy）[2]依据当时生成音系学提出的自主音段理论对重叠语素的音系表达进行了探讨，指出复式的音系形式可以用抽象的CV骨架（CV skeleton）或韵律模板（Prosodic template）来表达，重叠的过程就是基式的音段序列与复式韵律模板中的C（辅音）、V（元音）空位联结的过程。

依据以上两位学者关于重叠语素的自主音段表达方式（CV骨架），马兰茨（1982）提出，表达一定形态语义功能的重叠过程可以视作一种加缀过程，复式相当于一个抽象的前缀或后缀。这个抽象的词缀与常规词缀的区别在于复式词缀体现为一个固定的韵律模板，如元辅音C和V构成的骨架、音节、音步或者整个语素，复式词缀的韵律模板中存在未赋值的音系成分[3]，这些未赋值的音系成分可以是音段、音节核或者整个音节；复式的韵律模板决定了词基当中实际被复制的音系成分。相比较而言，在常规词缀的音系表达式中，一般不出现未赋值的音系成分。（14）和（15）给出了部分重叠和完全重叠在马兰茨的"重叠=加缀"理论中的具体操作方式[4]：

---

[1] Moravcsik, E. A. "Reduplicative constructions". In Joseph H. Greenberg, C. A. Ferguson and E. A. Moravcsik (eds.), *Universals of Human Language, vol. 3: Word Structure*, Stanford: Stanford University Press 1978, pp. 297-334.
[2] McCarthy, J. "A Prosodic Theory of Nonconcatenative Morphology". *Linguistic Inquiry* (26), 1981, pp. 373-418.
[3] Archangeli, D. "Aspects of Underspecification Theory". *Phonology* (5), 1988, pp. 183-207.
[4] Marantz, A. "Re Reduplication". *Linguistic Inquiry* (13), 1982, pp. 435-482.

(14) 阿格塔语（Agta）的部分重叠：复式=CVC

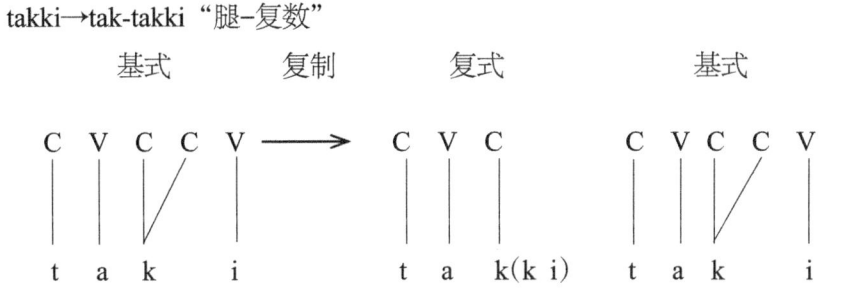

takki→tak-takki "腿-复数"

基式　　　复制　　　复式　　　　基式

C V C C V ⟶ C V C　　C V C C V
│ │ │ │　　　　│ │ │　　│ │ │ │
t a k i　　　　t a k(i)　t a k i

(15) 沃皮瑞语（Walpiri）的完全重叠：复式=基式

kurdu→kurdu-kurdu　"孩子-复数"

基式　　复制　　复式　　基式

kurdu ⟶ kurdu kurdu

在（14）和（15）当中，复式词缀在音段层面上没有赋值，重叠操作通过复制词基的音段序列来填充复式词缀中的C、V空位，此时复制的是整个词基当中所有的音段。在马兰茨看来，所有可视作加缀的重叠过程的第一步均为完全复制，重叠过程最后体现为部分重叠还是完全重叠是复式词缀的韵律模板要求的结果。

仅仅在音系上将重叠处理为一种加缀构词方式，尚不能充分证明重叠与加缀构词之间的密切关联，还需要从重叠实现的形态语义功能以及重叠过程中发生的音系变化来论证这一点，即复式的形态功能与音系表现是否与一个典型的词缀在这两方面的表现一致？如果一致，则可以证明重叠就是一种相当于派生或屈折的加缀构词方式。

马兰茨在该文中对重叠表达的语法功能未多加讨论，不过涉及的重叠过程均可表达特定的语法范畴，如复数、单数名词的通格、动词的加强形式等，对那些纯粹语音上的重复现象并未详加讨论。显然，根据他的理解，具体的重叠过程可以视作加缀过程的前提就是可以实现特定的形态语义功能。

如果重叠是一种无异于派生或屈折的加缀构词法，那么重叠音系应当与词汇音系的应用方式一样。一方面，重叠操作应在音系规则之前应用；另一方面，复式与词基合并后触发的音系规则应与常规词缀与词基合并后触发的音系规则相同。对于重叠词中一些循环式的音系规则在复式词缀中未充分应用的情况，马兰茨给出的解释是这些循环式规则受"严格循环条件"的限制，仅在推导环境中应用，由于复式词缀与常规词缀一样，自身无法构成一个循环域，那么循环式规则自然不会在复式语素内部应用。

除了受"严格循环条件"的限制而导致的循环式音系规则在复式中的未充分应用这一现象，对其他情况中音系规则的过度应用和未充分应用，马兰茨将其归因于复式词缀复制了词基语素的不同变体。受阿若诺夫（Aronoff）提出的"语素变体规则"（Allomorphy rules）[1]和里伯提出"形态-词汇规则"（Morpho-lexical rules）[2]的启发，马兰茨指出作为基式的语素M有两个语素变体x和y（x可通过音系规则R推导为y，x → y/A __），在词库里这两个语素变体作为独立的词项列出，而另外一个充当基式的语素M′只有一种形式x′；在具体的重叠过程中，语素M提供y作为复式复制的基础（y-y），语素M′只能提供x′作为复制的词基（x′-x′），那么在最终构成的重叠词[A-y-y]和[A-x′-x′]当中，就会出现规则R在[A-y-y]中过度应用的"幻象"。

自主音段音系学提出音系表达式由音节层面、音段层面、声调层面等多个音系层面构成，麦卡锡[3]和马兰茨[4]将这种多层面的音系表达理论应用到重叠过程的研究，从重叠语素中分离出不同的层面——语素层面、元音+辅音层面（即CV层面）、音段层面，重叠词缀与常规词缀的区别在于前者的音段层面没有赋值（或不完全赋值）。因此，重叠的作用仅仅在于通过复制词基的音段序列为无音段内容的抽象词缀提供具体的音段成分，重叠不再是一种特殊的构词手段，而是为构词服务的一种音系复制手段。马兰茨关于重叠发挥的形态功能的这种看法与分布形态学对重叠的理解有一些共同之处，后者认为重叠是形态-音系进行重新调整的结果，这种重新调整是由于某一形态语义特征对应的词汇项在音系上为空，因此需要在形态和音系部分通过复制词基的音系内容使这一形态语义特征在表层有具体的语音实现。换言之，通

---

[1] Aronoff, M. *Word Formation in Generative Grammar*. Cambridge, MA: MIT Press, 1976.
[2] Lieber, R. *On the Organization of the Lexicon*. Ph.D. thesis, MIT, 1980.
[3] McCarthy, J. "A Prosodic Theory of Nonconcatenative Morphology". *Linguistic Inquiry* 12, 1981, pp. 373-418.
[4] Marantz, A. "Re Reduplication". *Linguistic Inquiry* (13), 1982, pp. 435-482.

过音系复制而来的复式是某一形态语义特征在缺失主要说明阶（primary exponence）情况下的次要说明阶（secondary exponence）[1]。

就马兰茨的分析，瑞米（Raimy）指出，将重叠视作加缀仍然无法解释为何重叠词缀（CV骨架或韵律模板）选择复制词基的音系内容或部分内容来填充音段层面上的空位，因为通过默认规则选择其他音段同样可以填充这些空位[2]。这里，瑞米可能忽视了一个事实，那就是一个语言的默认音段在数量上是有限的，如果无音段赋值的抽象词缀均通过这种方式获得具体的音段，这将造成表达不同语法意义的词缀具有相同的音系形式，但是重叠却可以避免这种情况的出现[3]。

二、重叠作为特殊的复合法

因克拉斯和左尔（Zoll）提出的形态叠加理论（Morphological Doubling Theory）区分两类重叠[4]，音系驱动的复制和形态驱动的叠加，这种区分可理解为余梓麟（Yu, Alan）提出的补偿性重叠和形态重叠之间的区分[5]。与马兰茨将重叠视作加缀构词相反[6]，因克拉斯和左尔认为重叠在本质上由形态语义驱动，是语素进行自我复合的一种纯形态过程，构词规则通过重复使用同一构词语素来构成新词。形态叠加理论的基本思想体现为（16）所示：

---

[1] Frampton, J. *Distributed Reduplication*. Cambridge, MA: MIT Press, 2009.
[2] Raimy, E. *The Phonology and Morphology of Reduplicaition*. Berlin: Mouton de Gruyter, 2000.
[3] 譬如，对于所有无具体音段赋值的CV形式的词缀来说，在标记程度最弱的辅音和元音分别为t、a的语言里，通过默认规则的赋值，所有的词缀在表层只能实现为同一个形式ta，但是通过复制词基的不同部分（首音节或末音节），却可以产生表层不同音系形式的词缀。
[4] Inkelas, S & C. Zoll. *Reduplication: Doubling in Morphology*. Cambridge: CUP, 2005.
[5] Yu, Alan C.-L. "Toward a Typology of Compensatory Reduplication". In J. Alderete, C.-h. Han & A. Kochetov (eds.), *Proceedings of the 24th West Coast Conference on Formal Linguistics*, 2005, pp. 397-405.
[6] Marantz, A. "Re Reduplication". *Linguistic Inquiry* (13), 1982, pp. 435-482.

(16) 形态叠加理论

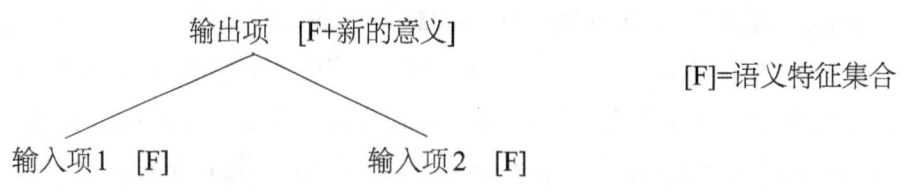

```
           输出项   [F+新的意义]
          /              \                    [F]=语义特征集合
   输入项1  [F]      输入项2  [F]
```

在（16）当中，输入项1和输入项2必须在语义特征上保持一致，两者的音系形式可以不同。输出项的语义体现为两个输入项原有语义特征与新增意义的相加，新增加的意义可以是词汇意义，也可以是语法意义。

与马兰茨认为重叠构词过程中基式为词根、复式为词缀的主张不同，形态叠加理论认为（16）中的两个输入项地位对等，作为独立的构词成分同时进入重叠过程，两者之间不存在依附关系，即不存在复制与被复制的关系，重叠过程中不存在所谓的音系复制。输入项1和输入项2彼此之间的独立性还体现在它们各自有属于自己的并列音系（Co-phonologies），如（17）所示：

(17) 形态叠加过程中的并列音系

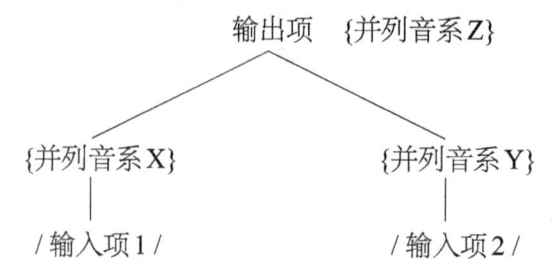

```
              输出项  {并列音系Z}
             /                \
      {并列音系X}          {并列音系Y}
           |                    |
      /输入项1/            /输入项2/
```

{并列音系X}和{并列音系Y}分别是输入项1与输入项2合并之前应用的音系规则或所受的制约条件的总和，这两个并列音系包含的规则和制约条件可能相同，也可能不同，它们可以对输入项1的底层音系形式和输入项2的底层音系形式进行不同程度的改变；{并列音系Z}是两个输入项合并后应用的音系规则或所受的制约条件。

形态叠加理论认为部分重叠、音系规则的过度应用和未充分应用是由于在两个输入项合并之前，并列音系对两个输入项（或其一）实施了相应的截尾操作（truncation rule）。在输入项1经过截尾操作被裁掉一部分音系内容，而输入项2没有进行截尾操作的情况下，重叠过程最后呈现出的就是部分重叠的形式。如果一条音系规则R同时存在于输入项1和输入项2的并列音系当中，当输入项1中实施的截尾操作破坏了规则R在输入项1中运用的音系环境而导致规则R无法应用时，就会发生音系规则R在重叠词当中未充分应用的情况。可以说，截尾操作是形态叠加理论处理输入项与输出项之间（即基式与复式之间）不对应关系的一个重要分析手段。

与前面所述马兰茨的理论目标一样，因克拉斯和左尔同样试图论证重叠不是一种独立的构词现象。马兰茨将重叠视作一种加缀构词过程，词基与一个抽象的词缀韵律模板发生合并；因克拉斯和左尔则认为重叠本质上是自我复合，是构词规则重复使用同一个构词成分的过程。在具体论证过程中，马兰茨的分析表明复式的音系表现在很多方面与常规词缀的音系表现相一致，重叠音系是词汇音系的一部分。然而，因克拉斯和左尔并未达到预期的理论目标。首先，形态叠加理论虽然否认重叠词当中输入项1和输入项2之间存在音系上的复制与被复制的关系，但该理论其实还是一种完全复制理论[1]，因为两个输入项的音系形式在构词操作的起始阶段是一致的，输出形式的不同是因为与它们相关联的并列音系不同。其次，就不同的并列音系而言，因克拉斯和左尔声称它们所包含的内容（规则或制约条件）不是重叠构词过程特有的，更不是具体语素特有的，但是在因克拉斯和左尔的具体分析当中，很多音系操作和制约条件是重叠构词过程特有的，如不同形式的截尾操作[2]。

马兰茨重叠可视作加缀的观点和因克拉斯和左尔的形态叠加理论分别从词基和复式之间音系层面和形态–语义层面上的对应关系加以考虑，对重叠构词以及重叠过程中形态规则与音系规则的交互进行了深入的探讨，但两者最后未能殊途同归，得出了不同的结论。他们的研究对我们认识重叠构词的实质提供以下启发。

首先，重叠构词并不是一种多么特殊的构词方式，它可能只是加缀构词法或复合构词法的一种体现形式。仅仅从形式上来观察判断的话，似乎可以

---

[1] Raimy, E. "Reduplication". In: van Oostendorp, Marc and Ewen, Colin and Hume, Beth and Rice, Keren (eds.), *The Blackwell Companion to Phonology*, 2011, pp. 2383-2413, Malden, MA: Wiley-Blackwell.

[2] Raimy, E. "Review of Inkelas and Zoll (2005)". *Journal of Linguistics* 42, 2006, pp. 478-486.

将部分重叠视作加缀的过程、完全重叠视作复合的过程。然而，这种区分缺少充分的形态方面的证据①。事实上，在很多情况下，形态方面的证据和音系方面的证据并不指向同一个结果，某些重叠过程在形态上体现出复合构词的特征，但是音系上却表现出加缀构词的特点，而有些重叠过程表达"小称""复数""所有格"等形态功能，在音系上却与复合词的表现一致。在具体的分析中，如何平衡考量这两方面的证据是个关键但却棘手的问题。

其次，一个语素的底层表达由形态-语义平面、音系平面等多个平面构成，而音系平面进而分叉为音节平面、CV 平面、音段平面、韵律特征平面、音段特征平面，一个语素与另一个语素组合成词的过程就是这些不同平面之间的组合②，如（18）所示。重叠语素与其他语素的组合也是同样的情况，只不过在音系层面上，重叠语素的音系内容自词基复制而来。

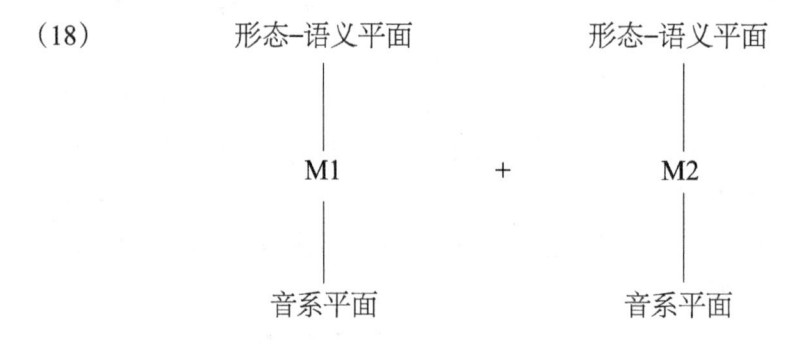

(18)　　　　形态-语义平面　　　　　　形态-语义平面
　　　　　　　　　｜　　　　　　　　　　　　｜
　　　　　　　　　M1　　　　　＋　　　　　M2
　　　　　　　　　｜　　　　　　　　　　　　｜
　　　　　　　　音系平面　　　　　　　　音系平面

最后，重叠音系是词汇音系的一部分，重叠过程中应用的词汇音系规则与加缀构词过程和复合构词过程中应用的词汇音系规则相同。不过，重叠构词有时候的确呈现出一些独特的特点，如对词类的敏感③，这一点在晋方言的重叠构词过程中也有体现。

---

① Inkelas, S. "The Interaction Between Morphology and Phonology". In J. Goldsmith, J. Riggle and A. Yu (eds.), *The Handbook of Phonological Theory*, 2nd ed., Oxford: Blackwell, 2011, pp. 68-102.
② Halle, M & J. Vergnaud. *An Essay on Stress*. Cambridge: The MIT Press, 1987.
③ Moravcsik, E. A. "Reduplicative Constructions". In Joseph H. Greenberg, C. A. Ferguson and E. A. Moravcsik (eds.), *Universals of Human Language, vol. 3: Word Structure*, Stanford: Stanford University Press, 1978, pp. 297-334.

三、晋语中的重叠构词

针对晋语中不同形式的重叠构词过程，我们从以下几个方面来考虑这些重叠构词过程的性质，探讨哪些重叠构词过程可定性为加缀构词，哪些可定性为复合构词。

（一）实现的形态语义功能

跨语言的观察发现，重叠形式可以表达的形态语义功能主要有：1）表达数量或程度的增加，如动作的重复、名词的复数、形容词的加强式；2）表达数量或程度的降低，如动作的短时性、名词的小称、形容词的减弱式；3）界定词类的功能。在我们讨论的三种晋语区方言中，重叠构词实现的形态-语义功能主要有：

1）动作的反复性、短时性和尝试性，可视作体标记（平遥话动词重叠、盘上话动词重叠Ⅱ〔变韵变调式〕）；

2）动作的持续性，可视作体标记（盘上话动词重叠Ⅰ）；

3）名词小称形式（平遥话重叠名词AA式和ABB式、神木话重叠名词AA式和ABB式）；

4）标记名词的词类（平遥话重叠名词AA式和ABB式、神木方言重叠名词AA式和ABB式）；

5）程度的强调，相当于"非常"（平遥话形容词AA儿式、盘上话形容词AA儿式[高调式]）；

6）比较级，相当于"更"（盘上话形容词AA儿式[轻声式]）。

单纯从这三种方言中重叠形式表达的这些形态-语义功能来看，这些重叠构词过程可以视作加缀（屈折词缀和派生词缀）的过程。不过除了形态-语义功能这一方面的考量，考察具体的重叠过程的性质还需要同时参考重叠语素的音系表现。

（二）触发的音系规则

有些词汇音系规则对语素之间不同的界线敏感程度不同，加缀词整体算作一个音系域，而复合词的每个构成成分独自构成一个音系域，根据这些词汇音系规则对重叠词中两个构成成分的处理方式，可以判断重叠的过程相当于加缀还是复合。如果这些音系规则以整个重叠词作为应用域，那么可以考虑将该重叠过程视作加缀；如果这些音系规则将整个重叠词的词基和复式视作两个应用域，那么该重叠过程与复合构词过程更接近。

（三）音系上的弱化

从历时的角度观察，很多词缀往往是词汇语素经语义的虚化和音系的弱化演变而来，因此较之词根（或词干），词缀往往体现出音系上的弱化或音系对立的中和[1]，如韵核的单元音化、元音的央化、韵律地位的丧失（无法负载重音和原来的底层调）。如果复式相当于一个词缀，那么也应该具备这样的弱化特点；反之，如果重叠词的两个构成成分在音系上并未体现出较强的弱化过程，那么与之相关的重叠过程可能是复合的过程。在我们讨论的三种晋语区方言中，很多重叠过程强制性地要求复式轻声或者实现为固定的调值。

（四）复式的音系标记程度[2]

在复合词中，两个词汇语素或词结合后构成一个新词，这两个构成成分的音节结构和含有的（超）音段成分的标记程度不一，既有标记性强的结构和成分，也有标记性弱的结构和成分。如果重叠过程是复合构词过程，那么重叠词的两个构成成分在音系标记程度上应该大致对等，如音节结构的复杂程度（开音节或闭音节）、音节首音位置上是否出现辅音丛。

相比较而言，在加缀词当中，词基与词缀的标记程度并不对等[3]。总体上而言，词缀包含的音节数量较少，音节结构比较简单，音段也可能体现为特定语言当中标记程度较弱的形式。如果重叠构词相当于加缀，复式词缀也应该体现出音系标记程度较弱这一特点。

---

[1] Yu, Alan C.-L. "Contrast Reduction". In John Goldsmith, Jason Riggle, and Alan C. L. Yu (eds.), *The Handbook of Phonological Theory*, 2nd edition, Oxford: Blackwell Publishing, 2011, pp. 291-318.

[2] 关于复式的音系标记程度的讨论，可参见：D. Steriade. "Reduplication and Syllable Transfer in Sanskrit and Elsewhere"（1988, *Phonology* 5）、L. Downing. *Canonical Forms in Prosodic Morphology*（2006, Oxford University Press）和 S. Inkelas, S. "The Dual Theory of Reduplication"（2008, *Linguistics* [46]）。

[3] Inkelas, S. *The Interplay of Morphology and Phonology*. Oxford: Oxford University Press, 2014, pp. 21-23.

(五) 对词基的依赖程度

在复合词中，构成成分之间在音系上是彼此独立的，作为两个独立的音义实体进入复合构词操作。如果某一重叠构词过程可视作复合构词过程，正如形态叠加理论所认为的那样，构词操作重复使用了同一个语素，那么这两个输入项（基式和复式）的语义特征、形态特征和音系表达在进入构词操作时都应该是完全一致的，而且还应该是底层表达形式。相反，如果在重叠词当中复式复制的是基式在音系推导中间阶段的音系形式或表层的音系形式，那么将该重叠过程视作复合构词过程则不太可行，如平遥话的ABB式名词重叠词中，复式B复制的是基式B经过"A-B"连读变调后的声调形式，不是基式B的底层形式。

综合参考上面给出的五项参考标准，我们在第四章至第六章将对盘上话、平遥话和神木话的重叠构词过程进行分析，讨论这三种方言中重叠构词过程的实质。总体上来说，这三种方言中大多数的重叠构词过程可视作加缀构词过程，不过动词重叠较难定性。

第六节 双音节复合词的结构类型与音系形式

跨语言的研究发现，如何有效地区分复合词和短语这两类结构并不容易，学者们提出了各种各样形式上和非形式上的标准来加以区分，如是否在词库内列出、书写上是否写作一个单位、语义组合性的强弱、重读的位置、是否可以插入其他成分、是否可以发生移位，然而这些区分标准并不能对这两类结构做出统一、清晰的区分①。不过，对于典型的复合词和短语，从形式上加以区分是可能的，这两类结构在音系上有不同的表现，如英语的首重式重音规则（Fore-stress rule）只应用于复合词，不应用于短

---

① 关于复合词和短语之间区分标准的讨论，可参见：G. Cinque. "A Null Theory of Phrase and Compound Stress"（1993, *Linguistic Inquiry* [24]）、L. Bauer. "When is a Sequence of Two Nouns a Compound in English?"（1998, *English Language and Linguistics* [2]）和 R. Lieber & P. Štekauer. "Introduction: Status and Definition of Compounding"（2009, *Oxford Handbook of Compounding*, OUP）。

语①。汉语也存在类似的情况，很多汉语方言的双音节基础复合词的尾音节可以轻读，但双音节短语的第二个音节几乎从不轻读。

在我们所讨论的三种晋语区方言中，双音节基础复合词构成成分之间的语法关系似乎对复合词的音系形式产生影响，复合词是否轻读和采用哪一类变调模式似乎与复合词结构类型有关。在盘上话和神木话中，双音节复合词后一音节轻读，但是动宾结构和主谓结构的复合词轻读的比例极低，大多不轻读，AN、NN结构的偏正式名词复合词部分轻读，部分不轻读，轻读受构成成分之间语义紧密度、词汇化程度和使用频率的影响，并列结构（VV、NN和AA）的复合词几乎全部轻读。在平遥话中，动宾结构和主谓结构的复合词和短语采用A类变调模式，并列式复合词、AN、NN结构的偏正式名词复合词和短语采用B类变调模式。

以上情况在汉语不少方言中都有体现，如，湖南娄底方言有前字变调和后字变调两类变调模式，动宾结构的复合词或短语采用前字变调模式，偏正结构的复合词或短语则采用后字变调的模式②。江西萍乡方言中，单纯词和偏正、并列结构的复合词前一音节重读，动宾结构的复合词后一音节重读③。

对于不同结构类型的双音节复合词在变调模式和轻读模式上所体现出的这些差异，我们认为虽然与复合词或短语的结构类型有一定关系，但本质上是单语段结构的词与多语段结构的词或短语的差异。在这三种方言中，无论是动宾结构、主谓结构的双音节基础复合词，还是偏正结构、并列结构的双音节基础复合词，它们大都在词根层面生成，两个语义上存在关联的词根直接合并后再与音系上非显性、可以指派语类特征的功能语素合并。因此，这些双音节的基础复合词都是单语段结构：

(19) $[[\sqrt{A}+\sqrt{B}]\sqrt{P}+x]xP$

相比较而言，动宾短语、主谓短语、偏正式的名词短语则是多语段结构：

---

① Giegerich, H. "Compounding and Lexicalism". In Rochelle Lieber and Pavel Stekauer (eds.), *Oxford Handbook of Compounding*, Oxford: OUP, 2009, pp. 178-200.
② 魏钢强：《调值的轻声和调类的轻声》，《方言》2000年第1期，第20—29页。
③ 魏钢强：《萍乡方言志》，北京：语文出版社，1990年。

(20) [[A]xP+[B]yp]xP

双音节的基础复合词和双音节的短语由于内嵌的语段层次不同，应用的变调规则和轻读规则有所不同。以平遥话为例，单语段结构的复合词应用区分阴平、阳平的B类变调，多语段结构的词或短语应用不区分阴平、阳平的A类变调。那么，为什么单语段结构的动宾式和主谓式复合词会应用A类变调，而多语段结构的偏正式名词短语会应用B类变调？

平遥话，动宾结构和主谓结构的双音节结构中，复合词占的比例很低，部分复合词同时体现出词和短语的双重身份，在这种情况下，动宾短语和主谓短语的变调模式（A类变调）使用频率高，再加上动宾式复合词和动宾短语的两个构成成分的语素来源相同，同时在语义结构上紧密关联，因此语言使用者采用同一种变调模式来拼读动宾复合词和动宾短语。对于双音节结构的偏正式短语和复合词而言，由于平遥话双音节的偏正式结构多为复合词，以及一些使用频率高的短语，因而偏正式短语借用偏正式复合词的变调模式。平遥话短语和复合词在变调模式上的借用关系如下：

(21)

单语段结构　AN、NN名词复合词 ——— B类变调　　　 VO、NV动词复合词

多语段结构　AN、NN名词短语　　　　A类变调 ——— VO、NV动词短语

关于多个汉语方言中变调模式能产性的研究表明，变调模式的出现频率会影响其能产性，高频的变调模式（音系晦暗性高或低）可能获得较高的能产性，低频的变调模式则可能丧失能产性[①]。因此，平遥话中，动宾短语和主谓短语采用的A类变调模式因为使用频率高扩展至动宾复合词和主

---

① 关于变调模式的能产性与出现频率之间的关系，可参见：Zhang, J & Y. Lai. "Testing the Role of Phonetic Knowledge in Mandarin Tone Sandhi" (2010, *Phonology* [27]), Zhang, J. et al. "Opacity, Phonetics, and Frequency in Taiwanese Tone Sandhi" (2009, *Current Issues in Unity and Diversity of Language: Collection of Papers Selected from the 18th International Congress of Linguistics*, Seoul: Linguistic Society of Korea) 和 "Modeling Taiwanese Speakers' Knowledge of Tone Sandhi in Reduplication" (2011, *Lingua* [121])，以及 Zhang, J & J. Liu. "Patterns of Tone Sandhi Productivity in Tianjin Chinese" (2011, *Proceedings of Meetings on Acoustics Vol. 11, 160th Meeting of the Acoustical Society of America*)。

谓复合词，偏正结构复合词采用的 B 类变调模式虽然晦暗性较高，但却可以扩展至偏正结构的短语。

由此可见，A 类变调模式与 B 类变调模式的区分本质上是单语段的基础复合词与多语段的复合词或短语的差异。变调模式上的这种差异不单单存在于复合词中，派生词当中同样存在。平遥话的子尾词、儿尾词和名词重叠词采用 B 类变调，而前缀"厮-"构成的派生词却采用 A 类变调，这进一步证明 A 类变调与 B 类变调的差异不是动宾结构与偏正结构的差异，而是单语段结构与多语段结构的差异。

神木话和盘上话不同结构类型复合词轻读范围不同的情况也可以如此解释，这两种方言中后轻读规则只在词当中应用，不在短语当中运用。偏正结构的名词复合词当中，如果两个构成成分之间的关系不够紧凑，就会与名词短语一样，不轻读后一音节；动宾结构复合词和主谓结构复合词由于语义结构上与动宾短语和主谓短语的紧密关联，大多情况下不轻读：

(22)

单语段结构　AN、NN 名词复合词 ⟶ 轻读　　　VO、NV 动词复合词

多语段结构　AN、NN 名词短语 ⟶ 不轻读 ⟵ VO、NV 动词短语

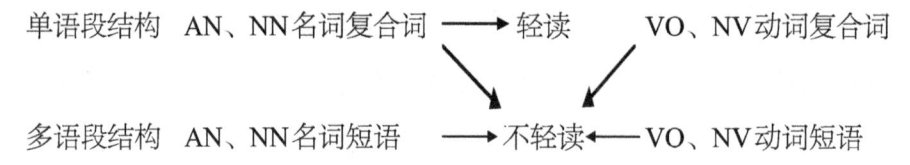

由此看来，这三种方言不同结构类型的复合词在音系上的区分起初并不是用来标示这些结构类型的不同，而是区分不同语段结构的词和短语，但是随着语言的演化发展，因语言使用者的重新调整和儿童在习得过程中的重新分析，这些音系上的差异就进入词库，凝固在大脑中，发展成为与特定的结构类型有关的变调模式或轻读模式[1]。

---

[1] 关于音系上的差异如何固化为与特定形态-句法结构或范畴相关的标记，可参见：M. Kelly. "Using Sound to Solve Syntactic Problems: The Role of Phonology in Grammatical Category Assignments"（1992, *Psychological Review* [99]）和 J. Smith. "Category-specific Effects"（2011, *The Blackwell Companion to Phonology*, Wiley-Blackwell）。

第四章　辉县盘上话构词与音系的交互模式

辉县市地处山西、河南接壤地区，辉县方言属于豫北晋语，1987年版的《中国语言地图集》将辉县方言归入晋语邯新片获济小片。盘上话是该市北部太行山山区盆地地区（旧称侯兆川）使用的方言，不过由于盘上盆地北部与磁漳小片的林县方言相邻，所以盘上北部村镇所使用的方言带有磁漳小片的语音特点，如辅音分尖团。本章所涉及的盘上话语料均来自本书作者的实地调查。

第一节　盘上话音系和变调过程

一、盘上话音系

盘上话有包括零声母在内的声母22个，包括自成音节的边音 l̩ 在内的基本韵母46个。分别见表4.1和表4.2。

表4.1　盘上话声母表

塞音			塞擦音		擦音					鼻音		流音
pʰ	tʰ	kʰ	tʂʰ	tɕʰ	f	s	ʂ	ɕ	x	m	n	l
p	t	k	tʂ	tɕ	v		ʐ		ɣ			

注：表中未列零声母。

表4.2　盘上话韵母表

-ɿ/-ʅ	-ə	-ɚ	-a	-au	-ei	-ɤu	-ai	-aŋ	-ŋe	-əŋ	-iʔ/-ɿʔ/-ʅʔ①	-ʌʔ
-i	-jə	-jɚ	-ja	-jau		-jɤu	-jai	-jaŋ	-jŋe	-jəŋ	-iʔ	-jʌʔ
-u	-wə	-wɚ	-wa		-wei		-wai	-waŋ	-wŋe	-wəŋ	-uʔ	-wʌʔ
-y	-yə						-yai		-yŋe	-yəŋ	-yʔ	-yʌʔ

注：表中未列自成音节的 l。

盘上话元音系统为：

(1)　　　单元音　　　　　　　　　　　　双元音
　　　　高元音　　i　y　u　　　　　　ei　au　ai　ɤu
　　　　中元音　　　ə　　ʌ
　　　　低元音　　　a　ɐ

就声调而言，盘上话依然保留喉塞音韵尾明显的入声调，不过阴入和阳入已经合并，共有五个单字调，它们的实际调值分别如表4.3所示：

表4.3　盘上话单字调②

阴平	阳平	上声③	去声	入声
42	53	232	22	31ʔ

除了以上五个单字调，盘上话还有一个轻声调，调值为2，实际标音中用"0"来表示轻声调。盘上话的变调过程不复杂，两个声调连读发生变调的情况并不多，而且也不存在两个调类单字调中合并、变调中分立的情

---

① "-iʔ/-ɿʔ/-ʅʔ，-iʔ，-uʔ，-yʔ" 这些入声韵母的实际语音形式接近 "-iɛʔ，-uɛʔ，-yɛʔ"。但是这些入声韵母子变韵、儿变韵模式却与舒声韵母 "-ɿ/-ʅ/-i，-u，-y" 一致，即这四类韵母在音系过程中并不表现为与其实际语音形式相对应的非高元音，而与高元音有相同的音系表现，因此我们在音系分析中将其看作韵腹为高元音的入声韵母 "-iʔ/-ɿʔ/-ʅʔ，-iʔ，-uʔ，-yʔ"。
② 关于盘上话的单字调，史艳锋给出的单字调为：阴平31、阳平51、上声44、去声23、入声3，与本书作者测出的调值有细微差异，但不影响对该方言底层声调系统的构拟和变调规则的描述。参见：史艳锋《豫北晋语单字音与变调现象研究》（2013年，陕西师范大学博士学位论文）。
③ 对于上声调曲拱最高点的调值，不同发音人测出的值存在变异，232或242都有，这可能与盘上话的声调系统中只有这样一个调形的曲折调有关，与其他声调的区别性特征不是调域的高低，因此实际的音高存在波动。

况，盘上话中发生的变调过程主要有：

（2） a. 上上变调

　　　 b. 入声舒化

　　　 c. 上声变调

　　　 d. 后轻读规则

　　　 e. 称谓词面称和背称变调

除上上变调、入声舒化外，其他的变调过程与特定的构词过程相关联，属于形态变调。下面一节主要对上上变调和入声舒化这两个变调过程给予说明，其余的形态变调过程会在第二节阐述盘上话中主要的构词过程时加以解释。

二、入声的舒化

在子变韵、儿变韵、动词变韵等一些变韵构词过程中，盘上话的入声音节发生舒化，喉塞尾丢失，变成开音节，声调从31ʔ变为阴平42，示例如下：

（3）　词基　　　插　　　　　尺　　　　　秃　　　　　捏

　　　　　　　[tʂʰʌʔ³¹]　　[tʂʰʅʔ³¹]　　[tʰuʔ³¹]　　[njʌʔ³¹]

　　变韵形式　[tʂʰɔ⁴²]　　[tʂʰəu⁴²]　　[tʰu⁴²]　　[njɔ⁴²]

　　　　　　　插进去　　　尺子　　　　秃子　　　　一捏（量词）

在入声发生舒化的许多现代汉语方言当中，入声舒化为与其调值、调形相近的声调的可能性最大[①]。在盘上话中，与入声31调最接近的声调就是阴平42。从盘上话共时的音系系统考虑的话，舒声调阴平42与入声调31之间本质上的差异并非调类的差异，而是音节结构的差异，即非喉塞音韵尾的音节与喉塞音韵尾的音节之间的差异，入声调31和阴平调42可以视作同一个底层调的两个声调变体。当以喉塞音收尾的词基经过变韵的过程舒化为开音节的形式，声调相应地也变化为与开音节相匹配的变体形式，即阴平调。据此，盘上话的底层声调系统中有四个声调，其中上声的调域特征未赋值，这四个声调分别为：

---

① 朱晓农：《入声演化三途》，《中国语文》2008年第4期，第324—338页。

表4.4　盘上话的底层声调

T_1	T_2	T_3	T_4
阴平 入声	阳平	上声	去声
31	53	232	22
[L, hl]	[H, hl]	[Ø, lhl]	[L, ll]

三、上上连读变调

与很多汉语官话方言一样，盘上话当中两个上声相连时会发生变调，变调模式与普通话的一致，前一个上声变为阳平，后一个保持不变，该变调过程可视作声调的异化过程。

(4) 上上变调：同一变调域内两个上声连读时，前一个上声变读阳平调。

上声+上声→阳平+上声：232+232→53+232

首先观察双音节结构中上上变调规则如何应用，这些结构既有词，也有短语。

(5) 第二音节不轻读的双音节词

手表	老板_N	俭省	转手
[sɤu⁵³　pjau²³²]	[lau⁵³　pai²³²]	[tɕjai⁵³　səŋ²³²]	[tʂwai⁵³　sɤu²³²]

(6) 第二音节轻读的双音节词

卤水	小米	小胆	老板_Adj.
[lu⁵³　ʂwei⁰]	[ɕjau⁵³　mi⁰]	[ɕjau⁵³　tai⁰]	[lau²³²　pai⁰]

(7) 双音节短语

洗脸	打水	想走	胆小
[ɕi⁵³　ljai²³²]	[tɤ⁵³　ʂwei²³²]	[ɕjaŋ⁵³　tʂɤu²³²]	[tai⁵³　ɕjau²³²]

好嘴	小厂	五种	很好
[xau⁵³　tʂwei²³²]	[ɕjau⁵³　tʂʰaŋ²³²]	[wu⁵³　tʂwəŋ²³²]	[xən⁵³　xau²³²]

(8) 第二音节儿化的双音节结构

小鸟儿	米颗儿	草稿儿	小椅儿
[ɕjau²³²　njɔr⁵³]	[mi²³²　kʰwɔr⁵³]	[tʂʰau²³²　kɔr⁵³]	[ɕjau²³²　jɨr⁵³]

打鸟儿	讲理儿	小嘴儿	老管儿
[tɤ²³²　njɔr⁵³]	[tɕjaŋ²³²　lɨr⁵³]	[ɕjau²³²　tʂwɨr⁵³]	[lau²³²　kwɔr⁵³]

在以上例词当中，(5) 给出的是第二音节不轻读的双音节词，(6) 给

出的是第二音节轻读的双音节词，(7) 给出的则是双音节的短语，(8) 中既有词，又有短语，这类双音节结构的共同特点是前一音节为上声，后一音节为儿化过后的上声，儿化使得该音节的上声变为阳平。观察 (5)—(7) 中这些不同类型的词或短语可以发现，盘上话中，上上变调规则不仅在双音节词当中运用，在双音节的短语当中也同样运用。那么，根据传统词库音系学词库规则和后词库规则的分类标准，上上变调规则应该是词库规则还是后词库规则？一方面，这条规则可以跨越词与词之间的界线在短语结构当中应用，是一条后词库规则；另一方面，参考 (6) 中后一音节轻读的"上声-上声"双音节词的声调形式[阳平-0]，可以发现上上变调规则在后轻读规则发生之前已经运用，而后轻读规则仅仅发生在部分复合词和重叠词当中，是一条典型的词库音系规则，据此可以得出，上上变调规则同时又是一条词库规则。

就 (8) 中的双音节结构而言，由于读上声的第二音节儿化在先，儿化过程中上声变为阳平，所以不满足两个上声相邻的音系条件，第一音节的上声依然读本来的上声调。

下面我们看上上变调规则在三音节结构中的应用情况。

(9) 并列结构

	a. 左→右切分		b. 右→左切分	
阴平-上-上	[[三五]九]	31-232-232	[三[五九]]	31-53-232
阳平-上-上	[[人口]手]	53-232-232	[人[口手]]	53-53-232
上声-上-上	[[水火]土]	53-232-232	[水[火土]]	232-53-232
去声-上-上	[[六五]九]	22-232-232	[六[五九]]	22-53-232
入声-上-上	[[甲乙]丙]	31-232-232	[甲[乙丙]]	31-53-232

	c. 左→右切分		d. 右→左切分	
上-上-阴平	[[九五]三]	53-232-31	[九[五三]]	232-232-31
上-上-阳平	[[九五]零]	53-232-53	[九[五零]]	232-232-53
上-上-上声	[[九五]九]	53-232-232	[九[五九]]	232-53-232
上-上-去声	[[九五]六]	53-232-22	[九[五六]]	232-232-22
上-上-入声	[[九五]一]	53-232-31	[九[五一]]	232-232-31

上述 (9) 中的三音节形式不存在内部语法结构层次的划分，(9a) 中

变调域从左至右切分：(X-X)(X)，第二音节的上声调与第三音节的上声调虽处在相邻的位置上，但由于这两个声调不在同一个变调域内，上上变调规则的应用受到阻断；(9b)中变调域自右向左切分，由于后面两个上声调音节划到同一个变调域内，因此上上变调规则应用；(9c)中变调域从左向右划分，头两个上声音节同处一个变调域内，上上变调规则应用；(9d)中变调域自右向左切分，头两个上声音节不在同一变调域内，上上变调规则不应用。

(10) "X-上-上" 声调序列的三音节结构（2+1模式）

阴平-上-上	千里马	[31-232-232]
阳平-上-上	淘米水	[53-232-232]
上声-上-上	手表厂	[53-232-232]
去声-上-上	去火水	[22-232-232]
入声-上-上	复写纸	[31-232-232]

以上三音节形式均为偏正结构的名词复合词，其声调序列为 "X-上声-上声"，内部结构为 "2+1" 式，这些词当中第二音节的上声与第三音节的上声处在相邻位置上，然而上上变调规则并未应用，这表明盘上话当中上上变调规则对这类词内部成分之间的界线敏感，两个上声之间出现的界线阻断上上变调规则的运用。

(11) "上-上-X" 声调序列的三音节结构（1+2模式）

	a. 复合词	b. 名词短语	c. 动宾短语
上-上-阴平	老母鸡	老母鸡	找母鸡
	[53-232/0-31]	[232-232-0]	[232-232-0]
	孵蛋的母鸡	老的母鸡	
上-上-阳平	小老婆	小老婆	娶老婆
	[53-232-0]	[232-232-0]	[232-232-0]
	姨太太	年轻的老婆	
	懒老婆	懒老婆	
	[53-232-0]	[232-232-0]	
	一种只在傍晚开的花儿	懒惰的老婆	

上–上–上	母老虎	好水土	打水井
	[232-53-0]	[232-53-0]	[232-53-232]
上–上–去声	老伙计	老伙计	讲古话儿
	[53-232-0]	[232-232-0]	[232-232-0]
	交情深厚的搭档或朋友	年龄大的伙计	
上–上–入声	—	好伙食	买粉笔
		[232/53-232-0]	[232-232-0]
		好的餐饮条件	

以上三音节结构的声调序列为"上声–上声–X",内部结构为"1+2式",其中(11a)的"老母鸡[53-232/0-31]""小老婆[53-232-0]""老伙计[53-232-0]"等词属于复合词,(11b)和(11c)分别为偏正结构的名词短语和动宾结构的动词短语。(11a)的复合词中,第一音节的上声和第二音节的上声处在相邻的位置上,应用上上变调规则,第一音节上声变读阳平调。"母老虎[232-53-0]"中,由于"老"在"老虎"中已经变为阳平,在"母–老"这个变调域中上上变调规则无法应用。相反,在(11b&c)的短语结构中,第一音节的上声与第二音节的上声虽处在相邻位置上,符合上上变调规则应用的环境,但变调并未发生,这意味着这两类短语中,相邻的两个上声音节在结构上有别于(11a)中相邻的两个上声音节。

在(11a—c)这三类结构中,第一音节与后两音节均分属两个不同的结构成分,(11a)的第一音节与第二音节之间虽存在结构界线,但这两个音节共处于同一个复合词内部,不阻碍上上变调规则的应用;相反,(11b—c)的短语结构中第一音节与第二音节之间是词与词之间的界线,阻碍上上变调规则的应用。这表明在三音节的短语结构中,盘上话的上上变调规则不可跨越词与词之间的界线应用。

此外,(10)和(11a)同为偏正式复合词,前者为2+1结构模式,后者为1+2结构模式,但是只有(11a)中上上变调规则可以忽略内部结构之间的界线应用。也就是说,在(11a)1+2结构模式的三音节复合词中,落单的首音节可以重新与第二音节构成一个变调域σ[σσ]→[σσ]σ,而(10)中落单的尾音节独自构成一个变调域[σσ][σ],不与第二音节构成一个变调域。对于这两类结构的差异，将在本章第三节第二小节加以解释。

下面我们看句子中盘上话上上变调规则的应用情况。例如：

(12) a. 　[小李]　　想　　　买　　[小狗]。
　　　　　[53-232] 232　　232　　[232-53]

　　　b. 我　　　想　　　买　　[小狗]。
　　　　　232　　232　　232　　[232-53]

　　　c. [老李]　想　　买　　好　　[水桶]。
　　　　　[53-232] 232　 232　 232　[53-232]

　　　d. [老李]　　[买好]　　[水桶]　　了。
　　　　　[53-232]　[53-232]　[53-232]　0

由以上例句可以观察到，在句子层面，盘上话的上上变调规则以非循环的方式应用。综合以上观察，暂不考虑（10）和（11a）的复合词当中上上变调的应用情况，盘上话中上上变调规则的应用方式可暂时概括如下：

(13)　　a. 上上变调规则的变调域为双音节音步，音步的构建遵循直接成分规则[①]。直接成分规则：连接两个直接结构成分，组成双音节音步。

　　　　b. 上上变调规则以非循环的方式应用。

第二节　盘上话的构词操作和构词音系

除了复合、加缀、重叠等汉语中常见的构词手段，豫北晋语在构词手段上的一大特点为变韵变调构词，即通过词基自身韵母或声调的变化来实现特定的形态-句法功能或语义功能，类似于英语中的内部屈折（如 foot~feet、blood~bleed）。变韵实现的形态句法功能或语义功能在北京话或其他方言中可能是通过附加可独立构成一个音节的词缀实现的。作为豫北晋语的一种土话方言，盘上话中存在丰富的变韵变调构词现象，主要有子

[①] 关于变调调域的直接成分规则，可参见石基琳的研究成果：Shih Chi-lin. *The Prosodic Domain of Tone Sandhi in Mandarin Chinese*（1986, Ph.D. dissertation, University of California at San Diego）和 "Mandarin Third Tone Sandhi and Prosodic Structure"（1997, *Studies in Chinese Phonology*, Mouton de Gruyter）。

变韵[1]、儿变韵、代词变韵、动词重叠变韵等。下面简要介绍盘上话中主要的构词过程，以及这些构词过程生成的复杂词的语义特点和音系特点。

一、加缀构词

盘上话中的词缀大多为派生词缀，仅有少数几个词缀可视作屈折词缀。除了那些典型的独立构成音节的词缀如"圪–[kɨʔ³¹]""老–[lau²³²]""–头[səu⁰]""–家儿[tɕjɨɾ⁰]"等，该方言中有特色的变韵构词和变调构词可以处理为一种特殊的加缀法，附加在词基上的词缀是"特征词缀"，这些"特征词缀"与常规的词缀一样，作为功能语素用以表达特定的语法意义[2]。这样的话，就词缀的音系形式而言，盘上话的词缀体现为不同层级上的多种音系结构成分，如音节、音段、音段特征、超音段的声调等。可单独构成一个音节的派生构词前缀有"圪–[kɨʔ³¹]""老–[lau²³²]"，派生构词后缀有"–头[səu⁰]""–家儿[tɕjɨɾ⁰]"；无法构成一个独立的音节的词缀有表达人称代词领属概念的屈折后缀[+前舌位，Tx[3]]、名词性标记后缀"–子[+后舌位，+圆唇，Tx]"、表小称功能的名词后缀"–儿[+圆唇，Tx]"，这些后缀体现为独立的音节和完整的音段之外的音系成分，如音段特征、超音段的声调，由于这类音系成分无法构成一个独立的音段或音节，需要依附在元音或音节上才可能在表层形式当中有语音实现，所以这类后缀往往寻求词根作为其宿主。这样一来，作为后缀语素的音段特征或声调特征与词根的结合就会导致词根的韵母或声调发生变化，是为变韵构词或变调构词。变韵构词和变调构词是盘上话的一大特色，尤其是单音节词的变韵构词过程。现在逐一了解一下盘上话当中的加缀构词法。

（一）前缀"圪–[kɨʔ³¹]"

与存在圪头词的其他晋语区方言一样，盘上话的前缀"圪–[kɨʔ³¹]"可视作一个表小的前缀，圪头名词和圪头量词多表达物体客观的小量或说话

---

[1]子变韵在文献中有多种叫法，除了"子变韵"，还有"Z变韵""U化韵""Z变音"等叫法。
[2] 关于特征词缀的研究，详见A. Akinlabi."Featural Affixation"（1996, *Journal of Linguistics* [32]）和"Featural Affixes"（2011, *The Blackwell Companion to Phonology*, Vol. IV, Blackwell）。
[3]这里暂时把这些特征词缀的声调标为Tx，关于这些声调的底层表达，后面会有详细讨论。

人主观判断上的小量，圪头形容词多表示所形容的对象在程度或状态上的轻微，并且往往带有贬义色彩，圪头动词通常表示动作程度上的轻微随意和持续时间上的短暂。然而，很多圪头名词和圪头形容词当中，前缀"圪-"的指小功能弱化，这些圪头词并不一定指称小的事物或表示程度的减弱，内部语义结构不可分析。由于前缀"圪-"只表义不表类的特点，从历时的角度来看，"圪-"曾经可以附加在不同的词类上面，动词、名词、量词、形容词均可以作为其附加的词基。不过仅仅观察共时的构词过程的话，盘上话前缀"圪-"在动词当中的能产性最强，几乎所有的动词都可以附加该词缀，名词和量词次之，形容词最弱，几乎不具能产性，仅有少数几个圪头形容词，这也是晋语区方言圪头词总体上的现状。下面是盘上话各类圪头词的简单举例，0表示该音节轻读。

(14) 盘上话圪头名词

圪针	[kɨʔ³¹	tʂən⁰]	植物枝梗上的刺儿；枝干上长刺的灌木
圪星	[kɨʔ³¹	ɕjəŋ⁰]	碎末、碎粒或碎点
圪泡	[kɨʔ³¹	pʰau⁰]	泡泡
圪泡儿	[kɨʔ³¹	pʰɔr⁰]	比圪泡小的泡泡
圪样儿	[kɨʔ³¹	jər²²]	讨厌的表情、态度或架势
圪台儿	[kɨʔ³¹	tʰər⁰]	台阶或像台儿一样的东西
圪岔	[kɨʔ³¹	tʂʰɐ⁰]	岔口
圪尾儿	[kɨʔ³¹	jɨr⁵³]	末尾或像尾巴的东西，如红薯圪尾儿、萝卜圪尾儿
圪棚	[kɨʔ³¹	pʰəŋ⁰]	小、简陋的棚子
圪节儿	[kɨʔ³¹	tɕjɔr⁰]	很短的一节
圪兜	[kɨʔ³¹	təu⁰]	不太大的包裹
圪枝儿	[kɨʔ³¹	tʂər⁰]	小一点的树枝
圪枝子	[kɨʔ³¹	tʂəu⁰]	树枝
骨堆	[kuʔ³¹	twei⁰]	凸起的土堆形状的事物
骨堆儿	[kuʔ³¹	twɨr⁰]	凸起的按钮
骨絮儿	[kuʔ³¹	ɕyɨr⁰]	絮状物体
骨洞	[kuʔ³¹	twəŋ⁰]	胡同、小巷子

骨都　　[kuʔ³¹　twɔ⁰]　拳头

(15) 盘上话圪头量词

圪兜	[kɨʔ³¹	təu⁰]	一兜，有时比一兜的量少点	两~馍
圪撚儿	[kɨʔ³¹	njɔr⁰]	很少的量，就像用手拈一下的量	两~白糖
圪截儿	[kɨʔ³¹	tɕjɔr⁰]	一小截儿	一~路
骨堆	[kuʔ³¹	twei⁰]	一堆	两~麦子
骨掬	[kuʔ³¹	tɕyʔ⁰]	双手拇指食指连接成环形的量	两~面条
骨嘟	[kuʔ³¹	tuʔ⁰]	一团	一~人

(16) 盘上话圪头形容词

圪蔫	[kɨʔ³¹	ʐai⁰]	发蔫、枯萎
圪囊	[kɨʔ³¹	naŋ⁰]	闷不吭声、做事有耐心
圪卡	[kɨʔ³¹	tɕʰɐ⁰]	衣服合身
圪料	[kɨʔ³¹	ljau⁰]	树干不直；人不好相处、不容易讲通道理
圪整	[kɨʔ³¹	tʂəŋ⁰]	穿着整齐漂亮
圪犟	[kɨʔ³¹	tɕjaŋ⁰]	不听话、执拗
圪筋	[kɨʔ³¹	tɕjən⁰]	有嚼头
圪支	[kɨʔ³¹	tʂʅ⁰]	被硬物硌到的感觉
圪瘾	[kɨʔ³¹	ji⁰]	令人恶心；疑虑
圪叉	[kɨʔ³¹	tʂʰɐ⁰]	腿部力量弱，走路不稳当
圪切	[kɨʔ³¹	tɕʰjʌʔ⁰]	吝啬、抠门
圪别	[kɨʔ³¹	pjə⁰]	别扭的感觉
圪泊	[kɨʔ³¹	pʌʔ⁰]	紧绷、干热的感觉
圪挤	[kɨʔ³¹	tɕi⁰]	拥挤、不通畅
骨倔	[kuʔ³¹	tɕyʌʔ⁰]	凸起、不平整；布料硬、不柔软
骨抓	[kuʔ³¹	tʂwɐ⁰]	心里发慌、烦躁的感觉
骨搐	[kuʔ³¹	tʂʰu⁰]	皱巴巴的感觉
骨钝	[kuʔ³¹	twən⁰]	不锋利

(17) 盘上话圪头动词 I 类

圪星	[kɨʔ³¹	ɕjəŋ⁰]	有零星的雨点
圪塞	[kɨʔ³¹	sʌʔ⁰]	把剩下的饭菜吃完或把工作做完
圪摸	[kɨʔ³¹	mʌʔ⁰]	步行或慢慢地走路

圪挣	[kɨʔ³¹	tʂəŋ⁰]	费力挣扎或努力争取
圪溜	[kɨʔ³¹	ljəu⁰]	悠闲地溜达
骨坠	[kuʔ³¹	tʂwei⁰]	蹲着
骨撅	[kuʔ³¹	tɕyʌʔ⁰]	翘起来或撅起来
骨搐	[kuʔ³¹	tʂhuʔ⁰]	起皱；缩回去
骨搓	[kuʔ³¹	tʂʰwə⁰]	轻轻来回搓一些物体，如衣服、皮肤
骨蛹	[kuʔ³¹	ʐwəŋ⁰]	蠕动、慢慢挪动
骨锯	[kuʔ³¹	tɕy⁰]	用锯子来回地锯
骨拥	[kuʔ³¹	yəŋ⁰]	东西聚在某处造成堵塞、不流畅的情况
骨转	[kuʔ³¹	tʂwai⁰]	转来转去
骨虚	[kuʔ³¹	ɕyʔ⁰]	炫耀、虚张声势或挑衅
骨哆	[kuʔ³¹	yə⁰]	粗略地嚼动满嘴的食物并吞咽；有话但难以顺利说出口（有意或无奈）

（18）盘上话圪头动词 II 类

圪A	圪搓	[kɨʔ³¹ tʂʰwə³¹]		圪犁	[kɨʔ³¹ li⁵³]
	圪滚	[kɨʔ³¹ kwən²³²]		圪熨	[kɨʔ³¹ yəŋ²²]
	圪哭	[kɨʔ³¹ kʰuʔ³¹]			
圪AB	圪圪摸	[kɨʔ³¹ kɨʔ³¹ mʌʔ⁰]	圪坚持	[kɨʔ³¹ tɕjai³¹ tʂʰʅ⁰]
	圪瞧完	[kɨʔ³¹ tɕʰjau⁵³ vai⁵³]	圪收拾	[kɨʔ³¹ səu³¹ sʅʔ⁰]
圪AA	圪搓搓	[kɨʔ³¹ tʂʰwə³¹ tʂʰwə⁰]	圪犁犁	[kɨʔ³¹ li⁵³ li⁰]
	圪滚滚	[kɨʔ³¹ kwən⁵³ kwən⁰]	圪熨熨	[kɨʔ³¹ yəŋ²² yəŋ⁰]
	圪哭哭	[kɨʔ³¹ kʰwei³¹ kʰwei⁰]		
圪ABAB	圪坚持坚持	[kɨʔ³¹ tɕjai³¹ tʂʰʅ⁰ tɕjai³¹ tʂʰʅ⁰]		
	圪拾掇拾掇	[kɨʔ³¹ sʅʔ³¹ twʌʔ⁰ sʅʔ³¹ twʌʔ⁰]		
	圪收拾收拾	[kɨʔ³¹ səu³¹ sʅʔ⁰ səu³¹ sʅʔ⁰]		

就能产度和"圪-"附加的词基的音系形式而言，"圪-"作为动词的前缀能产性极强，既可以加在单音节动词上，还可以加在两音节的复合词动词、重叠式动词前，如（18）所示。而对于名词、量词和形容词而言，圪头名词、圪头量词和圪头形容词是一个封闭的集合，"圪-"的能产度极

低，而且"圪"往往只选择单音节的语素或词作为附加的词基。就圪头词的语义组合性而言，(15)—(17)中的圪头名词、圪头量词、圪头形容词和 I 类圪头动词在很多情况下并非内部构成成分语义的简单加和，部分圪头词并不能分析为词基的指小形式，语义的可分解性较差，如"圪切"的意义为"吝啬、抠门"，"圪钝"的含义相当于"钝"，没有指小的含义。

两类圪头词在能产度和语义组合性上的差异在音系上也有所体现。首先，(15)—(17)中的圪头词当中，后一音节轻读，而(18)中的 II 类双音节圪头动词当中，"圪-"后的动词词基不轻读。此外，在这两类圪头词当中，词缀"圪-"与词基之间的音系互动不同。在(18)的圪头动词中，无论词基的介音（或韵腹元音）是圆唇的 w、y（即合口呼和撮口呼）还是展唇的（即齐口呼和开口呼），前缀"圪-"的韵腹元音音系上没有变化，"圪-"只有[kɨʔ³¹]这一个语音形式；相反，在(15)—(17)的圪头词当中，前缀"圪-"存在两个语素变体，展唇的"圪-[kɨʔ³¹]"和圆唇的"骨-[kuʔ³¹]"，"圪-"音系上的这种交替由词基的介音或韵腹元音控制。采用传统的汉语音韵学研究术语，就是前缀"圪-"读开口呼还是合口呼由词基的四呼决定。如果词基读合口呼和撮口呼，那么"圪- [kɨʔ³¹]"就会同化为圆唇的"骨-[kuʔ³¹]"（即合口呼），如果词基读开口呼和齐齿呼，"圪-"则读非圆唇的"圪-[kɨʔ³¹]"（即开口呼）。

（二）前缀"老-[lau²³²]"

这个前缀可以加在不同类型的词基前面，实现不同的语法功能和语义功能。其一，与普通话相同，"老-"可以附加在姓氏、称谓词等形式前面。在这种情况下，"老-"可以视作一个表"尊敬"义或"熟络"义的前缀，例如：

(19) a.   老张   [lau²³²   tʂaŋ³¹]

           老李   [lau⁵³   li²³²]

           老郝   [lau²³²   xʌʔ³¹]

    b.   老公   [lau²³²   kwəŋ³¹]   丈夫

           老弟   [lau²³²   ti²²]   年龄比自己小的男性

老表　　[lau⁵³　pjau²³²]　　　　表兄弟

其二，在盘上话里，"老–"可以加在形容词（和部分动词）前面，表示具备某一特征（多为负面特征）的人。例如：

(20)　a. 老A

老疯　　[lau²³²　fəŋ³¹]　　　精神疯癫或做事乖张的人
老聋　　[lau²³²　lwəŋ⁵³]　　聋子或听力正常但没听见的人
老傻　　[lau²³²　sɐ⁵³]　　　智力低下或做事犯傻的人
老小　　[lau⁵³　ɕjau²³²]　　某一群体中年龄最小的人
老较　　[lau²³²　tɕjau²²]　　不好相处、爱斤斤计较的人
老赖　　[lau²³²　la²²]　　　耍赖的人
老末儿　[lau²³²　mɔr²²]　　　最后一名
老利　　[lau²³²　li²²]　　　行动敏捷的人
老肉　　[lau²³²　ʐəu²²]　　　行动缓慢的人
老喷　　[lau²³²　pʰən³¹]　　特别健谈、爱聊的人

b. 老AB

老磨蹭　[lau²³²　mə⁵³　tʂʰəŋ⁰]　　做事磨磨蹭蹭的人
老癔症　[lau²³²　ji²²　tsəŋ⁰]　　反应迟钝、迷迷糊糊的人
老糊涂　[lau²³²　xuʔ³¹　tuʔ⁰]　　不讲理的人
老圪肉　[lau²³²　kɨʔ³¹　ʐəu⁰]　　做事非常慢的人
老圪切　[lau²³²　kɨʔ³¹　tɕʰʌʔ⁰]　抠门、小气的人
老勤勤　[lau²³²　tɕʰjən⁵³　tɕʰjən⁰]　特别勤快的人
老摸摸　[lau²³²　mʌʔ³¹　mʌʔ⁰]　　做事慢悠悠的人
老圪蛹　[lau²³²　kuʔ³¹　ʐuŋ⁰]　　蝉蛹
老聒聒　[lau²³²　kwʌʔ³¹　kwʌʔ⁰]　话多、聒噪的人

以上例词中，前缀"老–"改变词基的词类，作为其后的形容词词基或动词词基转类的标记，相当于英语后缀"-er""-ant"等，不过与英语中这些后缀的中性色彩不同，盘上话的前缀"老–"主要附加在一些贬义形容词和动词前面，传递贬义的色彩或戏谑的意味，偶尔也加在褒义形容词和动词前面（如"老利""老勤勤"）。总体上而言，前缀"老–"可以视作一个高度能产的派生构词词缀。

与前缀"老–"的高能产度相对应的是"老"头词内部语义结构和音系

结构的透明性。语义上，"老"头词可以统一理解为具备词基所描述的特征或经常从事词基所描述的行为的人；音系上，前缀"老-"和词基组合后依然保持原来的音系形式，词基声调为上声时除外，如"老小[53-232]""老本[53-232]"，这种情况下会运用上上变调规则。

此外，盘上话当中还有其他一些以"老"起始的名词，不过这些词当中"老"与词根语素的凝固度极强，"老"几乎不表达任何语义或语法功能，例如：

(21)　　老鼠　　[lau²³² ʂẙ⁰]　　　　　老鼠
　　　　老虎　　[lau⁵³ xu⁰]　　　　　老虎
　　　　老板　　[lau⁵³ pai²³²]　　　　私营工商业的财产所有者
　　　　老师　　[lau²³² sɿ³¹]　　　　 老师
　　　　老总　　[lau⁵³ tʂwəŋ²³²]　　　举办白事时主事的总管
　　　　老猪　　[lau²³² tʂy³¹]　　　　猪
　　　　老龙　　[lau²³² lyəŋ⁵³]　　　 龙
　　　　老公　　[lau²³² kwəŋ⁰]　　　　公公
　　　　老鸹　　[lau²³² wɐ³¹]　　　　 乌鸦
　　　　老母猪　[lau⁵³ mu²³² tʂy³¹]　　母猪
　　　　老母鸡　[lau⁵³ mu²³² tɕi³¹]　　母鸡
　　　　老公鸡　[lau²³² kwəŋ³¹ tɕi³¹/⁰]　公鸡
　　　　老牤牛　[lau²³² maŋ³¹ əu⁰]　　 公牛

下面介绍盘上话中主要的后缀构词过程。盘上话的屈折后缀较少，大多为派生后缀，人称代词的领属形式变韵和动词变韵可算作屈折过程，我们将其与子变韵、儿变韵等变韵构词方式一并放在后面加以说明。首先介绍盘上话当中可独立构成一个音节的派生构词后缀。

(三) 后缀"-家儿[tɕjər⁰]"

这个后缀读轻声，附加在动词后表示该动作的实施者或经历者，类似于英语中加在动词后的后缀"-er"。这个后缀能产度比较高，可以加在很多单音节动词和部分多音节动词后。例如：

(22)　　a. 单音节动词作为词基
　　　　听家儿　　[tʰjəŋ³¹ tɕjər⁰]　　听众

喷家儿　　[pʰən³¹　tɕjərº]　　特别健谈、爱聊的人
搬家儿　　[pai³¹　tɕjərº]　　搬东西的人
锄家儿　　[tʂʰu⁵³　tɕjərº]　　锄地的人
瞧家儿　　[tɕʰjau⁵³　tɕjərº]　　观众
骑家儿　　[tɕʰi⁵³　tɕjərº]　　骑马、自行车等交通工具的人
买家儿　　[ma²³²　tɕjərº]　　买东西的人
耍家儿　　[ʂwɐ²³²　tɕjərº]　　玩家，如打麻将的人
打家儿　　[tɐ²³²　tɕjərº]　　功夫好的人
卖家儿　　[ma²²　tɕjərº]　　卖东西的人
送家儿　　[swəŋ²²　tɕjərº]　　婚礼或葬礼上送行的人
干家儿　　[kai²²　tɕjərº]　　干活儿熟练踏实的人
唱家儿　　[tʂʰaŋ²²　tɕjərº]　　唱歌、戏曲的人
割家儿　　[kʌʔ³¹　tɕjərº]　　割庄稼或其他东西的人
吃家儿　　[tʂʰiʔ³¹　tɕjərº]　　吃饭多的人
说家儿　　[ʂwʌʔ³¹　tɕjərº]　　爱说的人、说服别人的人或说媒的人
哭家儿　　[kʰuʔ³¹　tɕjərº]　　葬礼上哀哭为死者送行的人；能哭的人

b. 双音节动词作为词基
说理家儿　　[ʂwʌʔ³¹　li²³²　tɕjərº]　讲道理的人
做饭家儿　　[tʂyʔ³¹　fai²²　tɕjərº]　做饭的人

"-家儿[tɕjərº]"也可附加在形容词后面，表示具有该特征的人，例如：

(23)　　a. 单音节形容词作为词基
抠家儿　　[kʰəu³¹　tɕjərº]　　抠门儿的人
猴家儿　　[xəu³¹　tɕjərº]　　行为过于活跃、不稳重的人
高家儿　　[kau³¹　tɕjərº]　　长得高的人
精家儿　　[tɕjəŋ⁵³　tɕjərº]　　精明的人
黏家儿　　[njai⁵³　tɕjərº]　　办事、说话不利落的人
能家儿　　[nəŋ⁵³　tɕjərº]　　智商高、能力强的人
穷家儿　　[tɕʰwəŋ⁵³　tɕjərº]　　穷人
傻家儿　　[sɐ²³²　tɕjərº]　　傻子
赖家儿　　[la²²　tɕjərº]　　耍赖的人
瘦家儿　　[səu²²　tɕjərº]　　瘦子
笨家儿　　[pən²²　tɕjərº]　　脑子笨的人

b. 双音节形容词作为词基

讲究家儿	[tɕjaŋ²³² tɕjəu⁰ tɕjər⁰]	讲究的人
利索家儿	[li²² sʌʔ⁰ tɕjər⁰]	办事利索的人
窝囊家儿	[wə³¹ naŋ⁰ tɕjər⁰]	窝囊的人

盘上话当中附加该后缀的词基均为可独立使用的动词或形容词，这个后缀构成的名词语义组合性强，体现为词基与后缀的组合义。在音系上，词基和后缀组合前后不发生音系上的变化。

（四）后缀"-头[səu⁰]"

这个词缀读轻声，相当于普通话"想头""看头"等词当中的"头"，附加在动词后，将动词转换成名词，表达某一行为的可做性，类似于英语中"-able+-ity"这两个后缀的组合形式"-ability"。这个后缀在盘上话当中的能产性要远远高于普通话，很多单音节动词如果语义上满足要求，就可以在后面附加该词缀构成名词，例如：

(24)
听头	[tʰjəŋ³¹ səu⁰]	可听性
瞧头	[tɕʰjau⁵³ səu⁰]	值得观看的性质
锄头	[tʂʰu⁵³ səu⁰]	锄某种庄稼地的必要性
叠头	[tjə⁵³ səu⁰]	叠某种东西（如折纸）的趣味性
耍头	[ʂwɐ²³² səu⁰]	某项游戏的趣味性
打头	[tɐ²³² səu⁰]	打游戏、打毛衣、打球的趣味性
干头	[kai²² səu⁰]	干某件事情的必要性或趣味性
坐头	[tʂwə²² səu⁰]	坐船、飞机等的趣味性
逛头	[kwaŋ²² səu⁰]	某个地方值得一逛的性质
说头	[ʂwʌʔ³¹ səu⁰]	讨论某件事情的必要性或趣味性
喝头	[xʌʔ³¹ səu⁰]	酒、茶或其他饮品值得一喝的特性
吃头	[tʂʰɨʔ³¹ səu⁰]	某些东西值得一吃的特性

与前面的后缀"-家儿"类似，作为比较能产的一个后缀，加缀"-头"的派生词无论是在语义还是音系上，内部结构均高度透明。

二、变韵变调构词

上一小节我们提出可以将盘上话的变韵变调构词视作加缀的过程，这些词缀的特殊之处在于它们是音段以下的音系特征或超音段的声调（或声调特征）。盘上话涉及这些"特征词缀"的变韵变调构词过程主要有人称代词的领属形式变韵、动词变韵、子变韵、儿变韵、动词重叠变韵以及亲属称谓词面称-背称变调等过程。下面逐一介绍这些变韵变调构词过程。

（一）人称代词领属形式变韵

盘上话，人称代词的领属形式通过改变人称代词的韵母和声调获得，下面（25）给出了盘上话中不同的人称代词及其对应的领属形式。

(25)　　a. 人称代词　　　　　　　　b. 领属形式

我	[wə²³²]	我的	[ve⁵³]
俺	[ai²³²]	俺的	[ər⁵³]
咱们	[tʂai²³²]	咱们的	[tʂər⁵³]
你	[ni²³²]	你的	[ni⁵³]
你们	[nei²³²]	你们的	[ne⁵³]
他/她	[tʰə²³²]	他/她的	[tʰe⁵³]
他都	[tʰə²³²　təu⁰]	他都嘞	[tʰə²³²　təu⁰　lei⁰]

通过对比（25a）和（25b），可以发现除第三人称复数使用助词"嘞[lei⁰]"构成领属形式外，其他人称代词均通过变韵变调的方式来表示领属的概念。首先，领属形式的声调统一由人称代词的上声调232变为阳平调53；其次，在韵母上，除第一人称复数的两个领属形式体现为儿变韵母，其他人称代词均根据自身韵腹元音的高度前化为相应的前元音，央元音ə变为e，前元音i和e依然为i和e。据此，可以将领属后缀视作"特征后缀"，该后缀的底层表达为[+前舌位, Tx]，包含一个元音特征和一个固定声调。该后缀与作为词基的人称代词在音系上发生合并，造成词基的韵母和声调发生变化。至于这个领属后缀的声调Tx，在后面小节会对其具体的音系形式进行详细的分析。

（二）动词变韵

动词变韵是发生在河南中部和北部地区的一种比较复杂的形态-音系现

象，通过改变动词词基的韵母（和上声动词词基的声调）来表示具体的语法功能。与邻近的获嘉方言相比①，盘上话动词变韵的能产性并不高，只有部分常用的高频动词可以变韵，哪些动词可以变韵需要单列在词库中。盘上话部分动词的变韵形式示例如下：

（26）　　　词基　　　D变韵形式
　　　搬　[pai³¹]　　[pɛ³¹]　　搬到　　你准备把椅子搬[pɛ³¹]哪儿？
　　　埋　[ma⁵³]　　[mɛ⁵³]　　埋在　　俺爷埋[mɛ⁵³]新坟地了。
　　　买　[mai²³²]　 [mɛ⁵³]　　买回来　麦种儿买[mɛ⁵³]了。
　　　想　[ɕjaŋ²³²]　[ɕjɔ⁵³]　 想着　　他想[ɕjɔ⁵³]地ᴅ走去。
　　　放　[faŋ²²]　　[fɔ²²]　　放到　　钥匙放[fɔ²²]茶几儿顶了。
　　　送　[swən²²]　 [swɔ²²]　 送到　　姑姑把他送[swɔ²²]老家过暑假了。
　　　插　[tʂʰʌʔ³¹]　[tʂʰɔʔ³¹]　插进去　花儿插[tʂʰɔʔ³¹]瓶里头了没有？
　　　搁　[kʌʔ³¹]　　[kɔ³¹]　 搁在　　钥匙搁[kɔ³¹]哪儿了？

动词变韵过程在音系上的复杂性体现在多个方面。首先，不同的动词韵母发生同类型的音系变化，但变韵发挥的形态-句法功能并不总是一致的，主要涉及动词时体的变化（如完成、未完成、持续）、动作发生的趋向和结果，动词的变韵形式相当于"动词+了、着、到、里、来等虚词"所表示的意义，因此，总体上来讲，动词变韵可以视作一种屈折构词方式。其次，动词变韵的复杂之处还体现在词基动词的韵母和变韵动词的韵母之间的音系交替模式并不是十分明朗，不同韵母在音系上发生的变化涉及的并非同一套音系特征。

不过，可以确定的一个音系过程就是上声动词变韵后，需要从上声232变为阳平53，这与前面的人称代词领属形式中的变调情况一致。也就是说，在变韵形式中，阳平53和上声232中和为阳平53。与上面人称代词领属后缀一样，这里动词变韵后缀的声调暂时标记为Tx。至于变韵过程中音段层面发生的十分复杂的变化，暂时搁置，这里主要集中在声调的变化上。

---

① 贺巍：《获嘉方言研究》，北京：商务印书馆，1989年。

（三）子变韵

盘上话的子变韵名词大致对应于北京话的子尾词[①]，子变韵的形态功能在于标记生成的形态结构为名词。发生子变韵的词基类型涉及名词性词根、形容词性词根和动词性词根[②]。在盘上话当中，很多单音节的名词性词根语素为无法独立使用的黏着词根，需要经历子变韵、儿变韵或与其他语素组合后成为复合词才可以使用。盘上话的子变韵名词示例如下：

(27) a. 名词性词根

	词基		子变韵形式	
阴平	单	[tai³¹]	[tɔ³¹]	床单
	花	[xwɐ³¹]	[xwɐ³¹]	棉花
阳平	蚊	[vən⁵³]	[vɔ⁵³]	蚊子
	茄	[tɕʰjə⁵³]	[tɕʰjɔ⁵³]	茄子
上声	板	[pai²³²]	[pɔ⁵³]	菜板
	女	[ny²³²]	[nyu⁵³]	女子
去声	妹	[mei²²]	[mjəu²²]	妹妹
	辫	[pjai²²]	[pjɔ²²]	辫子
入声	尺	[tʂʰʅ³¹]	[tʂʰləu³¹]	尺子
	麹	[tɕʰyʔ³¹]	[tɕʰyu³¹]	酒曲、醋曲
	鼻	[piʔ³¹]	[pjəu²²]	鼻子
	席	[ɕiʔ³¹]	[ɕjəu²²]	席子

[①] 晋东南和豫西北地区与北京话子尾词对应的这些名词被称作子变韵词，方言学界也普遍认为子变韵过程是"词根+词缀"的合音过程，但该词缀历史上究竟是否是"子"，学者们持不同观点。主流观点谨慎地认为这个词缀可能为"子"，可参见：王洪君《获嘉方言Z变韵中蕴涵的时间层次》（《中国语言学的新拓展——庆祝王士元教授六十五岁华诞》，香港城市大学出版社，1999年）、王福堂《汉语方言语音的演变和层次》（语文出版社，1999年）、陈卫恒《古韵之幽交涉与今方言子变韵现象音变原理的一致性》（《殷都学刊》2004年第2期）等。另外一类观点则否认子变韵词是词根与"子"的合音，赵日新将子变韵认作儿化韵的早期形式，王临惠则提出晋豫一带的Z变音是从"头"尾经过一系列音系弱化过程演变而来，与词根发生合音的词缀是"头"而非"子"，详见赵日新《中原地区官话方言弱化变韵现象探析》（《语言学论丛》2007年第36辑）、王临惠《晋豫一带方言Z变音源于"头"后缀试证》（《中国语文》2013年第4期）。

[②] 根据我们的假设，词库当中所有的词根都没有具体的形态-句法语类特征，只有与指派语类的功能语素合并后才获得具体的语类特征，但在语义特征上，部分词根还是表现出典型的名词特征、动词特征和形容词特征，因此，为了描述的方便，我们把这些词根称作名词性词根、动词性词根和形容词性词根。

b. 动词性、形容词性词根

	词基		子变韵形式	
阳平	瘸	[tɕʰyə⁵³]	[tɕʰyɔ⁵³]	瘸子
	钳	[tɕʰjai⁵³]	[tɕʰjɔ⁵³]	钳子
上声	碾	[njai²³²]	[njɔ²²]	碾子
	傻	[sɐ²³²]	[sɐ⁵³]	傻子
去声	垫	[tjai²²]	[tjɔ²²]	垫子
入声	瞎	[ɕjʌʔ³¹]	[ɕjɐ³¹]	瞎子
	秃	[tʰuʔ³¹]	[tʰu³¹]	秃子
	镊	[njʌʔ³¹]	[njɔ³¹]	镊子

(28) 子变韵量词

	词基		子变韵形式		
	辈	[pei²²]	[jɨʔ³¹	pjəu²²]	一辈子
	阵	[tʂən²²]	[jɨʔ³¹	tʂɔ²²]	一阵子
	片	[pʰjai²²]	[jɨʔ³¹	pʰjɔ²²]	一片
	担	[tai²²]	[jɨʔ³¹	tɔ²²]	一担子
	捏	[njʌʔ³¹]	[jɨʔ³¹	njɔ³¹]	一捏
	只	[tʂɨʔ³¹]	[jɨʔ³¹	tʂəu³¹]	一只

在多数情况下，子变韵名词的意义与词基的意义未出现较大偏离。不过，仍然有一部分子变韵名词专指特定的事物，如"单子[tɔ³¹]"指的是床单，"花[xwə³¹]"专指棉花，"板子[pɔ⁵³]"仅仅指的是厨房用的砧板，这些子变韵名词的意义需要单独记忆，直接储存在词库当中。

在能产性方面，盘上话当中子变韵名词的数量十分可观，不过这些名词大多为日常使用的高频词汇，新近由普通话引入的词并不运用子变韵过程，如"胰子[ji⁵³ tʂʅʔ⁰]""橘子[tɕy³¹ tʂʅʔ⁰]""橙子[tʂʰəŋ⁵³ tʂʅʔ⁰]"，这些词当中"子"单独构成一个音节。总体上而言，虽然为数不少的词根可以通过子变韵过程构成名词，但是这一构词操作并不具备较高的能产性，无法扩展至新近产生或借入的词汇。

盘上话当中，词基在经历子变韵过程后呈现出两点显著的音系变化。首先，词基的韵母发生变化，这种变化由"子"缀与词基发生音系上的融合所导致。至于"子"缀具体的音系形式，总体上观察河南、山西境内存在子变韵的方言中词基韵母与子变韵母之间的音系交替，可以发现子变韵母呈现出比较明显的元音[+后舌位，+圆唇]特征，参照（26）—（28）给出的子变韵词，发现盘上话也不例外。盘上话的"-子"缀也含有[+后舌位，+圆唇]这两个元音特征。不过，取决于词基音节尾音的不同，"-子"缀的两个音系特征[+后舌位，+圆唇]与词基韵母的融合方式也有所不同。由于以上两个元音特征与词根韵母之间的音系互动过程并非讨论的重点，这里不再详述[①]。

除了词基韵母在音系特征上的改变，子变韵过程中发生的另一音系变化就是词基声调的变化，词基为入声调31的舒化为阴平调31，词基为上声调232的变读阳平调53，发生这两个变调过程的例词这里重新给出：

(29) 子变韵词中的入声舒化

| 词基 | 瞎 | [ɕjʌʔ³¹] | 秃 | [tʰuʔ³¹] | 镊 | [njʌʔ³¹] |
| 子变韵词 | 瞎子 | [ɕjɐ³¹] | 秃子 | [tʰu³¹] | 镊子 | [njɔ³¹] |

(30) 子变韵词中的上声变调

| 词基 | 椅 | [ji²³²] | 板 | [pai²³²] | 傻 | [sɐ²³²] |
| 子变韵词 | 椅子 | [jəu⁵³] | 板子 | [pɔ⁵³] | 傻子 | [sɐ⁵³] |

(31) 入声调舒化规则

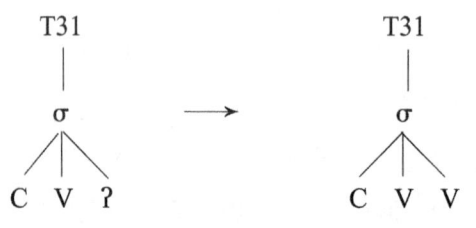

$$\begin{array}{ccc} \text{T31} & & \text{T31} \\ | & & | \\ \sigma & \rightarrow & \sigma \\ /|\backslash & & /|\backslash \\ \text{C V ʔ} & & \text{C V V} \end{array}$$

对于入声舒化为阴平这一变调过程，本章第一节第二小节已经提到该

[①] 关于变韵过程中音段层面的变化，相关研究成果可参见：Lin Yen-Hwei. *Autosegmental Treatment of Segmental Processes in Chinese Phonology* (1989, Ph.D. dissertation, University of Texas at Austin) 和 "Degenerate Affixes and Templatic Constraints: Rime Change in Chinese" (1993, *Language* [69])，M. Yip. "Prosodic Morphology in Four Chinese Dialects" (1992, *Journal of East Asian Linguistics* [1])，以及张慧丽《官话方言变韵研究》（北京师范大学出版社，2017年）。

变调过程仅仅是一种单纯的音系变调。盘上话很多变韵构词过程中,以喉塞音收尾的入声音节需要舒化为开音节,不同的音节结构选择相对应的声调形式。盘上话子变韵过程中入声舒化为阴平虽然发生在构词过程中,但仅仅是由于载调单位的音节结构变化而引起的声调的变化,是单纯的音系变化,而非形态-音系变化。

上面(30)给出的例词中,词基的上声调在变韵形式中变读阳平调这一现象在前面的人称代词领属形式变韵和动词变韵过程中同样发生,可见该变调现象是盘上话很多构词过程体现出的一个典型的音系特点,我们将其称作上声变调规则,与上一节提到的上上变调规则相区分。

(32)上声变调规则:232→53/__#(变韵构词)

在普通话以及很多存在上上变调规则的汉语方言中,无论"子"尾最终是以单独一个音节的形式出现,还是以变韵的方式与词根合二为一,由于"子"尾音系上的弱化,最终导致声调的丢失,因而上上变调规则不会应用,"椅子""傻子"等词的第一音节或变韵形式依然读上声调,不会变读为阳平调。以普通话和获嘉话的子尾词为例:

(33)无上声变调的子缀词

	a. 普通话			b. 获嘉话[①]		
词基	椅	嫂	傻	椅	嫂	傻
	[ji²¹⁴]	[sau²¹⁴]	[ʂa²¹⁴]	[ji⁵³]	[sau⁵³]	[ʂa⁵³]
子缀词	椅子	嫂子	傻子	椅子	嫂子	傻子
	[ji²¹⁴ tsɿ⁰]	[sau²¹⁴ tsɿ⁰]	[ʂa²¹⁴ tsɿ⁰]	[jou⁵³]	[sɔ⁵³]	[ʂɔ⁵³]

然而,盘上话的子变韵词并非如此,如(30)给出的例词所示,尽管"子"缀不再是一个独立的音节,但上声变调规则依然运用。对此,我们有两种处理办法,第一种处理方法就是认为"子"缀的音系表达中含有一个[T232]的声调成分,这样的话,当与上声词基组合时,虽然"-子"缀未构成一个独立的音节,但依然创造了两个上声相邻的音系环境,因此上上变

[①] 关于获嘉方言的变韵材料,可参见:贺巍《获嘉方言韵母的分类》(《方言》1982年第1期)和《获嘉方言研究》(商务印书馆,1989年)。

调规则会应用，同时"–子"缀所包含的元音特征与词基的韵母发生融合使得词基发生变韵，最终，"–子"缀的上声调在与词基的融合过程中被舍弃，这一变调过程演示如下：

(34) 上声变调分析一：上声变调=上上变调

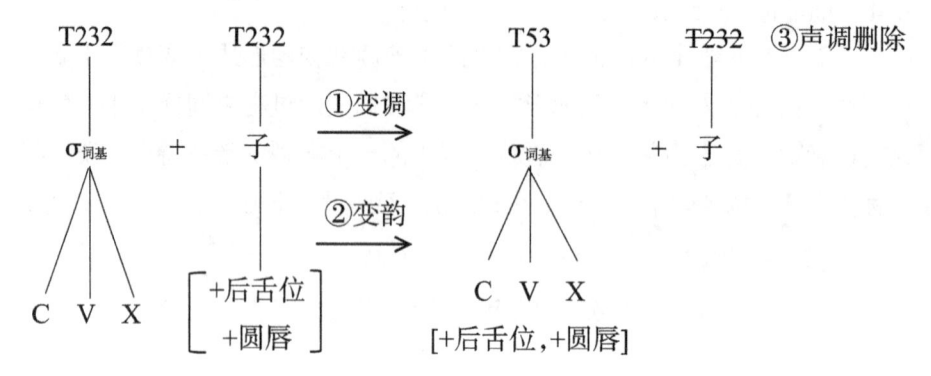

第二种处理方法则是在"–子"缀的音系表达中将声调赋值为阳平调，同时规定只有当加缀到上声调词基时，受"词缀显现原则（Affix Manifestation Principle）的驱动"[①]，"–子"缀的阳平调会覆盖或替换词根的上声调。

(35) 上声变调分析二：阳平替换规则

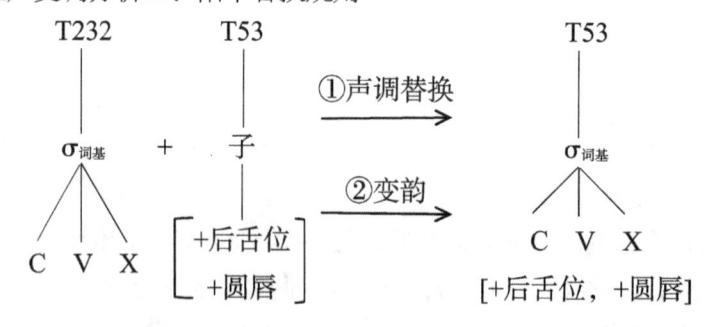

对于这两种处理方法，第二种方法需要专门规定声调替换规则仅应用于上声调词基，第一种方法则无须做此专门的说明，当遇到词基为上声时，上上变调规则会自动应用。而且，将"–子"缀的声调分析为上声调也

[①] Lin, Yen-Hwei. "Degenerate Affixes and Templatic Constraints: Rime Change in Chinese". *Language* 69(4), 1993, pp. 649-682.

符合"-子"弱化前的声调。根据这种分析方法，盘上话的"-子"缀作为一个由音系特征构成的后缀，在词库当中的音系表达为[+后舌位，+圆唇，T232]，该"特征词缀"包含两个元音特征和一个超音段的声调，F=音系特征：

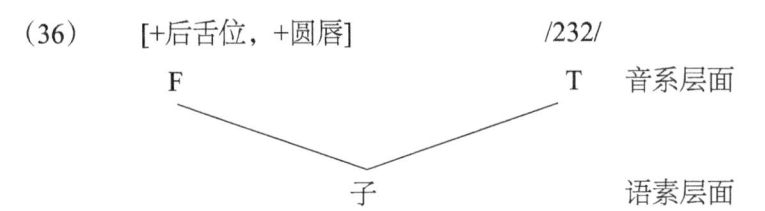

（36）　　[+后舌位，+圆唇]　　　　　　/232/
　　　　　　　F　　　　　　　　　　　　T　　音系层面

　　　　　　　　　　　　　子　　　　　　　　　　语素层面

依照这种分析，子变韵词中发生的上声变调与普通的双音节结构中发生的上上变调应该属于同一个变调过程，两者的音变环境均为两个上声处在相邻的位置上。该上声变调过程是受特定音系条件控制的声调中和现象，属于自动发生的音系变调过程，而不是与特定构词过程相关联的形态变调过程。

然而，子变韵词中的上声变调与一般的双音节结构中的上上变调还是存在差别，盘上话当中"-子"缀已经弱化至只剩音系特征的地步，这使得子变韵词中发生的上声变调过程呈高度晦暗的状态，相比较而言，上上变调只在第二音节轻读的双音节复合词中出现一定程度的晦暗，如"小胆[ɕiau⁵³ tai⁰]"，在不轻读的复合词和短语中，上上变调依然保有其音系上的透明性质。因此，将后缀"-子"的底层调构拟为上声232的话，高度晦暗、抽象的音系推导过程对语言使用者的心理现实性和音系的可学性构成极大挑战①。

第二种处理方法将"-子"缀的底层声调表达分析为/T53/，上声变调的过程则是"子"缀的阳平53调直接覆盖词基的上声调的过程，这种直接替换的变调过程不涉及过多的中间推导步骤，大大降低了音系的晦暗度，但却需要在词库内丰富"子"缀的次范畴信息，人脑需要花费更多精力来专

---

① Bermúdez-Otero, R. "The Architecture of Grammar and the Division of Labour in Exponence". In Jochen Trommer (ed.), *The Morphology and Phonology of Exponence, Oxford Studies in Theoretical Linguistics*. Oxford University Press, 2012, pp. 8-83.

门记忆这些信息。至于这两种处理方法，哪一种更简洁、更符合共时语法，在后面会有讨论。

此外，观察上声变调规则在多个变韵构词过程中的运用情况可以发现，即使上声调词基附加的后缀弱化前不读上声，如"我[wə^{232}]"~"我的[vɤ^{53}]"，不满足上上相邻的音系条件，词基的上声调在构成的派生词当中依然变为阳平调。据此，可以得出，构词过程中发生的上声变调不同于由音系环境决定的上上变调，上声变调属于构词过程中因语素的组合诱发的声调变化，是一种形态-变调过程。关于盘上话上声变调现象产生的来龙去脉，留置本章的第四节给予深入系统的分析和探讨。

最后，盘上话部分单音节语素的子变韵形式几乎不单独使用，多与其他语素组合使用。

(37) 双音节子变韵词

	词根	子变韵形式	
铁丝	[tʰjʌʔ^{31}　sʅ^{31}]	[tʰjʌʔ^{31}　səu^{31}]	铁丝
一身	[iʔ^{31}　sən^{31}]	[iʔ^{31}　sɔ^{31}]	一身、全身
盘绳	[pʰai^{53}　səŋ^{53}]	[pʰai^{53}　sɔ^{53}]	一种类似于馓子的油炸食品
脑盆	[nau^{53}　pʰən^{53}]	[nau^{53}　pʰɔ^{0}]	给死者烧钱用的瓦盆
条盘	[tʰjau^{53}　pʰai^{53}]	[tʰjau^{53}　pʰɔ^{0}]	宴席上端送饭菜的木盘子
锅台	[kwə^{31}　tʰa^{53}]	[kwə^{31}　tʰjɔ^{0}]	灶台
侄儿	[tʂɨʔ^{31}　l̩^{53}]	[tʂɨʔ^{31}　ləu^{0}]	侄子
手镯	[səu^{232}　tʂwə^{53}]	[səu^{232}　tʂwɔ^{0}]	手镯
锅牌	[kwə^{31}　pʰa^{53}]	[kwə^{31}　pʰjɔ^{0}]	高粱秆制成用以摆饺子的圆形器具
石子	[sɨʔ^{31}　tʂʅ^{232}]	[sɨʔ^{31}　tʂəu^{53}]	石子
药引	[yʌʔ^{31}　jən^{232}]	[yʌʔ^{31}　jɔ^{53}]	药引
小姨子	[ɕjau^{232}　ji^{22}]	[ɕjau^{232}　jəu^{22}]	妻子的妹妹
河蚌	[xə^{53}　paŋ^{22}]	[xə^{53}　pɔ^{0}]	河蚌
猪食	[tʂy^{31}　sɨʔ^{31}]	[tʂy^{31}　səu^{22}]	猪吃的食物
大伯	[tɤ^{22}　pʌʔ^{31}]	[tɤ^{22}　pjəu^{0}]	丈夫的哥哥
圪糁	[kiʔ^{31}　sən^{0}]	[kiʔ^{31}　sɔ^{0}]	玉米磨成的碎颗粒

这些双音节子变韵词的内部结构有两种可能，[[AB]+子]和[A+[B子]]，不过由于这些名词大多为AN或NN形式的偏正结构，不好判断究竟属于哪一种结构，目前也尚未发现确凿的音系事实来证明，暂时搁置这些词的讨论，留待将来获得更多语料之后再进一步讨论。

（四）儿变韵

在盘上话当中，不单单名词可以儿化变韵，一部分动词、代词、形容词的重叠形式均发生儿变韵过程，例词如下：

（38）盘上话儿变韵名词

	词基		儿变韵形式	
阴平	坡	[pʰə³¹]	坡儿	[pʰɔr³¹]
阳平	盒	[xə⁵³]	盒儿	[xɔr⁵³]
上声	管	[kwai²³²]	管儿	[kwɔr⁵³]
去声	对	[twei²²]	对儿对联	[twɨr²²]
入声	尺	[tʂʰʅʔ³¹]	尺儿	[tʂʰʅr³¹]

（39）盘上话儿变韵动词、代词和形容词重叠式

a. 儿变韵动词

抬儿	[tʰa⁵³]→[tʰər⁵³]	买儿	[ma²³²]→[mər⁵³]
□儿丢弃	[pai²³²]→[pər⁵³]		

b. 儿变韵代词

俺们的	[ai²³²]→[ər⁵³]	咱们的	[tsai²³²]→[tsər⁵³]
这儿	[tʂɔr⁵³]	那儿	[nɔr⁵³]
这些儿	[tʂei²³² ɕjɔr³¹]	那些儿	[nei²³² ɕjɔr³¹]

c. 儿变韵形容词

高高儿	[kau³¹ kɔr⁰]	红红儿	[xwəŋ⁵³ xwər⁰]
好好儿	[xau²³² xɔr⁰]	黑黑儿	[xʌʔ³¹ xɔr⁰]

儿变韵在不同词类中运用的范围不同，其中仅有寥寥几个动词有儿变韵形式，儿变韵形式表达的形态功能与动词变韵一致。对于代词来说，(39b)中列出的儿变韵形式代词只有"咱们的""俺们的"这两个第一人称复数的领属代词有对应的不变韵的人称代词形式，儿变韵的功能在于表示

第一人称代词复数的领属意义，其他的四个指示代词只能以儿变韵的形式出现。对于形容词重叠式的儿变韵过程，儿变韵与重叠共同发挥特定的语法功能，关于该变韵过程，后面将会有详细、具体的讨论。

盘上话的儿变韵过程在名词当中应用范围很广，儿变韵表达的语法功能主要有两类：一是典型的表小功能，指称客观小量或主观小称；二是作为具体事物的统称，并不表小。

在汉语方言中，名词儿化最突出的语法功能就是构成小称形式。在盘上话当中，在儿变韵形式有对应的不变韵形式（基本形式）或子变韵形式的名词的情况下，基本形式或子变韵形式往往作为某一类事物的统称，儿变韵形式则往往指称同类事物中体积较小的（客观小量），或者用来表达喜爱、戏谑的感情色彩（主观小量）。我们通过以下例词来稍做说明。

(40)　　　　　　　　　　子变韵形式　　儿变韵形式
a.　　坡　　[pʰə³¹]　　[pʰɔ³¹]　　[pʰɔr³¹]
b.　　尺　　[tʂʰiʔ³¹]　　[tʂʰəu³¹]　　[tʂʰɨr³¹]
c.　　鼻　　[piʔ³¹]　　[pjəu²²]　　[pjɨr²²]
d.　　布袋　　[pu²² ta²²]　　[pu²² tjɔ⁵³]　　[pu²² tɔr⁵³]
e.　　羔　　[kau³¹]　　[kau³¹]　　[kɔr³¹]

在(40)给出的例词中，(40a—b)中的儿变韵形式表示客观小量，(40e)中的儿化形式则表示主观小量。(40a)中子变韵形式用来指山坡，儿变韵形式则表示路面的坡段或者平地凸起的小土堆；(40b)中子变韵形式指的是长度至少一尺的尺子（如：米尺[mi²³² tʂʰəu³¹]），儿变韵形式则特指学生们上课使用的10厘米左右的短尺子；(40c)中子变韵形式指称人体器官鼻子，而儿变韵形式则指称器物中类似于鼻子的小部件（如：针鼻儿[tʂən³¹ pjɨr²²]、门鼻儿[mən³¹ pjɨr²²]）；(40d)中子变韵形式一般指老乡家里用来装粮食的大袋子，儿变韵形式则指的是平时随手携带的小袋子；(40e)中"羔"的含义为"男孩子"，非儿化的形式表示责备咒骂的意思，如：老李家那个羔[kau³¹]可不听话，儿化形式传达疼爱、调侃的含义，如：你这个小羔儿[kɔr³¹]咋怎机灵嘞。

除了指小的功能，儿化名词还可以指称具体的事物。盘上话当中，有些词根不可独立使用，也不存在对应的子变韵形式或不变韵形式，只能儿化后使用，这种情况下儿变韵作为名词的标记，与子变韵发挥的功能相当，例如：

(41)　词基　　　　　　儿化形式

花　[xwɐ³¹]　　花儿　[xwər³¹]　　花的统称

桃　[tʰau⁵³]　　桃儿　[tʰɔr⁵³]　　桃子

单　[tai³¹]　　单儿　[tɔr³¹]　　单据

旋　[ɕyai⁵³]　　旋儿　[ɕyɔr⁵³]　　毛发成旋涡状的地方

好　[xau²³²]　　好儿　[xɔr⁵³]　　吉日

黑　[xʌʔ³¹]　　黑儿　[xɔr³¹]　　傍晚

(41)中名词性词根语素"花""桃"在盘上话中不单独作为名词出现，也没有对应的子变韵形式，它们的儿化形式并不指称较小的花儿和桃子，而是对这些事物的统称。以"花[xwɐ³¹]"为例，只有当读儿化形式"花儿[xwər³¹]"时，指称的才是植物开的花儿，如果读非儿化的形式"花[xwɐ³¹]"，指称的则是棉花。而对于动词性词根"旋"和形容词性词根"好""黑"而言，儿化的作用在于将其标记为名词，儿化后产生的名词的具体指称则需要在词库内专门列出，单单根据词根的语义无法完全预测。

在音系变化方面，与子变韵构词过程类似，盘上话的儿变韵构词过程同样涉及词基韵母和声调的变化。就词基的韵母发生的变化而言，盘上话儿化韵母最突出的特点就是圆唇化和舌位的央化。根据词基自身的音节结构特点（如韵尾的类型）和韵腹元音的音系特征不同，词基儿化后的音系形式相应地也有所不同，由于"儿"缀与词基在音段层面发生的融合并非我们的重点，此处不做过多讨论，暂根据多数儿化词的韵母形式将"-儿"缀在词库中的音系表达拟为/-后舌位，-前舌位，-高舌位，-低舌位，+圆唇/。

除了韵母上的变化，在声调方面，儿变韵名词依然应用入声舒化和上声变调这两个变调规则。前面我们提到子变韵词当中的上声变调存在两种可能的分析，后缀"-子"的底层调有两种分析，上声232或阳平53。对于"-儿"缀而言，底层调构拟为上声232不太可取，与"儿"弱化前的原调不相符，构拟为阳平53似乎较为合理。照此分析的话，就会出现一个问题，如果"–儿"缀所载的声调为阳平53调，那么词基与"–儿"缀的组合永远不会产生两个上声相邻的音系环境，上上变调规则始终不会应用，而事实上，儿变韵名词当中所有的上声都变为阳平，这又当做何分析？一种解释就是在"–儿"缀与词基的融合过程中，"–儿"缀的53调替换掉词基的上声，但是这种解释面临的问题就是：为什么"儿"缀只置换掉上声词基的声调？这种置换是否受其他因素的影响呢？我们把这个悬念留到第四节再做解答。在目前的讨论阶段，盘上话儿变韵名词当中后缀"–儿"的音系形式暂时表达为：

(42) "–儿"缀的音系表达：/–高舌位，–低舌位，–前舌位，–后舌位，+圆唇，Tx/

这个后缀由多个元音特征和一个超音段的声调构成，是一个无法独立构成音节的"特征词缀"。

除了上面单音节形式的儿变韵名词，盘上话当中还存在大量双音节形式的儿变韵名词。盘上话的单音节儿变韵名词是一个封闭的集合，数量上几乎没有增添，这与现代汉语中新生的词汇多为双音节词或多音节词有关。相比较而言，双音节形式的儿变韵词则是个开放的集合，不少新近的词汇可以通过儿变韵过程派生出与之相对应的小称形式。

(43) 双音节儿变韵词

		非儿变韵形式	儿变韵形式	
a.	滋味儿	—	[tsi³¹ wɨr⁰]	
	吃食儿	—	[tʂʰʅʔ³¹ sjɨr⁰]	
	多少儿	—	[twə³¹ ʂɔr⁰]	
	床罩儿	—	[tʂʰwaŋ⁵³ tʂɔr²²]	
	小椅儿	—	[ɕjau²³² jɨr⁵³]	
b.	圪糁儿	[kɨʔ³¹ sɔ⁰]	[kɨʔ³¹ sɨr⁰]	很碎很小的颗粒
	小米儿	[ɕjau⁵³ mi⁰/²³²]	[ɕjau⁵³ mjɨr⁰/⁵³]	戏称
	灯笼儿	[təŋ³¹ lwəŋ⁰]	[təŋ³¹ lɨr⁰]	小一点的灯笼
c.	电脑儿	[tjai²² nau²³²]	[tjai²² nɔr⁵³]	戏称
	跑车儿	[pʰau²³² tʂʰə³¹]	[pʰau²³² tʂʰɔr³¹]	戏称

面包儿　　[mjai²² pau³¹]　　　[mjai²² pɔr³¹]　　小一点的面包车

（43a）的儿变韵名词没有对应的不变韵形式或子变韵形式，儿变韵形式没有明显的小称含义；（43b）的儿变韵名词有对应的子变韵形式，儿变韵形式有明显的小称含义；（43c）中的名词多为新词，这些名词儿化后同样表现出明显的小称含义。

据上所述，在盘上话中，早期的儿变韵过程或构成名词的小称形式，或将名词性词根、动词性词根和形容词性词根标记为名词，而在当前阶段，儿变韵的指小功能比较突出，在名词当中获得较高能产度。盘上话当中儿变韵可以作用于新近出现或引入的名词表明，儿变韵作为表达名词小称义的手段获得了较高的能产度，可以扩展至新生词汇。

就双音节儿变韵名词内部形态结构的划分，存在两种可能：[[AB]+儿]和[A+[B儿]]，前者最外层的形态过程是加缀，后者最外层的形态过程是复合。可以从语义和音系两方面的表现来判定究竟属于哪一种结构。就语义而言，如果儿变韵形式存在对应的非儿变韵形式，并且前者是后者的小称形式，那么可以将其判定为[[AB]+儿]结构的派生词；相反，如果儿变韵形式不存在对应的非儿变韵形式，没有指小的功能，那么就存在[A+[B儿]]和[[AB]+儿]两种可能的内部结构。

就音系方面的表现来看，确定双音节的儿化词属于哪种结构并不十分容易，原因在于盘上话当中只有上上变调这一变调过程，所以只有当两个音节都为上声时，才有可能比较明确地判定它们的结构类型。在底层声调为/上声-上声/的双音节儿变韵词中，如果前一音节的上声已经变调为阳平，那么该词内部结构为[[AB]+儿]的可能性就很大，除非违反音系循环推导所严格遵循的"不可回望原则"。相反，如果前一音节不发生变调依然读底层的上声调，这意味着在上上变调之前，后一音节的上声通过儿变韵的过程已然变为阳平，阻碍了上上变调规则的运用，那么该词为[A+[B儿]]结构的可能性就较大。

在（43）给出的例词中，"小椅儿"和"小米儿"的底层声调均为/上声+上声+儿/，但是由于这两个词内部结构的不同，最终推导出来的表层声调也就不同。

(44)	a.	小+[椅儿]	b.	[小米]+儿
底层形式		232（232-儿）		(232-232) 儿
循环域1	上声变调	椅儿53	上上变调	小米53-232
			后轻读	小米53-0
循环域2		小+[椅儿] 232-53		[小米]+儿 53-0-儿
	上上变调	—	上声变调	—
表层形式		[232-53]		[53-0]

根据以上推导过程，可以确定"小椅儿"是个偏正结构的复合词，儿变韵先于复合，"小米儿"则是个附加"-儿"缀的派生词，复合先于儿变韵。

（五）称谓词面称和背称变调

在盘上话中，单纯利用声调的变化来表达不同语法概念的最典型例子就是称谓词面称形式和背称形式之间的声调变换。下面的论述中，我们分别使用面称调和背称调来指称这两类声调。面称调可以理解为一种小称调，用于称呼人对被称人的直接称呼，多为晚辈对长辈的称呼（如"爹、娘、爸、妈、爷、奶、舅、妗"等），或者相熟的朋友之间的人名称呼，主要的功能在于表达尊敬和亲近的情感，拉近两者的关系；背称调是一种客观的叙称调，用于两种情况：一种是被称人不在场时的称呼；一种是被称人在场但与被称人关系没那么亲密时的称呼。

盘上话不冠名的亲属称谓词有两种形式，单音节形式和重叠的双音节形式。成人多使用单音节形式，孩童多使用重叠形式。下面分别是不冠名的单字称谓词和重叠式称谓词的面称和背称形式：

（45）盘上话称谓词的面称形式和背称形式

	a. 单音节形式			b. 重叠形式	
本调		面称	背称	面称	背称
阴平	爹[tjə]	[24]	[31]	—	—
	哥[kə]	[24]	[53]	[0-24]	[232-0]

	叔[ʂu]	[24]	[53]	[0-24]	[232-0]
	姑[ku]	[24]	[53]	[0-24]	[232-0]
	妈[mɐ]	[24/22]	[22]	[0-24/22-0]	[22-0]
阳平	娘[njaŋ]	[24]	[53]	—	—
	爷[jə]	[24]	[53]	[0-24]	[232-0]
	姨[ji]	[24]	[22]	[0-24]	[22-0]
上声	奶[na]	[24]	[53]	[0-24]	[232-0]
	姥[lau]	—	—	[0-24]	[232-0]
	嫂[sau]	[24]	[53]	—	—
	婶[sɔ]	[24]	[53]	—	—
	姐[tɕjə]	[24]	[53]	[0-24]	[232-0]
去声	大大伯[tɐ]	[24]	[22]	—	—
	爸①[pɐ]	[24/22]	[22]	[0-24/22-0]	[22-0]
	妗[tɕjɔ]	[24]	[22]	—	—
	舅[tɕjəu]	[24]	[22]	[0-24]	[22-0]

通过上面的例词可以观察到，在盘上话中，不管本调调值和调类如何，亲属称谓词的面称调均系统地体现为某一个固定调；而对于背称调而言，除去声的背称调读本调 22 外，其他调的背称形式也多体现为一个固定调。

具体而言，在单音节形式中，面称调均读作高升调 24，背称调除去声称谓词读本调低平调 22 外，其他均读作高降调 53，"爹、妈、姨"这几个词例外。在重叠形式中，面称形式前轻后重，前一音节轻声，后一音节声调与单音节形式的面称调一致，均读作高升调 24；背称形式前重后轻，后一音节轻声，前一音节除去声依然读本调外，多体现为上声 232。此外，与单音节形式一致的一点是，"妈、姨"重叠形式背称调依然是例外，但是与单音节形式保持对应。由此可见，虽然盘上话不冠名的亲属称谓词的单音节

---

① "爸[pɐ²²]""妈[mɐ²²]"以及"爸爸[pɐ²²pɐ⁰]""妈妈[mɐ²²mɐ⁰]"这四个自由变体形式的存在是由于在盘上话中，传统的称呼父母的方式并不是"爸（爸）""妈（妈）"，而是"爹""娘"，这两个新近的称谓词并未完全融入面称的小称变调模式当中。

形式和重叠形式存在声调上的差别，但是单音节形式的面称调和背称调与重叠式的面称调和背称调存在规整的对应关系。

据此，可以将（45）中亲属称谓词的面称调和背称调分别视作两个"声调词缀"（tonal affix），即"语素调"（morphemic tone），亲属称谓词面称形式和背称形式中发生的变调可以处理为加缀法。在称谓词的单音节形式中，面称词缀为高升调24，背称词缀存在两个声调变体，采用哪一个变体形式与称谓词的本调有关，阴平、阳平和上声称谓词的背称调为高降的53调，去声称谓词的背称调则读原来的22调。在重叠形式的称谓词当中，面称形式的声调模板为"轻声+24"，背称形式同样存在两个变体，对于本调为阴平、阳平和上声的称谓词而言，其重叠式的背称声调模板为"232+轻声"，对于本调为去声的称谓词而言，其重叠式的背称声调模板为"22+轻声"。重叠式的面称声调模板和背称声调模板可以视作一种"模板词缀"（templatic affix）。

（46）盘上话称谓词面称声调词缀和背称声调词缀
    a. 单音节称谓词
    面称调： 24
    背称调： 53（非去声）； 22（去声）
    b. 重叠式称谓词
    面称调： 0-24
    背称调： 232-0（非去声）； 22-0（去声）

除了上面亲属称谓词不冠名的单念形式和重叠形式，盘上话还存在两字组的称谓词，如"姥爷、姑爷、大娘"等。与单字和重叠形式的亲属称谓词相比，两字组称谓词面称时变调所涉及的词较少，仅见于直系亲属称谓（如"姥爷"）或者女性亲属称谓（如"大娘、三婶、三姑"等），而且这些词还存在两种变体形式，如，在面称"姥爷"时，既可以读面称调 [lau^{232}jə^{24}]，也可以读背称调 [lau^{232}jə^{0}]。在使用频率上，儿童和女性使用面称变调形式要比男性频繁。在盘上话中，亲属称谓词面称时变调与否反映了说话人对自己跟被称人关系亲疏的一种主观判断。在面对面的对话中，小称调即面称调，表达关系的亲密。

(47) 　　　　　　　　面称　　　　　　背称
大爷　[tɐ　jə]　[22-53]　　　　[22-53]　　　爷爷的哥哥
大奶　[tɐ　na]　[22-53]　　　　[22-53]　　　爷爷的嫂子
姥爷　[lau　jə]　[232-24/232-0]　[232-0]　　—
大爷　[tɐ　jə]　[22-0/22-24]　　[22-0]　　　大伯
大娘　[tɐ　njaŋ]　[22-24/22-0]　　[22-0]　　　伯母
三叔　[san　ʂu]　[31-0/31-53]　　[31-0/31-53]　—
三婶　[san　sɔ]　[31-24/31-0]　　[31-0/31-53]　—
三姑　[san　ku]　[31-24/31-24]　　[31-53]　　—

　　盘上话亲属称谓词的小称变调还可延伸到人名上，但不如亲属称谓词那么规整。首先，当面称呼单字人名时，多使用面称调，但是双字和三字人名几乎不存在面称调和背称调的区别。此外，与亲属称谓词背称形式多体现为一个固定的调不同，人名的背称形式几乎都读本调。下面是人名的面称和背称形式。

(48)　本调　　　　面称　　　　背称
　　阴平　科　　[kʰə²⁴]　　　[kʰə³¹]
　　阳平　梅　　[mei²⁴]　　　[mei⁵³]
　　上声　勇　　[yəng²⁴]　　　[yəng²³²]
　　去声　庆　　[tɕʰjəŋ²⁴]　　[tɕʰjəŋ²²]
　　入声　福　　[fiʔ²⁴]　　　[fiʔ³¹]

三、复合构词

　　盘上话的复合构词与普通话基本上一致，普通话中经常出现的复合词结构类型，同样存在于盘上话中，这里就不再一一列举。在我们的讨论中，主要关注双音节形式的基础复合词，与句法关系密切的多音节合成复合词暂不讨论。在双音节基础复合词中，我们主要讨论并列式、偏正式、动宾式和主谓式复合词，动补式复合词也暂不讨论。
　　在普通话及方言当中，不是所有结构类型的复合构词方式都是能产的，它们的能产度高低不一。总体上观察，汉语当中能产度高的复合构词方式为偏正式的AN、NN、AV，动宾式也比较能产，但兼具短语和词的特点，能产度较低的则是并列式和主谓式①。这些不同结构类型的复合词在能产度上的高低与它们在语义和音系方面的表现总体上相契合。

在盘上话中，许多双音节复合词第二音节轻读，这导致轻读的音节丢失所载的声调，读轻声。不少汉语方言普遍存在的一个事实，就是不同结构类型的复合词，受轻读影响的范围不同。并列结构的名词复合词、形容词复合词和动词复合词后一音节大多轻读，动宾结构和主谓结构的动词复合词轻读的较少，偏正结构的复合词是否轻读则与很多因素有关。此外，音系因素在决定复合词是否轻读上同样发挥作用，不同调域的声调因其在复合词当中所处位置的不同对后一音节轻读与否产生影响，如我们讨论的另外一种晋语区方言神木话，前一音节如为高调域声调，后一音节容易被轻读；相反，如果前一音节为低调域声调的话，后一音节则不容易被轻读。

复合词词汇化的程度同样会影响后一音节轻读与否。关于英语名词复合词重读模式的研究表明，高度词汇化的AN结构和NN结构名词复合词趋向于采用首重的重读模式，词汇化程度低的复合词则有可能采取尾重的短语重读模式②。盘上话的偏正式复合名词也表现出相同的趋势。下面列举盘上话部分第二音节轻读的复合词：

(49) 名词复合词

a. 并列式

规矩　　　　[kwei^{31}　tɕy^0]　　　　长短　　　　[tʂʰaŋ^{53}　twai^0]

---

① 董秀芳：《汉语的词库与词法》，北京：北京大学出版社，2004年。
② 关于英语复合词重音模式的研究，可参见：H. Giegerich. "Compound or Phrase? English noun-plus-noun Constructions and the Stress Criterion" (2004, *English Language and Linguistics* [8])、"Associative Adjectives and the Lexicon-syntax Interface" (2005, *Journal of Linguistics* [41])、"Attribution in English and the Distinction Between Phrases and Compounds" (2006, *Englisch in Zeit und Raum-English in Time and Space: Forschungsberichtfür Klaus Faiss*, WissenschaftlicherVerlag Trier)，以及 Plag, I., G. Kunter and S. Lappe "Testing Hypotheses About Compound Stress Assignment in English: a Corpus-based Investigation" (2007, *Corpus Linguistics and Linguistic Theory* [3]) 和 Plag, I., G. Kunter, S. Lappe and M. Braun "The Role of Semantics, Argument Structure, and Lexicalization in Compound Stress Assignment in English" (2008, *Language* [84])。

| 多少儿 | [twə³¹ sɔr⁰] | 粗细 | [tʂʰu³¹ ɕi⁰] |
| 开关 | [kʰa³¹ kwai⁰] | 眉眼儿 | [mei⁵³ jɔr⁰] |

b. 偏正式（AN）

蒸馍	[tʂəŋ³¹ mə⁰]	焖饭	[mən²² fai⁰]
捞饭	[lau⁵³ fai⁰]	滚水	[kwən⁵³ ʂwei⁰]
大米	[tɐ²² mi⁰]	小米	[ɕjau⁵³ mi⁰]
母狗	[mu⁵³ kəu⁰]	黄瓜	[xwʌŋ⁵³ kwʌʔ⁰]
小腿	[ɕjau⁵³ tʰwei⁰]	黏胶	[njai⁵³ tɕjau⁰]

c. 偏正式（NN）

茶壶	[tʂʰɐ⁵³ xu⁰]	猪肉	[tʂy³¹ ʐəu⁰]
柿饼	[sɿ²² pjəŋ⁰]	桃儿树	[tʰɔr⁵³ ʂy⁰]
花儿菜	[xwər³¹ tʂʰa⁰]	柿子醋	[səu²² tʂʰu⁰]
韭黄	[tɕjəu²³² xwaŋ⁰]	案板	[ai²² pai⁰]

(50) 形容词复合词

a. 并列式

规矩	[kwei³¹ tɕy⁰]	仔细	[tʂɿ²³² ɕi⁰]
老实	[lau²³² sɿʔ⁰]	整齐	[tʂəŋ²³² tɕʰi⁰]
老板	[lau²³² pai⁰]	正直	[tʂəŋ³¹ tʂɿʔ⁰]

b. 偏正式（AN）

大胆	[tɐ²² tai⁰]	小胆	[ɕjau⁵³ tai⁰]
细心	[ɕi²² ɕjən⁰]	大意	[tɐ²² ji⁰]
高兴	[kau³¹ ɕjəŋ⁰]	低兴	[ti³¹ ɕjəŋ⁰]
黑心	[xʌʔ³¹ ɕjən⁰]	畜种	[ɕyʔ³¹ tʂwəŋ⁰]

(51) 动词复合词

a. 并列式（VV）

教育	[tɕjau²² jy⁰]	指戳	[tʂɿ²³² tʂʰwʌʔ⁰]
节省	[tɕjʌʔ³¹ səŋ⁰]	建设	[tɕjai²² sʌʔ⁰]
知道	[tʂɿ³¹ tau⁰]	挂念	[kwɐ²² njai⁰]

睡说　　　　[ʂwei²² ʂwʌʔ⁰]　　　追求　　　[tʂwei³¹ tɕʰjəu⁰]
b. 偏正式（AV）
瞎说　　　　[ɕjʌʔ³¹ ʂwʌʔ⁰]　　　热爱　　　[zʌʔ³¹ a⁰]
热哈　　　　[zʌʔ³¹ xʌʔ⁰]　　　　高看　　　[kau³¹ kʰai⁰]
c. 动宾式（VO）
发热　　　　[fʌʔ³¹ zʌʔ⁰]　　　　负责　　　[fu²² tʂʌʔ⁰]
得罪　　　　[tʌʔ³¹ tʂui⁰]
d. 主谓式（NV）
心疼　　　　[ɕjən³¹ tʰəŋ⁰]　　　头疼　　　[tʰəu⁵³ tʰəŋ⁰]
体贴　　　　[tʰi²³² tʰjʌʔ⁰]　　　体谅　　　[tʰi²³² ljaŋ⁰]

　　盘上话名词复合词中，几乎所有并列结构的复合词第二音节轻读，而偏正式的 AN、NN 名词复合词是否轻读与很多因素有关，如成分之间的语义紧密程度、词频等，成分之间语义紧密、使用频率高的偏正式复合名词第二音节多轻读，相比而言，成分之间语义相对独立、使用频率低或自普通话引入的复合词第二音节多不轻读，如"电视[22-22]""电话[22-22]""空调[31-53]"等。就盘上话的形容词复合词而言，其结构类型多为 AA 式的并列结构和 AN 式的偏正结构，几乎所有形容词复合词的第二音节都会轻读。最后，在动词复合词中，第二音节轻读的大多为 VV 式的并列复合词，动宾结构和主谓结构的复合词第二音节轻读的主要为词汇化程度高和使用频率高的复合词。另外，盘上话固有的偏正式动词复合词（51b）数量较少，大多轻读。

　　对于不少复合词而言，第二音节轻读与否，具备区别性作用。表面上使用相同的语素组合而成的复合词，因第二音节轻读或不轻读，可以表达不同的含义，或者标记不同的形态-句法范畴。

　　我们先看几组名词复合词或短语因第二音节轻读与否构成的对立对。

（52）　a. 轻读　　　　　　　　　　b. 非轻读
弯路　[vai³¹ lu⁰]　　　　邪道　[vai³¹ lu²²]　　　不直的路
大爷　[tɐ²² jʌʔ⁰]　　　　大伯　[tɐ²² jə⁵³]　　　爷爷的大哥

老公　[lau²³²　kwəŋ⁰]　丈夫的父亲　[lau²³²　kwəŋ³¹]　丈夫

茶壶　[tʂɐ⁵³　xu⁰]　　烧水用的壶　　[tʂɐ⁵³　xu⁵³]　　沏茶的壶

（52a）第二音节轻读，全部为名词复合词，复合词的语义并非两个构成成分字面义的简单叠加，而是引申为别的含义，需要从整体上对其进行语义的解读，（52b）第二音节不轻读，既有名词短语（如"弯路"），也有名词复合词（如"大爷、老公、茶壶"）。这种情况其实与英语名词复合词的情况有点类似，'blackboard（黑板）、'greenhouse（温室）重音在第一音节，属于复合词，语义需要整体解读；相反，black 'board（黑色的板）、green 'house（绿色的房子）则重读第二音节，属于短语，可根据每个构成成分的语义预测出整个短语的意义。

除此之外，第二音节轻读与否还可以将名词复合词与动词复合词或动宾短语区分开来。我们知道，汉语缺少显性的形态变化来区分不同的词类，如在普通话中，区分复合词"炒饭"与动宾短语"炒饭"这两类不同范畴的结构很难，因为"炒"这个动词的不定式形式和分词形式没有词形变化。不过，在盘上话中，类似的情况却可以通过第二音节是否轻读来加以辨明。

（53）　　　　　a. 名词复合词　　　　　b. 动宾短语/动词复合词

炒米　　[tʂʰau⁵³　mi⁰]　　　　[tʂʰau⁵³　mi²³²]
　　　　炒制的小米　　　　　　炒米饭

蒸馍　　[tʂəŋ³¹　mə⁰]　　　　[tʂəŋ³¹　mə⁵³]
　　　　蒸的馒头　　　　　　　蒸馒头

烙馍　　[lwʌʔ³¹　mə⁰]　　　　[lwʌʔ³¹　mə⁵³]
　　　　烙的饼　　　　　　　　烙大饼

拖车　　[tʰwə³¹　tʂʰə⁰]　　　[tʰwə³¹　tʂʰə³¹]
　　　　挂车　　　　　　　　　拖动车

出场　　[tʂʰuʔ³¹　tʂʰaŋ⁰]　　[tʂʰuʔ³¹　tʂʰaŋ²³²]
　　　　气势或出口、通道　　　出现在舞台上

滚水　　[kwən⁵³　ʂwei⁰]　　　[kwən⁵³　ʂwei²³²]
　　　　开水　　　　　　　　　煮水

绑腿	[paŋ⁵³ tʰwei⁰]		[paŋ⁵³ tʰwei²³²]
	绑腿的布		把腿绑起来
打手	[tʂ⁵³ səu⁰]		[tʂ⁵³ səu²³²]
	黑社会培训的歹徒		打手掌

以上的双音节结构中，(53a) 第二音节轻读，属于名词复合词，第一音节的 V 表明事物完成的方式或用途；相反，(53b) 第二音节不轻读，属于动词复合词或动宾短语。

由此可见，是否轻读双音节结构的第二音节在盘上话中发挥重要的形态–句法功能，排除第二音节为助词的情况下，第二音节轻读的必然为词，第二音节不发生轻读的可能为词，也可能为短语。根据盘上话第二音节轻读的双音节复合词的分布情况，可以做出以下概括：

(54) 盘上话轻读规则

　　a. 轻读并列结构复合词（NN、AA、VV）的第二音节；

　　b. 动宾、主谓结构复合词第二音节大多不轻读；

　　c. 参照构成成分之间语义的紧密度决定偏正结构名词复合词（AN 和 NN）是否轻读。

四、重叠构词

盘上话的重叠构词过程主要涉及形容词和动词，名词除亲属称谓词和一些单纯词外（如：蛐蛐儿、蜘蛛），其他均无重叠形式。形容词重叠方式有 AA 儿式和 AABB 式两种，动词重叠有 AA 式重叠 I 和 AA 式重叠 II，以及与 AA 式重叠 II 表达的语法意义相同的 ABAB 式重叠，我们只讨论 AA 式动词重叠。

（一）形容词 AA 儿式重叠

盘上话单音节形容词重叠后必须儿化，很多晋语区方言也是如此，例如神木话、获嘉话等。盘上话形容词 AA 儿式重叠有两种模式，一种重叠模式表示程度的加强，语义结构为"更+词基"，相当于英语当中形容词比较级后缀 -er 表达的语法功能，我们称之为形容词的"加强式"重叠；另外一种重叠模式表示程度的强烈，语义结构为"非常+词基"，我们称之为形容词的"强烈式"重叠。这两类重叠式在盘上话当中都高度能产。

首先是"加强式"重叠形容词，例词如下：

(55) 形容词 AA 儿重叠式（加强式）

词基			重叠式			
阴平	高	[kau³¹]	高高儿	[kau³¹	kɔr⁰]	再高一点
阳平	白	[pa⁵³]	白白儿	[pa⁵³	pɔr⁰]	再白一点
上声	饱	[pau²³²]	饱饱儿	[pau²³²	pɔr⁰]	更饱一些
去声	快	[kʰwa²²]	快快儿	[kʰwa²²	kʰwɔr⁰]	再快一些
入声	辣	[lʌʔ³¹]	辣辣儿	[lʌʔ³¹	lɔr⁰]	更辣一点

在音系方面，"加强式"重叠形容词体现出以下特点。首先，词基为上声的重叠词当中，上上变调规则并不应用，基式依然读上声，复式读轻声调，这说明复式并未复制基式的声调，仅复制其音段内容，属于不完全重叠。其次，复式韵母的儿化模式与名词儿化变韵模式一致。

现在看"强烈式"重叠形容词，这类重叠词当中复式体现为一个固定的声调，即阴平31，这与普通话当中复式读高调（同为阴平调）的形容词重叠式一致。例如：

(56) 形容词 AA 儿重叠式（强烈式）

词基			重叠式			
阴平	高	[kau³¹]	高高儿	[kau³¹	kɔr³¹]	非常高
阳平	薄	[pə⁵³]	薄薄儿	[pə⁵³	pɔr³¹]	非常薄
上声	饱	[pau²³²]	饱饱儿	[pau²³²	pɔr³¹]	非常饱
去声	慢	[mai²²]	慢慢儿	[mai²²	mɔr³¹]	非常慢
入声	辣	[lʌʔ³¹]	辣辣儿	[lʌʔ³¹	lɔr³¹]	非常辣

根据这两类重叠词实现的形态功能和音系表现，可以将形容词 AA 儿式重叠过程视作加后缀的过程。一方面，这两类重叠模式各自实现的形态功能对于所有词基而言是一致的，这恰恰是词缀的特点之一。另一方面，形容词的这两类重叠方式均属于不完全重叠，复式没有复制词基的声调。在"加强式"重叠词当中，复式读底层无调的轻声调，不负载重音和任何词汇

调，而在"强烈式"重叠词当中，复式读固定的阴平调31。无论是表现为轻声调，还是始终体现为一个固定的调值，这都是词缀典型的特点，因此，可以将形容词的这两类重叠方式视作加缀的过程。"加强式"和"强烈式"重叠词中复式后缀的音系形式分别为：

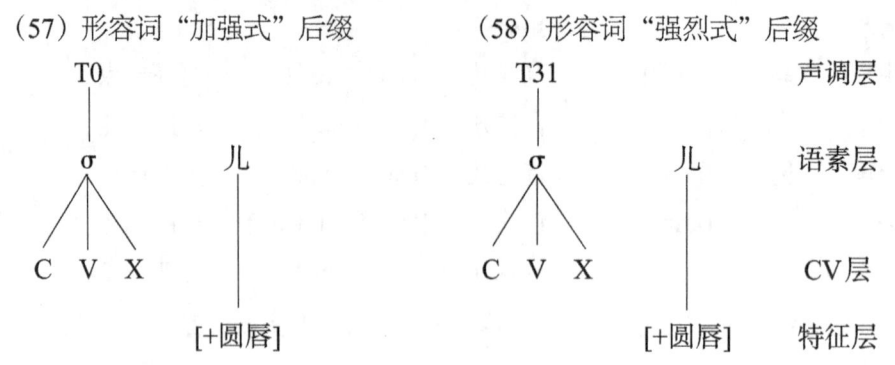

(57) 形容词"加强式"后缀　　　(58) 形容词"强烈式"后缀

```
       T0                           T31              声调层
       |                            |
       σ        儿                   σ        儿     语素层
      /|\      |                   /|\      |
     C V X                        C V X              CV层
     
    [+圆唇]                       [+圆唇]            特征层
```

在"加强式"重叠形容词当中，后缀包含一个无音段内容赋值的轻声调音节和一系列与儿化有关的音系特征，而在"强烈式"重叠形容词当中，后缀包含一个音段内容未填充、声调已赋值为31的固定调音节和一系列与儿化有关的音系特征。

对于这两类重叠词的构造过程，应该是"加缀→复制→儿化"的过程，音段内容未填充的"加强式"后缀和"强烈式"后缀分别加到形容词词基上，然后送入音系模块进行拼读，但是这两个后缀所在的音节仅仅有声调的赋值，"加强式"后缀为轻声调，"强烈式"后缀为31调，并无具体的音段内容的赋值，因此在音系模块采取复制词基的音段的方式来填充后缀音节中未赋值的各个空位。最后，复式与"-儿"缀的音系特征发生融合，韵母发生变化。

（二）形容词AABB模式重叠

盘上话的双音节形容词、动词或名词可以采取AABB模式进行重叠后构成形容词，该重叠模式在汉语很多方言当中都是能产性较高的一种构词方式。不过，可以采用该重叠模式的形容词或动词多为并列结构复合词，还有一些圪头词和双音节的单语素词，像"雪白、大胆、担心"这样向心结构的复合词则无法按照这种模式进行重叠。在发挥的形态功能上，该重叠模式与盘上话AA儿式"强烈式"重叠模式表达的功能一致，表示程度的强烈，语义结构为"非常+AB"。例词如下：

（59）词基为形容词

	词基	重叠式	
圪肉	[kɨʔ³¹ ʐəu⁰]	[kɨʔ³¹ kɨʔ⁰ ʐəu²² ʐəu⁰]	非常慢、不利落
邋遢	[lʌʔ³¹ tʰʌʔ⁰]	[lʌʔ³¹ lʌʔ⁰ tʰʌʔ³¹ tʰʌʔ⁰]	非常邋遢
圪囊	[kɨʔ³¹ naŋ⁰]	[kɨʔ³¹ kɨʔ⁰ naŋ³¹ naŋ⁰]	耐力非常好、踏实
圪筋	[kɨʔ³¹ tɕjən⁰]	[kɨʔ³¹ kɨʔ⁰ tɕjən³¹ tɕjən⁰]	非常筋道
普通	[pʰu²³² tʰwəŋ⁰]	[pʰu²³² pʰu⁰ tʰwəŋ³¹ tʰwəŋ⁰]	非常普通
仔细	[tʂʅ²³² ɕi⁰]	[tʂʅ²³² tʂʅ⁰ ɕi²² ɕi⁰]	十分仔细
整齐	[tʂəŋ²³² tɕʰi⁰]	[tʂəŋ²³² tʂəŋ⁰ tɕʰi⁵³ tɕʰi⁰]	十分整齐
甜美	[tʰjai⁵³ mei²³²]	[tʰjai⁵³ tʰjai⁰ mei⁵³ mei²³²]	十分甜美
清楚	[tɕʰjəŋ³¹ tʂʰu⁰]	[tɕʰjəŋ³¹ tɕʰjəŋ⁰ tʂʰu⁵³ tʂʰu²³²]	非常清楚
潦草	[ljau⁵³ tʂʰau⁰]	[ljau⁵³ ljau⁰ tʂʰau⁵³ tʂʰau⁰]	非常潦草
辛苦	[ɕjən³¹ kʰu⁰]	[ɕjən³¹ ɕjən⁰ kʰu⁵³ kʰu⁰]	非常辛苦

（60）词基为动词

	词基	重叠式	
疑惑	[ji⁵³ xuʔ⁰]	[ji⁵³ ji⁰ xuʔ³¹ xuʔ⁰]	十分疑惑
圪摸	[kɨʔ³¹ mʌʔ⁰]	[kɨʔ³¹ kɨʔ⁰ mʌʔ³¹ mʌʔ⁰]	形容做事慢条斯理
挤戳	[tɕi²³² tʂʰwʌʔ⁰]	[tɕi²³² tɕi⁰ tʂʰwʌʔ³¹ tʂʰwʌʔ⁰]	做事不磊落、不大方
圪挤	[kɨʔ³¹ tɕi²³²]	[kɨʔ³¹ kɨʔ⁰ tɕi⁵³ tɕi⁰]	非常拥挤
圪搅	[kɨʔ³¹ tɕjau²³²]	[kɨʔ³¹ kɨʔ⁰ tɕjau⁵³ tɕjau⁰]	打搅别人的
指点	[tʂʅ⁵³ tjai⁰ᐟ²³²]	[tʂʅ⁵³ tʂʅ⁰ tjai⁵³ tjai⁰]	爱评论人、挑剔人的

（61）词基为名词

	词基	重叠式	
圪堆	[kɨʔ³¹ twei⁰]	[kɨʔ³¹ kɨʔ⁰ twei³¹ twei⁰]	形容事物多
圪垄	[kɨʔ³¹ ljən⁰]	[kɨʔ³¹ kɨʔ⁰ ljən²² ljən⁰]	心里十分不踏实
疙瘩	[kɨʔ³¹ tʌʔ⁰]	[kɨʔ³¹ kɨʔ⁰ tʌʔ³¹ tʌʔ⁰]	不顺利、不平坦
圪□	[kɨʔ³¹ tau⁰]	[kɨʔ³¹ kɨʔ⁰ tau³¹ tau⁰]	坑坑洼洼、不平整

（59）中的重叠形容词由对应的双音节形容词重叠而来，（60）和（61）中的重叠形容词则分别由双音节动词和名词按照AABB式的重叠模板重叠而来。从表面的音系形式来看，该重叠过程以词基AB中的每个音节为基式在相应音节的右侧（或左侧）分别进行复制。有学者基于普通话中的AABB式形容词的变调模式，将这类重叠词内部的形态结构处理为[A$_{RED}$ [AB]$_{BASE}$B$_{RED}$]，复式相当于一个环缀，复式完全复制基式各个音节的内容（音段+声调）[①]。由于复式在复制基式的音段内容之外，还复制了基式的声调，因此普通话当中AA或BB在条件满足的情况下，会运用上声变调规则。但是，在盘上话当中，情况并非如此，下面（62）给出了同样的形容词在普通话和盘上话当中重叠后的声调形式：

（62）普通话和盘上话中AABB式重叠形容词的声调格式

		词基	普通话 重叠式	盘上话 重叠式
a.	普普通通	上声–阴平	阳平–上声–阴平–阴平	上声–0–阴平–0
	整整齐齐	上声–阳平	阳平–上声–阳平–阳平	上声–0–阳平–0
	仔仔细细	上声–去声	阳平–上声–去声–去声	上声–0–去声–0
b.	清清楚楚	阴平–上声	阴平–阴平–阳平–上声	阴平–0–阳平–0
	辛辛苦苦	阴平–上声	阴平–阴平–阳平–上声	阴平–0–阳平–0
	甜甜美美	阳平–上声	阳平–阳平–阳平–上声	阳平–0–阳平–0
c.	指指点点	上声–上声	阳平–上声–阳平–上声	阳平–0–阳平–0

（62a）的词基AB中只有A为上声，（62b）的词基中只有B为上声，（62c）则AB都为上声。在普通话当中，AABB式形容词的重叠过程为完全重叠，基式复制词基所有的音系内容，因此上声词基A或B重叠后的形式AA和BB中，上上变调规则应用。

但是，在盘上话中，词基AB的A为上声时，重叠式AA并不运用上上变调规则，基式A读原来的上声调，复式A读轻声调；当基式B为上声时，

[①] Feng, G.-J. Solving the puzzle of mandarin verb versus adjective reduplication. *Graz Reduplication Conference 2002*, 2002.

重叠式BB要运用上上变调规则，基式B的声调变为阳平，复式B轻读；当词基A、B的原调都为上声时，在重叠式AABB中，基式A和B都变读阳平调，复式A和B则读轻声调。

根据盘上话AABB式重叠词中上上变调规则的应用情况，可以得出AA中复式只复制基式的音段未复制其声调，上上变调规则未运用，如"普普通通[232-0-31-0]""整整齐齐[232-0-53-0]""仔仔细细[232-0-22-0]"中，"普、整、仔"读上声232，不读阳平53。相比而言，BB中复式不仅复制基式的音段，还复制其声调，这样的话，上声的基式被复制后就会出现两个上声相邻的环境，上上变调规则应用，所以BB中上声的基式变调为阳平。那么，如何解释A、B底层调均为上声时，AA、BB中基式都读阳平调的情况？我们的分析是AABB重叠词在进行复制的过程中，参照的词基是已经经历过上上变调规则的AB[阳平-上声]，并非底层形式AB/上声-上声/，以"指指点点[阳平-0-阳平-0]"为例，该重叠词复制的对象为应用过上上变调规则的"指点[阳平-上声]"，而非未应用上上变调规则的底层形式"指点/上声-上声/"。也就是说，"指指点点[阳平-0-阳平-0]"中基式"指"读阳平不是在重叠过程中变调的结果，只有基式"点"的阳平是上上变调规则作用的结果。最后，重叠词当中复式B轻读，但由于在轻读之前上上变调规则已经运用，因此BB的声调形式呈现晦暗状态。

形容词AABB重叠表达的形态功能与单音节形容词的"强烈式"重叠一致，不过在音系方面，该类重叠式的重叠机制较为复杂。形态系统以模板的形式强制规定词基每个音节应该采用的重叠方式，AA中复式底层为轻声调，采取部分重叠的方式，BB采取完全重叠的方式，但复式必须轻读。AABB式重叠形容词的模板如下所示：

(63) 盘上话双音节形容词重叠模板

			轻读	韵律层面
T_1	T_0	T_2	T_2	声调层面
σ_1	σ_1	σ_2	σ_2	音节层面
基式A	复式A	基式B	复式B	语素层面

（三）动词AA式重叠Ⅰ与动词AA式重叠Ⅱ

盘上话的单音节动词有两类重叠形式，我们称之为AA式重叠Ⅰ和AA式重叠Ⅱ，它们的差别在于：1) 就出现的句法环境而言，重叠Ⅰ用在过去时当中，重叠Ⅱ用在现在时和将来时当中，祈使语气和虚拟语气中常常用到，几乎不出现在过去时当中；2) 就重叠后发挥的语法功能而言，重叠Ⅰ式主要表达动作的持续性，重叠Ⅱ式与普通话中动词重叠形式表达的语法功能大致相同，主要表示动作的短暂性、反复性、随意性和尝试性，因此可以视作一种体范畴；3) 就重叠伴随的音系过程而言，重叠Ⅰ除了后字轻声无任何伴随的音系变化，即使上声动词重叠后也不发生上声变调，这意味着单音节动词重叠Ⅰ式是一种不完全重叠过程，复式仅仅复制了词基的音段，并未复制声调，相比而言，重叠Ⅱ则伴随有上上变调、入声舒化、后字轻声和入声动词变韵等音系过程；4) 在能产性方面，仅有为数不多的几个单音节动词存在重叠Ⅰ式，但是就重叠Ⅱ式而言，盘上话几乎所有的单音节动词都可以以这种形式重叠。与北京话单音节动词重叠形式存在对应的"V一V"形式（如"看一看、瞧一瞧"）不同，盘上话当中以上两类动词重叠式中间不可插入"一"。这两类重叠动词的例词与例句如下：

(64) 盘上话动词AA式重叠Ⅰ

词基		重叠式		例句
嘈	[tʂʰau³¹]	[tʂʰau³¹	tʂʰau⁰]	小明为这个玩具，嘈嘈一年了。
叨	[tau³¹]	[tau³¹	tau⁰]	考试没及格，俺娘叨叨我一整天了。
跑	[pʰau²³²]	[pʰau²³²	pʰau⁰]	我夜儿个_{昨天}跑跑了一天才收了俩老母鸡。
摸	[mʌʔ³¹]	[mʌʔ³¹	mʌʔ⁰]	这孩子在屋里摸摸了两天了。
说	[ʂwʌʔ³¹]	[ʂwʌʔ³¹	ʂwʌʔ⁰]	这老姐俩儿说说了一下午晚辈们的不是。
突	[tʰuʔ³¹]	[tʰuʔ³¹	tʰuʔ⁰]	邻家那个婶儿整整突突了我一天。

(64) 的例词中，复式不负载重音，读轻声调，基式无任何变调，依然读原来的声调，即使是上声动词，重叠形式中也不发生变调。显然，盘上话的动词重叠Ⅰ式属于部分重叠，复式未复制基式的声调，只复制了基式的音段。据此，可以将该重叠过程视作加缀过程，基式为词

基，复式为持续体后缀，这个后缀为一个没有具体音段填充的空音节，声调赋值为轻声调，需要从前面的词基中复制音段来填充这些音段空位。

(65) 单音节动词重叠Ⅰ式=加缀

T[X]	T₀	声调层面
σ[C(G)VX]	σ	音段层面
词基	复式后缀 [持续体]	语素层面

在能产度方面，单音节动词重叠Ⅰ式并不能产，不是所有表持续性动作的动词都能以这种方式重叠，如"哭、笑、想"等动词都没有该重叠式，只有少数几个日常常用的动词可以重叠。

(66) 盘上话动词AA式重叠Ⅱ

词基	重叠式	例句
刮	[kwɐ³¹]	[kwɐ³¹ kwɐ⁰]	我一会儿刮刮胡ᶠ再出门。
和	[xwə⁵³]	[xwə⁵³ xwə⁰]	傍黑儿我得和和面，等发了明儿个蒸馍。
耍	[ʂwɐ²³²]	[ʂwɐ⁵³ ʂwɐ⁰]	那个玩具也让我耍耍吧。
盖	[ka²²]	[ka²² ka⁰]	把被子往上给他盖盖。
擦	[tʂʰʌʔ³¹]	[tʂʰe³¹ tʂʰe⁰]	我明儿个准备擦擦窗户、扫扫房。
接	[tɕjʌʔ³¹]	[tɕje³¹ tɕje⁰]	你去路口儿接接你姐。
吃	[tʂʰʅʔ³¹]	[tʂʰjei³¹ tʂʰjei⁰]	赶紧把饭吃吃，一会儿就冷了。
捋	[lyʔ³¹]	[lyei³¹ lyei⁰]	把袖骨筒往上捋捋。

观察（66）中词基和重叠式音系上的交替模式，可以发现盘上话单音节动词的重叠Ⅱ式在音系上的表现比较复杂和特别。首先，入声动词重叠后舒化为阴平。前面我们已经提到，在盘上话很多变韵构词过程中，均发生入声的舒化现象，该过程属于单纯的音系过程。

其次，上声动词重叠后变调为阳平，这意味着复式同时复制了基式的音段和声调，产生两个上声相邻的变调环境。不过，在重叠形式当中，后一音节的复式统一轻读，声调读轻声，复式的轻读遮蔽了上上变调规则运用的音系环境，导致表层的音系形式中出现晦暗的上声变调现象。这一点与第二音节轻读的双音节复合词中的情况类似。

最后，该动词重叠式最为有趣的一项音系变化就是重叠词当中仅入声动词重叠后发生变韵，而且基式和复式同时发生变韵，两者维持着音系上的对应关系。阴平、阳平、上、去四个舒声调动词重叠时，前后两个音节的声母和韵母保持不变，但入声动词重叠后发生变韵时，词根语素的韵母和音节结构均发生变化。具体来讲，重叠后词根语素韵尾的喉塞音丢失，音节结构从闭音节变为开音节，入声舒化；基式和复式同时发生变韵，且变韵形式一致。入声动词重叠变韵后韵母的语音形式与词基的韵腹元音的高度有关。根据词根韵腹元音是否为高元音，变韵后的韵母分为两种情况：重叠前韵腹元音为中元音[ʌ]的（-ʌʔ, -jʌʔ, -wʌʔ, -yʌʔ），重叠后韵腹元音替换为中元音[e]，介音[i、u、y]不参加变韵；重叠前韵腹元音为高元音的（-iʔ、-ɿʔ、-ʅʔ、-uʔ、-yʔ），重叠后韵基替换为复合元音[ei]。也就是说，在入声动词重叠词当中，较之词基韵腹元音的舌位特征，基式和复式的韵腹元音均发生舌位特征的前化，变成相应的前元音。

(67) 元音舌位前化规则：V[α高]→V[+前，α高]

对于盘上话当中这种独特的重叠变韵现象，王晓培在韵律形态学的框架内进行了讨论分析[①]。在我们的讨论中，重点关注重叠过程中发生的变调过程，对于入声动词韵腹元音重叠后变为前元音这一音系变化，由于涉及诸多较为复杂的共时和历时因素，我们目前尚未找到充分的证据来解释为什么入声动词重叠后韵腹元音会发生前化。

就表达的语法功能而言，盘上话的AA式动词重叠Ⅱ可视作在词基动词后附加一个"尝试体、反复体"后缀的过程。然而就重叠过程中发生的音系变化而言，将其定性为加缀构词的过程还是复合构词的过程并不是一个简单的问题。一方面，重叠词当中复式所在的音节全部轻读，声调读轻声调，这一点与典型的屈折后缀不负载重音和声调的音系特点一致。另一方面，上声动词的重叠形式中前一音节变读阳平。对于该变调过程，存在两种可能的分析。这种情况与前面讨论过的子变韵词中上声词基变调为阳平的情况类似。一种可能就是单音节动词在重叠过程中完全复制了词基的

---

① 王晓培：《辉县盘上话的单音节动词重叠》，《中国语文》2013年第2期，第107—115页。

音系内容，包括声调。依这种分析，上声动词重叠式中的变调应该属于上上变调，即相邻位置上的两个上声发生变调，这种变调过程与复合词相似，最后轻读规则导致复式丧失掉自己复制而来的上声调。另外一种可能就是复式是一个后缀，不重读，也不负载任何词汇调，同时没有具体的音段内容的赋值，于是通过复制词基的音段内容来填充空缺的音段信息。按照这种分析，上声变读阳平的变调过程属于构词过程中发生的绝对中和现象，这一中和过程在前面提到的儿变韵过程、人称代词领属形式的变韵过程中同样发生。在本章后面的小节中，会对这些上声变调过程进行系统地讨论。

在这一节，通过考察重叠发挥的形态功能和重叠过程中基式、复式的音系表现，我们认为盘上话的重叠构词手段可以视作加缀构词手段或复合构词手段。其中，形容词AA儿式重叠、动词AA式重叠Ⅰ可定性为加缀构词法，形容词AABB式重叠表达的意义明确，但重叠式的音系特点独特而又复杂，AA和BB的音系表现并不对等，将其归到加缀或复合都比较牵强，暂时只能将其处理成模板式的重叠过程。此外，动词AA式重叠Ⅱ由于其饶有特点的变韵、变调过程，似乎将其定性为复合法的理由比较充分，但复式的强制性轻读却又支持这一重叠手段为加缀法。

第三节 盘上话构词层面的区分

上一节考察了盘上话主要的构词过程，详细分析了不同构词规则生成的词在音系和语义上的不同特点。基于这些语言事实，这一节将对盘上话词库内总体的构词格局进行讨论，对第二章提出的词基驱动的词库分层模式加以论证，探讨不同构词过程在操作对象（输入项）、所生成的词（输出项）以及运算方式上的异同。

一、词根层面与词层面的区分

参照词基的类型（黏着词根或自由词）、构词规则的能产度、所造之词的语义特点（如内部的组合性）和应用的音系规则这四项主要标准，盘上话中发生的构词过程各自的特点可以归纳如下：

(68) ①

词基类型②	能产度	语义组合性	音系规则
圪1-	词根、词	-	-	圆唇和谐、后轻读
圪2-	词	++	+	无
老-	词	+	+	上上变调
-家儿	词	+	+	无
-头	词	+	+	无
人称代词变韵	词	-	/	上声变调
动词变韵	词	-	-	上声变调、入声舒化
子变韵名词	词根、词	-	-	上声变调、入声舒化
儿变韵名词Ⅰ	词根、词	-	-	上声变调、入声舒化
儿变韵名词Ⅱ	词	+	+	上声变调、入声舒化
称谓词 面称 / 背称	词	+	+	面称：24；0-24 背称：53；232-0
并列复合词	词根、词	-	-	上上变调、后轻读
偏正复合词	词根、词	+	+/-	上上变调、(后轻读)
动宾复合词	词根、词	-	-	上上变调
主谓复合词	词根、词	-	-	上上变调
动词AA重叠Ⅰ	词	-	+	复式轻声
动词AA重叠Ⅱ	词	++	+	上上变调、入声舒化 复式轻读
形容词AA儿重叠Ⅰ	词	++	+	复式轻声

---

① 就能产度而言，"-"表示能产度低，"+"表示能产度中等，词基的选择受语义等因素限制，"++"表示高度能产；就语义的组合性而言，"-"表示生成的词语义组合性可能较弱，较难预测，"+"表示生成的词语义组合性强，预测度高。"后轻读"指的是双音节词当中后一音节轻读，加括号表示部分轻读、部分不轻读。

② 此处词基类型的区分参考的是音系上的表现，词根指的是音系上不独立的黏着词根，词指的是可以独立使用的自由词根。与词基驱动的词库分层假设和词内语段理论所定义的词根不同。

| 形容词AA儿重叠Ⅱ | 词 | ++ | + | 复式固定调 |
| 形容词AABB重叠 | 词 | + | + | AA复式轻声
BB上上变调、
复式轻读 |

对比（68）中不同构词过程在能产度、操作对象（词基类型）、输出项的语义特点和音系特点上所体现出的差异，可以将盘上话中发生的构词过程分为两大类，这两类构词过程总体上呈现出以下特点：

（69）　Ⅰ类构词过程

　　a)　能产度较低；
　　b)　构词的词基为黏着词根或词；
　　c)　构词词缀多为特征词缀；
　　d)　部分词语义组合性较弱；
　　e)　音系过程：圆唇和谐、上声变调、后轻读；
　　f)　所造之词中通过合音产生的单音节词占很大比例。

　　Ⅱ类构词过程

　　a)　能产度较高；
　　b)　构词的词基为词；
　　c)　构词的词缀多为轻声词缀；
　　d)　语义组合性强；
　　e)　音系过程：自然的上上变调；
　　f)　所造之词绝大多数为多音节形式。

盘上话这两类构词过程所体现出的上述特点，印证了我们所提出的晋语区方言词库分层假设，词库中存在两个构词的层面：词根层面和词层面。盘上话的词库结构如图4.1所示：

		形态	音系	语义
词根层面	输入项	词根 功能语素 [√+x]xP [√P+x]xP	圆唇和谐 入声舒化 上声变调 上上变调 后轻读	特殊语义
	输出项	单语段词		
词层面	输入项	词 功能语素	入声舒化 上上变调	组合语义
		[xP+y]yP [xP+yP]xP		
	输出项	多语段词		

图 4.1　盘上话词库分层结构

在这两个构词层面上，发生合并的形态范畴不同，生成的词内部语段结构不同，因而进行语义解读和音系拼读的方式不同。词根层面和词层面上进行的构词操作分别为：

(70)　　　圪1-
词根层面　子变韵、儿变韵名词Ⅰ、动词变韵、人称代词领属形式变韵
　　　　　基础复合词

(71)　　　圪2-、老-、-家儿、-头
词层面　　名词儿变韵Ⅱ
　　　　　形容词AA儿重叠、形容词AABB重叠、动词AA重叠Ⅱ
　　　　　称谓词面称-背称变调

词根层面上，与指派语类的功能语素合并的对象（即词基）为光杆词根，这些词根没有具体的语类特征，生成的词通过词根语义和功能语素的语义相互协商、参考百科知识来获得具体的语义内容，因此，可能出现语义组合性弱的情况，如盘上话子变韵名词"板子[pɔ⁵³]"专指厨房用的砧板，Ⅰ类圪头动词"圪塞[kɨʔ³¹ sʌʔ⁰]"表达的语义为"将剩下的饭菜吃完、工作做完"，而词层面上生成的Ⅱ类圪头动词"圪塞[kɨʔ³¹ sʌʔ³¹]"的语义为"随意、轻微地把某物塞进去"。

在音系方面，"特征词缀"是词根层面的显著特点之一，因此词根层面生成的词很多属于单音节的合音词。在应用的音系规则上，词根层面最典型的两条音系规则就是上声变调规则和后轻读规则，上声变调规则只在词缀为"特征词缀"的合音词当中应用，后轻读规则则作用于基础复合词。这两条规则的应用均有例外。另外，上上变调规则也在该层面应用，主要在复合词当中应用，上上变调规则和后轻读规则的先后应用导致该层面生成的复合词在音系上呈现出晦暗的状态，如"小米/232-232/→53-232→53-0"。此外，词根层面生成的词都是单语段结构，词根和词缀同处同一语段内，因此对语段界线敏感的音系规则可以在该层面应用，如圪头词中应用的"圆唇和谐规则"。

词的层面上，与功能语素合并的对象为具有明确的语类特征和语义特征、音系上独立的自由词，因而生成的词语义结构透明，在语义上体现为词基与词缀的简单加和。

在音系上，该层面的派生后缀多为轻声后缀，如"-头[səuº]""-家儿[tɕjərº]"、形容词 AA 儿式重叠的复式，前缀没有发生音系上的弱化，仍然读原来的声调，如"老-[lau²³²]""圪-[kɨʔ³¹]"。此外，词层面生成的词都是多语段结构，语段之间的界线可能阻断某些音系规则的应用，如圪头词的圆唇和谐规则、后轻读规则在词层面不应用，动词 AA 重叠Ⅱ除外。较之词根层面，由于受语段不可透条件的制约，词层面上应用的音系规则数量少，除了个别构词过程中存在的语素调（如称谓词面称-背称变调），该层面应用的变调规则只有入声舒化和上上变调这两个纯音系变调规则。

二、上上变调规则的（非）循环性

在一些官话方言当中，上上变调规则在词和短语当中表现出循环应用的特点，变调域的划分由内部的形态结构或句法结构决定，变调规则受此支配应用，典型的例子就是北京话[1]：

---

[1] Chen, M. *Tone Sandhi: Patterns Across Chinese Dialects*. Cambridge: Cambridge University Press, 2000, p. 102.

(72)　　a. [老虎]胆　　　<u>214　214</u>　214→35　<u>214　214</u>→35　35　214
　　　　b. 纸[老虎]　　　214　<u>214　214</u>→214　35　214
　　　　c. 好[手艺]　　　214　<u>214　51</u>→214　<u>214　51</u>→35　214　51

（72a）中上上变调规则首先在最内层的结构"老虎"中应用，然后在下一层结构中再次应用，由此，"老虎胆"中"虎-胆"在第二个循环域中再次应用上声变调，（72b）中由于"老"已经在第一循环域中变调为阳平35，第二个循环域中上上变调就不再应用。（72c）中第一循环域[手艺]中上上变调因变调环境不符合而未应用，在第二循环域"好-手"中上上变调应用。

由此可见，北京话中上上变调规则的循环应用不受词与词之间界线的制约，在同一个句法语段（DP、vP、CP）中，如果两个上声处在相邻的位置上构成一个变调域，上上变调规则就会应用。

与北京话不同，盘上话上上变调规则只在按形态结构或句法结构构建的第一个变调域内应用，在后续搭建的形态-句法结构中，上上变调规则不会再应用，可以说，盘上话的上上变调规则在句子层面和词的层面上均不循环应用，短语与短语之间、词与词之间的结构界线会阻断上上变调规则的循环应用。重新举例如下：

(73)　　a.　复合名词
　　　　阴平-上-上　　千里马　　　[31-232-232]
　　　　阳平-上-上　　淘米水　　　[53-232-232]
　　　　上声-上-上　　手表厂　　　[53-232-232]
　　　　去声-上-上　　去火水　　　[22-232-232]
　　　　入声-上-上　　复写纸　　　[31-232-232]
　　　　b.　名词短语
　　　　上-上-阴平　　老母鸡　　　[232-232-0]
　　　　上-上-阳平　　小老婆　　　[232-232-0]
　　　　上-上-上　　　好水土　　　[232-53-0]
　　　　上-上-去　　　老伙计　　　[232-232-0]

c. 句子

我想（打水）。　　　　　　　　我想打（水井）。
232-232（53-232）　　　　　　232-232-232（53-232）
（老李）想买好（水桶）。
（53-232）232-232-232（53-232）

然而，在一部分三音节复合词当中，上上变调规则可以循环应用：

(74)　　上–上–阴平　　老母鸡　　[53-232-31]　　孵蛋的母鸡
　　　　上–上–阳平　　小老婆　　[53-232-0]　　姨太太
　　　　上–上–上　　　母老虎　　[232-53-0]　　泼妇或刁妇
　　　　上–上–去　　　老伙计　　[53-232-0]　　交情深的搭档或朋友

这些复合词都有特指的对象，无法通过词内各个语素的语义来推测其具体的含义，语素之间的黏合度很高，我们认为这些复合词在词根层面上生成，修饰成分"老、小、母"与被修饰的"母鸡、老婆、老虎、伙计"发生词根和词根短语的直接合并，以"老母鸡"为例，其语段结构为：[[√老+[√母+√鸡]√P]√P+∅]nP，由于"老"与"母鸡"同处一个语段内，因此"老"可以与"母"重新构成一个变调域。对于（73a）中的复合词而言，这些复合词在词的层面生成，语段结构为[[[√手+√表]√P+∅]nP+[√厂+∅]nP]nP，由于"表"与"厂"不在同一语段内，因此无法重新构成一个变调域。对于（73b&c）中的短语结构而言，相邻的两个上声之间同样存在语段的界线，因此无法构成一个变调域。

基于以上分析，可以得出盘上话的上上变调规则是一条循环应用的音系规则，然而受语段不可透条件制约，如果两个相邻的上声之间存在语段的界线，上上变调规则不应用。在词库内部，盘上话的上上变调规则只在词根层面循环应用，即第一语段中循环应用；在词的层面上以非循环的方式应用，属于不同语段的两个上声即使处在相邻的位置上，由于语段界线的阻隔，上上变调也不会应用。在后词库的句法结构中，上上变调规则只在最先搭建的第一个变调域中应用，更大的结构中不再循环应用。

(75) 盘上话上上变调规则的（非）循环应用

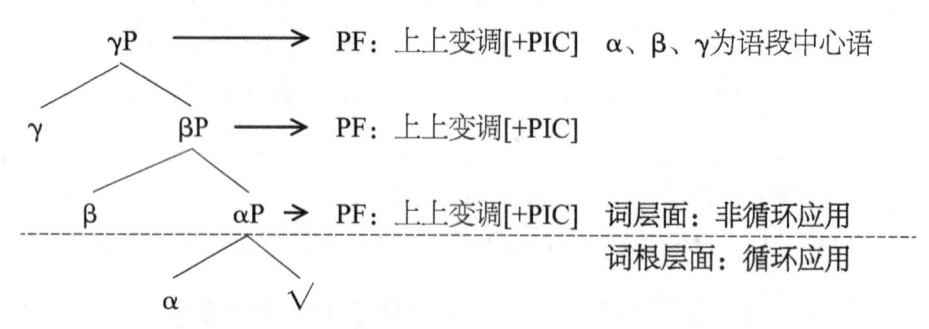

```
        γP ─────────→ PF：上上变调[+PIC]   α、β、γ为语段中心语
       ╱  ╲
      γ   βP ────────→ PF：上上变调[+PIC]
          ╱  ╲
         β   αP ─────→ PF：上上变调[+PIC]   词层面：非循环应用
             ╱  ╲                          ─────────────────────
            α   √                          词根层面：循环应用
```

如（75）所示，在语段转送至 PF 进行的每一次拼读中，盘上话的上上变调规则均受到语段不可透条件的制约。在盘上话中，如果两个上声调在表层的音系形式中相邻却出现不应用上上变调规则的晦暗状态，那就意味着这两个上声调在结构表达上有别于应用上上变调的两个相邻的上声调。可以说，PIC 虽然阻断了上上变调的循环应用，但它的作用却是正面的，由于它的阻断作用，使得听话人意识到如果两个上声音节相连却不应用上上变调，那么这两个上声音节中间应该存在语段界线，它们分属不同的结构，如名词"老母鸡[53-232-31]：孵蛋的母鸡"与名词短语"老母鸡[232-232-0]：老的母鸡"之间的区分。

三、双音节复合词的轻声

在汉语传统研究中，轻声是个有歧义的词，在概念使用上多有混淆。赵元任早先的研究中采用过"轻音"和"轻音字"这两个概念，但稍后时期的说法就改成了"轻声"[①]，此后关于"轻声"和"轻音"的区分引发一系列热烈讨论[②]，讨论结果表明"轻声"和"轻音"属于两类不同的音系现

---

① 赵元任关于"轻音"和"轻声"的讨论，参见：赵元任《国语罗马字研究》（《国语月刊》1922 年第 1 卷第 7 期）、《北平语调的研究》（《最后五分钟》附录，中华书局，1929 年）和《音位标音法的多能性》（《历史语言研究所集刊》第四本第四分，1934 年）。以上文章又见《赵元任语言学论文集》（商务印书馆，2002 年）。

② 关于轻声的研究，可参见：石汝杰《说轻声》（《语言研究》1988 年第 1 期）、曹建芬《连读变调与轻重》（《中国语文》1995 年第 4 期）、刘俐李《20 世纪汉语轻声研究综述》（《语文研究》2002 年第 3 期）、路继伦和王嘉龄《关于轻声的界定》（《当代语言学》2005 年第 2 期）、侍建国《轻声：北京话声调的空调类——兼论生成规则的语言学依据》（《当代语言学》2006 年第 4 期）。

象，应该区别对待，同时更多关于方言变调现象的调查研究表明轻声和轻音触发的变调也有差别，这两类现象在本质上有所不同，如济南方言有专门的轻声前变调，轻声对前一声调的影响不同于轻音对前一声调的影响[①]。

因此，在讨论盘上话的双音节复合词中发生的后轻读现象之前，有必要事先区分轻音和轻声的关系，厘清轻音音节的声调和轻声音节的声调在音系表达上有什么差异。

在共时音系当中，方言中的轻音和轻声属于不同范畴的音系现象。轻音音节是相当于不轻音的音节而言，属于与重音相关的韵律层面，轻音不是发生轻音的语素特有的词汇属性，任何一个词汇语素只要处在弱读的位置上都有可能轻音。相反，轻声音节是相对于底层有声调特征赋值的音节而言，属于声调层面。汉语中一个语素的声调特征是该语素特有的词汇属性，需要在词库中专门列出，语素是否读轻声调也是如此，属于语素的自有属性，与语素在词中所处的位置无关（不过轻声语素的位置往往是固定的）。此外，具体方言中读轻声调的语素是一个相对有限的集合，这个集合包括典型的词缀、助词等功能语素。

由此可见，轻音音节中的声调是后期音系推导的结果，经历的音系过程为"全调音节轻读→声调弱化→轻读音节声调的再赋值"；相反，轻声音节则是先天的底层声调特征的不充分赋值或不赋值，可分析为调域特征和调形特征未赋值的"空调"[②]，或者是整个声调根节点缺失的"无调"[③]，读一个固定的低调。在语言使用者的音系知识中，轻音调的本调是可以恢复的，轻声调的本调是不可恢复的，轻声调是相对于其他词汇调的另外一个调类。轻音音节和轻声音节中声调的赋值情况如下（T=声调，r=调域，c=曲拱）：

[①] 钱曾怡：《济南话的变调和轻声》，《山东大学学报》1963年第1期，第86—97页。
[②] 侍建国：《轻声：北京话声调的空调类——兼论生成规则的语言学依据》，《当代语言学》2006年第4期，第311—323页。
[③] 路继伦、王嘉龄：《关于轻声的界定》，《当代语言学》2005年第2期，第107—112页。

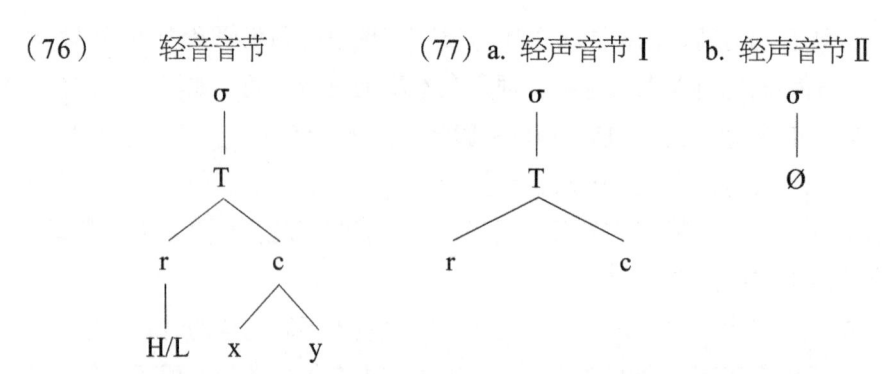

（76） 轻音音节　　　　（77）a. 轻声音节Ⅰ　　b. 轻声音节Ⅱ

```
       σ                    σ                σ
       |                    |                |
       T                    T                Ø
      / \                  / \
     r   c                r   c
     |  / \
    H/L x  y
```

从历时的角度观察，方言中相当一部分轻声音节是由于历史上的弱读导致的，"轻声因轻音而起"[①]。在语法化的过程中，出现位置固定、表达意义固定的语言成分逐步变得"音轻义虚"，轻音音节最后可能演变为轻声音节，导致该音节底层形式中声调表征的改变。但是在共时层面上，轻声和轻音应当区别对待。我们以盘上话的复合词"打手[tɐ⁵³ səu⁰]"和派生词"打家儿[tɐ²³² tɕjər⁰]"这两个词为例来说明这一点，它们的推导过程分别为：

(78)　　　打手　　　　　　　　打家儿
　　　　[[√打+√手]√P+Ø]nP　　[[打]vP+家儿]nP

　　　/tɐ²³²/　/səu²³²/　　　　/tɐ²³²/　　/tɕjər⁰/　　　底层调

　　　tɐ⁵³　　səu²³²　　　　　 —　　　　　　　　　　 上上变调

　　　tɐ⁵³　　səu⁰　　　　　　—　　　　　　　　　　 后轻读

　　　[tɐ⁵³　səu⁰]　　　　　　[tɐ²³²　tɕjər⁰]　　　　 表层调

在复合词"打手"中，词根语素"手"底层为上声232，因此这个复合词中上上变调规则应用，"打"变读阳平调53，随后后轻读规则轻读第二音节"手"，导致"手"的声调弱化为所谓的"轻声调"；而在派生词"打家儿"中，后缀"-家儿"作为一个典型的后缀，底层表达中没有声调特征赋值，相当于"无调"。

最后，就轻声调和轻音在音高上具体的语音实现而言，视具体方言而有所不同。存在以下几种可能的情况：1）轻声调与轻音调语音上实现为同一个固定的调，如神木话；2）轻声调与轻音调的语音实现受前一声调的影

[①] 刘俐李：《20世纪汉语轻声研究综述》，《语文研究》2002年第3期，第43—47页。

响实现为不同的形式，如普通话；3）轻音调弱化为本调的调头或调尾，轻声调读相对固定的调值，如长沙话①；4）轻声调视前面声调的不同而有不同的实现形式，轻音调读相对固定的调值。具体到盘上话而言，尽管轻声调和轻音调的底层表达不同，但轻音调和轻声调在语音上的音高值恰恰相同，均读低的21。

在厘清轻音和轻声的关系之后，我们可以对盘上话多音节词中表层"轻声"的语素的来源进行分类，分类如下：

A. 底层为轻声调：后缀"-头""-家儿"、形容词AA儿式重叠复式、单音节动词重叠Ⅰ复式、AABB式形容词AA的复式、"的、了"等助词、"葡萄、蜘蛛"等双音节单纯词的后一音节。

B. 轻音→轻声：双音节复合词的后一音节、单音节动词重叠Ⅱ复式、AABB式形容词BB的复式。

可以发现，读轻声调的语素多为功能语素，如后缀、助词等，读轻音的语素多为复合词弱读位置上的语素，这些语素的本调在非轻读的位置上是可以还原的。接下来讨论双音节复合词中的轻音。

前面已经提到，盘上话当中双音节基础复合词后一音节轻读的趋势十分明显。轻读规则重复如下：

(79) 盘上话轻读规则

　　a. 轻读并列结构复合词（NN、AA、VV）的第二音节；

　　b. 动宾、主谓结构复合词第二音节大多不轻读；

　　c. 参照构成成分之间语义的紧密度决定偏正结构名词复合词（AN和NN）是否轻读。

对于盘上话不同结构类型的双音节复合词，无论是词汇化程度高的并列式复合词和偏正式复合词，还是表现出词和短语双重身份的动宾式复合词和主谓式复合词，均在词根层面上生成，生成过程体现为两个没有语类特征的词根直接合并后再与音系上非显性的功能语素（a、n和v）合并。

---

① 钟奇：《长沙话的轻声》，《方言》2003年第3期，第255—264页。

（80）盘上话双音节复合词对应的语段结构和声调推导

	a. 并列式复合词 好歹 [xau⁵³ ta⁰] [[√好+√歹]√P+Ø]nP		b. 偏正式复合词 蒸馍 [tʂəŋ³¹ mə⁰] [[√蒸+√馍]√P+Ø]nP	
底层形式	232	232	31	53
上上变调	53	232	—	
后轻读	53	0	31	0
表层形式	[53-0]		[31-0]	
	c. 动宾式复合词 操心[tʂʰau³¹ ɕjən³¹] [[√操+√心]√P+Ø]vP		d. 主谓式复合词 心疼[ɕjən³¹ tʰəŋ⁵³] [[√心+√疼]√P+Ø]vP	
底层形式	31	31	31	53
上上变调	—		—	
后轻读	—		—	
表层形式	[31-31]		[31-53]	

　　以上不同结构类型的双音节复合词均是单语段结构，构成送至音系和语义模块进行拼读的第一语段。由于直接合并的对象为尚未范畴化的词根，两个词根之间发生怎样的语义关联有时是不可预测的[①]，如复合词"心疼"与心脏生理上的疼痛无关，而是心理上"关心、爱惜"的意思。在音系拼读上，这些复合词应用的音系规则有上上变调规则和轻读规则，上上变调规则先于轻读规则应用，轻读规则只在词根层面构成的单语段结构复合词中应用。

　　既然都在词根层面上生成，那么如何解释这些不同结构类型的复合词在轻读模式上呈现出的差异？我们的解释是，这些双音节复合词轻读与否一方面与词汇化程度高低、成分之间的语义紧密程度有关联；另一方面，则是受语义结构相近的双音节短语不发生轻读的影响，尤其是动宾式复合词和主谓式复合词。

[①] Harley, H. "Compounding in Distributed Morphology". In Rochelle Lieber and Pavel Stekauer (eds.), *Oxford Handbook of Compounding*, Oxford: OUP, 2009, pp. 129-144.

并列式复合词的语义可分析程度较低，两个构成成分不是"中心语与非中心语"的关系，词汇化的程度最高，几乎所有的并列式复合词的后一音节都会轻读。偏正式复合词后一音节是否轻读与语义的关联最大，轻读的偏正式复合词往往成分间结合紧密、使用频率较高。动宾式和主谓式复合词轻读的比例最低，很多动宾式复合词可以拆分，中间插入其他成分构成一个动宾短语，动宾式复合词兼具动宾短语的特点，如：

操心：操女儿的心，操很大的心

出丑：出同事的丑，出很大的丑

张宁提出汉语普通话的双音节动宾结构有两个合并的层次：一个是词根与词根的合并；一个是动词与名词的合并。前者构成复合词，后者构成短语[1]。动宾结构的这种双重属性影响了复合词后轻读规则在动宾式复合词当中的应用，导致动宾式复合词采用动宾短语的重读模式，第二音节不轻读。也就是说，动宾式复合词虽然在词库内的词根层面上生成，但应用的音系规则却是后词库层面的动宾短语的音系规则。在表层的音系形式上，动宾复合词和动宾短语没有区分，但是两者的语段结构不同，合并的形态范畴不同。动宾复合词中发生合并的是两个无形态–句法语类特征的光杆词根，动宾短语中发生合并的则是动词 vP 和名词 nP。主谓式复合词也是同样的情况，不再赘述。

在盘上话双音节基础复合词中，两个音节重轻式的韵律对比模式正在经历形态化的过程，后一音节的轻读正在演变为双音节复合词整体上词汇化的标记，不过后轻读规则在其扩散过程中受到很多因素的干扰。对于两个词汇语素构成的双音节结构而言，如果后一音节轻读，该双音节结构必然为词；如果后一音节不轻读，该结构可能为词，也可能为短语。

---

[1] Zhang, N. "Root Merger in Chinese Compounds". *Studia Linguistica* (61), 2007, pp. 170-184.

四、圆唇同化过程与两类圪头词

第二节讲到盘上话的圪头词分为两大类，一类包括圪头名词、圪头形容词和部分圪头动词（Ⅰ类圪头词）；另一类则是将动词与前缀"圪-"实时组合后形成的圪头动词（Ⅱ类圪头词）。这两类圪头词除了语义解读方式上的差异，音系上也表现出一些有趣的不同之处。

首先，Ⅰ类圪头词的词基几乎全为单音节形式，因此这类圪头词加上前缀包含两个音节，Ⅱ类圪头词由于前缀"圪-"强大的能产性，单音节动词、双音节动词，甚至ABAB动词重叠式都可以作为其词基。这一差异产生的缘由主要是历史的，古汉语当中单音节词占主流，而近代、现代汉语中双音节词（尤其是复合词）的比例大幅增加，因此，产生时期较早的Ⅰ类圪头词的词基自然多为单音节形式[①]。

其次，Ⅰ类圪头词后一音节（即词基）轻读，Ⅱ类圪头词的后一音节不轻读。这意味着轻读规则仅仅作用于单语段的Ⅰ类圪头词，不作用于多语段的Ⅱ类圪头词。

第三，这两类圪头词另外一个重要的差异就是在Ⅰ类圪头词当中，前缀"圪-"的韵腹元音需要与词基的介音或韵腹元音在唇状特征上保持一致，是否圆唇由词基控制，Ⅱ类圪头词则不需要。这里重新给出例词：

(81) a. Ⅰ类圪头词

圪针$_N$	[kɨʔ^{31} tʂən^0]	植物枝梗上的刺；枝干上长刺的灌木
圪棚$_N$	[kɨʔ^{31} pʰəŋ^0]	小的、简陋的棚子
骨堆$_N$	[kuʔ^{31} twei^0]	凸起的土堆形状的事物
骨絮儿$_N$	[kuʔ^{31} ɕyɨr^0]	絮状物体

[①] 关于圪头词的来源，马文忠推测"圪"是古代晋方言的遗存，起初是从某个少数民族语言引入的，是语言接触和融合的结果。王洪君将"圪-"视作一个实现词的双音节结构的无意义词头，圪头词与分音词的功能相同。邢向东通过对比分音词和圪头词这两类词的音系特点、涉及的词类、表达的附加意义以及开始盛行的年代（宋元之后），提出圪头词是在晋方言词汇双音节化的趋势下，参照词首为"圪"的分音词进行重新分析，继而类推产生的。参见：马文忠《晋方言里的"圪"字》（《大同高等专科学校学报》，1995年第3期）、王洪君《什么是音系的基本单位？》（《现代语言学》语文出版社，1994年）和邢向东《神木方言研究》（中华书局，2002年）。

| 骨钝 A | [kuʔ³¹ | twən⁰] | 不锋利 |
| 骨转 V | [kuʔ³¹ | tʂwai⁰] | 转来转去 |

b. Ⅱ类圪头词

圪熰 V	[kɨʔ³¹	əu²³²]	柴草未充分燃烧而产生浓烟
圪磕 V	[kɨʔ³¹	kʰʌʔ³¹]	轻微地磕碰
圪挤 V	[kɨʔ³¹	tɕi²³²]	慢慢挤进去
圪拱 V	[kɨʔ³¹	kwən²³²]	费劲地钻出或聚集在一起
圪擓 V	[kɨʔ³¹	xwʌʔ³¹]	来回随意地拨拉
圪滚 V	[kɨʔ³¹	kwən²³²]	来回翻滚

（81a）的Ⅰ类圪头词当中，前缀"圪-"的韵腹元音存在两个变体，展唇的"圪-[kɨʔ³¹]"和圆唇的"骨-[kuʔ³¹]"，该词缀音系上的这种交替由词基的介音或韵腹元音的音系特征控制，词基"棚[pʰən⁵³]"为开口呼，"圪"就读开口的[kɨʔ³¹]，词基"钝[twən²²]"为合口呼，"圪"被逆同化为合口的形式"骨[kuʔ³¹]"。而在Ⅱ类圪头词当中，无论词基的介音是开口还是合口，前缀"圪-"只有展唇的[kɨʔ³¹]这一个语音形式，不受词基介音或韵腹元音的影响。

这两类圪头词音系上的这些特点表明，它们分别在词库内不同的构词层面上生成。Ⅰ类圪头词在词根层面上生成，前缀"圪-"直接加在词根上对词根的语义进行修饰，Ⅱ类圪头词在词层面上生成，前缀"圪-"作为体标记附加在动词上。"圪-"在不同的词库层面上与不同类型的词基合并决定了这两类圪头词内部结构的不同，前缀"圪-"与词根语素的亲疏关系不同，相应地，这两类词的音系表现也有差别。（82）给出这两类圪头词的内部结构和音系推导过程。

（82）a. Ⅰ类圪头词：骨转[kuʔ³¹ tʂwai⁰]

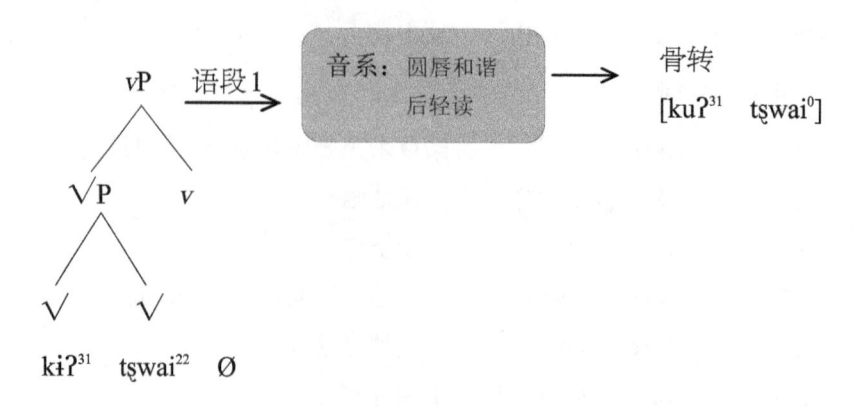

```
       vP      语段1    ┌─────────┐      骨转
      /  \    ─────→   │音系：圆唇和谐│ →
    √P    v            │    后轻读  │    [kuʔ³¹  tʂwai⁰]
   /  \                └─────────┘
  √    √
 kɨʔ³¹ tʂwai²²  Ø
```

b. Ⅱ类圪头词：圪拱[kɨʔ³¹ kwəŋ²³²]

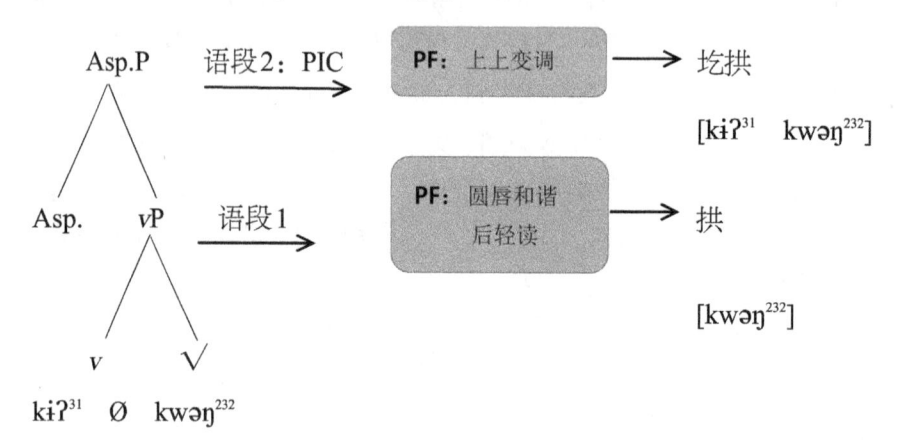

```
    Asp.P     语段2：PIC   ┌─────────┐      圪拱
   /    \    ─────────→  │PF：上上变调│ →
  Asp.   vP              └─────────┘    [kɨʔ³¹  kwəŋ²³²]
        /  \
       v    √             ┌─────────┐      拱
              语段1  ──→  │PF：圆唇和谐│ →
                          │    后轻读  │    [kwəŋ²³²]
                          └─────────┘
  kɨʔ³¹  Ø  kwəŋ²³²
```

　　前缀"圪"与词基之间的唇状特征和谐要求"圪"与词根语素直接接触，以单语段的圪头词为作用域，不可跨越两个语段应用。(82a) 的Ⅰ类圪头动词"骨转"当中，"圪"与后面的词根"√转"位于同一语段内，因此，词根可以将介音的圆唇特征向左扩散至前缀"圪-"；(82b) 的Ⅱ类圪头词中，前缀"圪-"加缀的词基"拱"已经是一个有语类特征的动词（即一个 vP 语段），"圪-"与词根语素"√拱"分属两个语段，"圪-"是下一个语段的中心语，受语段不可透条件（PIC）的制约，"圪-"只能看见[√拱+v]vP 这一语段的中心语 v（音系上是隐形的），无法穿过中心语 v 透视到词根√拱。因此，词根"√拱"介音中的圆唇特征无法向左扩散至前缀"圪-"。

第四节　构词层面之间规则的动态移动

在这一节，我们从历史演化的角度讨论规则在层面之间的移动，一是词缀在词根层面和词层面之间的移动；二是音系规则的形态化，从一条纯的音系规则演化为一条对特定构词环境敏感的形态–音系规则。

一、分属两个构词层面的词缀

盘上话有几个词缀既表现出词根层面的特点，同时还表现出词层面的特点，这些词缀似乎具有双重的身份，如前缀"圪–"和名词后缀"–儿"。这些具有双重表现的词缀在世界其他语言中也广泛存在，如英语后缀"-ing、-able、-ity"[①]：

(83)	a.	b.	c.
-ing	twink[ə]le	twinkling	twink[ə]ling
	闪烁、发亮	瞬间	闪烁的动作
-able	com'pare	'comparable	com'parable
	对比、比较	大致相当的	可进行比较的
-ity	vain　nice	'vanity	'nicety
	[veɪn] [naɪs]	['vænəti]	['naɪsəti]

(83a) 为词根√twinkle 和√compare、√vain 和√nice 作为动词（vP）和形容词（aP）使用时的音系形式和词义，比较后可以发现 (83c) 中词基的读音与 (83a) 中的动词和形容词一致，(83b) 则呈现出与 (83a) 不同的一些音系特征，twinkling 中辅音串 kl 中并未插入元音ə，'comparable 的重音在首音节，vanity['vænəti] 中倒数第三个音节的元音变为短的松元音。在语义上，(83c) 的词义在 (83a) 的基础上加上后缀的意义，(83b) 则出现偏离 (83a) 的情况。以上这三组词在音系和语义上的异同表明 (83b) 和 (83c) 中后缀是在不同的层面上与词基发生合并，这些后缀在语段结构树中可以出现在距离词根√twinkle、√compare、√vain 和√nice 远近不同的

---

① Aronoff, M. *Word Formation in Generative Grammar*. Cambridge, MA: MIT Press, 1976.

结构位置上。(83b)中后缀与词根直接合并，(83c)中后缀与已经有语类特征的动词和形容词(83a)合并。

(84) 　　a. 　　　　　　　　b. 　　　　　　　　c.
　　　twink[ə]le　　　　　twinkling　　　　　twink[ə]ling
　　　古英语　　　　　　1300年　　　　　　1540年
　　　com'pare　　　　　'comparable　　　　com'parable
　　　14世纪后期　　　　不详　　　　　　　15世纪早期
　　　vai[eɪ]n　　　　　　'va[æ]nity
　　　1300年　　　　　　1200年
　　　ni[aɪ]ce　　　　　　　　　　　　　　'ni[aɪ]cety
　　　13世纪后期　　　　　　　　　　　　　16世纪前后

在出现的时间上，(84b)中的词普遍要早于(84c)中的词，名词vanity甚至比形容词vain出现的时间要早，中古英语在借入vain之前，已经借入vanity。这些历史证据表明(84b)中的词在较早的时期产生，长期的使用会磨损其内部结构成分之间的界线，导致其在结构上凝固为一个整体进行语义和音系的解读，晚近产生的(84c)中的词内部结构依然透明，可分析性强。在共时语法当中，这两类词体现为内部结构表达的不同，分别停留在词库不同的层面上。

巴西葡萄牙语中的动词化前缀"a-、en-"也表现出同样的双重性[①]：

(85) 　　a-　　　　　　　　　　　　en-
a. 　　a-vermelh-a-r　　　　　　　en-fraqu-ec-e-r
　　　PREF-red-TV-INF　　　　　PREF-weak-SUF-TV-INF
　　　使变红　　　　　　　　　　使变弱

[①] Bassani, I. "Morphology-syntax Interface: The Relation Between Prefixes of Brazilian Portuguese and Argument Structure". *University of Pennsylvania Working Papers in Linguistics*, Vol. 18, 2012.

b.   a-proveit-a-r   en-garraf-a-r
       PREF-advantage-TV-INF   PREF-bottle-TV-INF
       利用   把……装入瓶中

c.   a-grad-a-r   en-gren-a-r
       PREF-√grad-TV-INF   PREF-√gren-TV-INF
       取悦   开动，使……适合

前缀"a-、en-"既可以附加在形容词和名词上构成相应的及物动词（85a）和（85b），也可以直接加在词根上构成动词（85c）。

这些分属两个构词层面的词缀对于根据词缀的音系表现划分词库层面的标准词库音系学是一个挑战，但是对于基格里希词基驱动的分层假设并不成问题，反而提供了关键的正面证据[1]。对于区分内域形态和外域形态的词内语段理论来说，同样提供正面的支持证据。这些词缀之所以具有双重身份，原因在于它们在不同的构词层面选择不同形态范畴的词基进行合并，即它们与词根合并的结构位置不同。在词根层面上，这些词缀与无语类特征的光杆词根直接合并，生成的词采取第一语段的音系和语义解读方式；在词的层面上，这些词缀与已经具有语类特征的词合并，词根与词缀中间隔着语段的界线，生成的词在音系和语义解读过程中遵守语段不可透条件的限制。

可以说，根据词基的属性而不是词缀的属性来划分词库内的构词层面，将构词的词基作为分层的静态参照物，这种处理使得词缀在构词层面间的动态移动从理论上得到允准。归因于语言结构内部的自我调整（如语义和音系的晦暗性）和语言外部的一些诱因（如规则的可学度、语言使用者的类推），一条构词规则可能从词的层面逐步退至词根层面，能产度降低，也可能采取相反的演化途径，从词根层面进入词的层面，能产度逐步提升。

---

[1] Giegerich, H. *Lexical Strata in English: Morphological Causes, Phonological Effects*. Cambridge: Cambridge University Press, 1999.

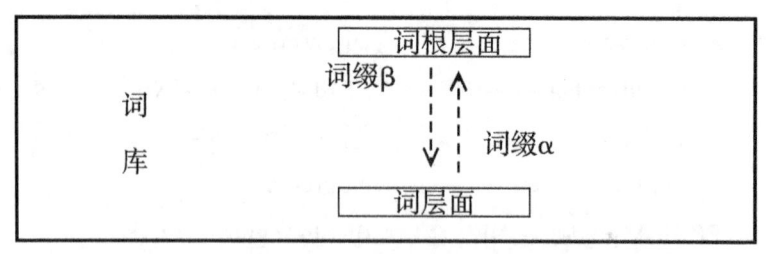

图 4.2　构词规则在词根层面和词层面间的动态移动

盘上话明显表现出这种双重层面属性的词缀有前缀"圪–"和后缀"–儿",其中Ⅰ类圪头动词和Ⅱ类圪头动词的区分在上一小节已进行了细致的讨论。下面先看"–儿"缀的双重属性。

(86) 名物化后缀或小称后缀

对	[twei²²]	对儿	[twɨr²²]	对联
系	[ɕi²²]	系儿	[ɕjɨr²²]	篮子的提梁
旋	[ɕyai⁵³]	旋儿	[ɕyɔr⁵³]	发旋
鼻	[piʔ³¹]	鼻儿	[pjɨr²²]	门上的扣环

(87) a. 表客观小量

圪糁子	[kɨʔ³¹ sɔ⁰]	圪糁儿	[kɨʔ³¹ sɨr⁰]	细碎的糁
灯篓	[təŋ³¹ ləu⁰]	灯篓儿	[təŋ³¹ lɨr⁰]	小的灯篓
胳膊	[kʌʔ³¹ pʌʔ⁰]	胳膊儿	[kʌʔ³¹ pɔr⁰]	细小的胳膊

b. 表主观小称

电脑	[tjai²³² nau⁵³]	电脑儿	[tjai²³² nɔr⁵³]
小米	[ɕjau⁵³ mi⁰ᐟ²³²]	小米儿	[ɕjau⁵³ mjɨr⁰ᐟ⁵³]
跑车	[pʰau²³² tʂʰə³¹]	跑车儿	[pʰau²³² tʂʰɔr³¹]
面包	[mjai²² pau³¹]	面包儿	[mjai²² pɔr³¹]

(86) 中的儿缀除了指小的功能,另外一个功能就是为词根指派名词性的语类特征,如[√系+儿]nP、[√旋+儿]nP,究竟发挥哪一项形态功能视具体词根而定,不可预测。在语义上,这些儿变韵名词的指称比较具体,语言使用者需要专门记忆这些词的特殊意义。相比较而言,(87a) 和 (87b) 中儿缀只加在名词词基上,发挥典型的指小功能,指称客观小量或主观小

量，如[[灯篓]nP+儿]nP、[[电脑]nP+儿]nP。儿缀在（86）和（87）中呈现出加缀词基的不同、表达的语法功能不同，表明在盘上话中，同一个儿缀分别演化为两个儿缀，一个儿缀停留在词根层面上，究竟发挥哪一项形态功能视具体词根而定；另一个儿缀则强化其表小的功能，作为名词的小称后缀，在词的层面上与名词词基发生合并。

盘上话的动词前缀"圪-"演化的途径也是如此，从一个词缀分裂为分属两个层面的词缀，第三节最后一个小节已经对这两类圪头词的语义和音系特点有过详细的阐述，这里就不再赘述。这里列出盘上话圪头动词中类似于英语中'comparable（大致相同的）~com'parable（可对比的）这样的几组词对：

（88）Ⅰ类圪头动词和Ⅱ类圪头动词

	a.	b.
圪塞	[kɨʔ³¹ sʌʔ⁰]	[kɨʔ³¹ sʌʔ³¹]
	把剩下的食物吃掉	随意塞进去
圪搅	[kɨʔ³¹ tɕjau⁰]	[kɨʔ³¹ tɕjau²³²]
	打搅	来回、随意搅动
圪拧	[kɨʔ³¹ njəŋ⁰]	[kɨʔ³¹ njəŋ⁵³]
	吵架或发生不愉快	来回、随意拧
圪转	[kuʔ³¹ tʂwai⁰]	[kɨʔ³¹ tʂwai²²]
	转来转去	来回、随意转动某物

（88a）的Ⅰ类圪头动词在语义上延伸出特殊的含义，音系上词基和词缀发生圆唇和谐，且后一音节的轻读；相反，（88b）的Ⅱ类圪头动词在语义上完全围绕动词词基的语义进行相应的解读，音系上未发生任何变化。

（86）和（87）中不同类别的儿变韵名词、（88）中Ⅰ类圪头动词与Ⅱ类圪头动词在语义解读和音系表现上的差异表明这两类词分别在不同构词层面上构成，后缀"-儿"和前缀"圪-"既可以在词根层面上与词根直接合并构成第一语段，也可以在词层面上与名词（nP）和动词（vP）合并。

在词根层面上，前缀"圪–"与单音节词根直接合并后再与音系上非显的语段中心语合并：[[圪+√]√P+x]xP，"–儿"缀与名词性词根、动词性词根和形容词性词根直接合并构成相应的名词：[√+儿]nP。在词的层面上，与这两个词缀合并的不再是无语类特征的光杆词根，而是有明确的语类特征的词，"圪–"只加在动词前面：[圪+vP]vP，"–儿"只加在名词后面：[nP+儿]nP。

在历史上的某个时期，词根层面上生成的圪头词和儿变韵词在语义和音系上是透明的，表现出词层面生成的词的语义特点和音系特点。在长期的使用中，这两类词当中词缀与词基之间的界线逐步变得模糊，高度的词汇化程度使得音系和语义将其视作一个整体进行解读，词缀"圪–"和"–儿"的加缀过程需要从词的层面退回到词根层面，Ⅰ类圪头词和Ⅰ类儿变韵名词通过词根和词缀之间语义的相互协商获得实际的语义，圪头词的词根可以触及前缀"圪–"并将自身介音或韵腹元音的唇状特征扩散至前缀。

与此同时，词缀"圪–"和"–儿"的表小功能分别在动词和名词当中得到强化，在词的层面上保持较高的能产度，生成的词在语义和音系上呈现出比较透明的状态。

二、上声变调规则的形态化

具体语言的形态系统往往是历史演化的产物，不同历史层次、不同来源的形态过程交织在一起。形态化过程往往被视作语法化现象的一种，或者是语法化过程中的某一阶段。形态化有狭义形态化和广义形态化的区分。狭义形态化指的是某一语法表达形式逐步发展为附着语素或词缀的变化过程，即"起于句法的形态化过程"；广义形态化除了狭义的形态化过程，还包括语素的变体形式或语素变体之间的音系交替模式发生形态化，演变成为特定的语法标志的过程，即"起于音系的形态化过程"。"起于句法的形态化过程"指的是语法表达形式发展为词缀或虚词的形态化过程，这个过程涉及两个方面，一是表达内容的逐步虚化；二是音系上的弱化，但这两者并非同步，某些词即使已经虚化为附着语素或词缀，但是音系上并未弱化①。"起于音系的形态化过程"主要体现为一种语言的词汇中出现的某个音系特征、某个音段或者某种音系交替经重新分析后发展为与某一语法意义相关联的专门特征②。重新分析的过程是隐性的，而类推是显性的，因此通常只有通过类推，重新分析才得以明朗化③。

（一）上上变调规则和上声变调规则的应用范围

盘上话在很多构词过程中，词基的上声调232都要变为阳平调53，呈现出上声232与阳平53交替的模式。这些不同构词过程中发生的上声变调过程同名而不同实，前面的讨论中我们分别用上上变调和上声变调来指称这两类不同的变调过程。上上变调相当于普通话当中的上上变调，发生在两个上声相邻的环境当中，变调属于受强制性曲拱原则（OCP = Obligatory Contour Principle）驱动的声调异化现象；上声变调发生的环境不是上上相邻的音系环境，该变调仅仅发生在一部分构词过程当中，属于构词变调，变调导致阳平和上声在表层形式中被中和。下面分别给出盘上话当中发生这两类变调的构词过程。

（89）上上变调：上声+上声→阳平+上声

a. 复合词

雨伞	[jy^{53}　sai^{232}]	232-232→53-232
指点	[tʂʅ^{53}　tjai^{232}]	232-232→53-232
小米	[ɕjau^{53}　mi^{0}]	232-232→53-232→53-0
滚水	[kwən^{53}　ʂwi^{0}]	232-232→53-232→53-0

---

① Andersen, H. "From Morphologization to Demorphologization". In S. Luraghi and V. Bubenik (eds.), *The Continuum Companion to Historical Linguistics*, Continuum, 2010, pp. 117-146.
② 关于源于音系的形态化过程的相关研究，可参见：L. Gaeta. "Exploring Grammaticalization From Below" (2004, *What Makes Grammaticalization? A Look From its Fringes and its Components*, Mouton de Gruyter), H. Andersen. "Morphological change: Toward a typology" (1980, *Historical Morphology*, Mouton)、"Grammaticalization in a Speaker-oriented Theory of Change" (2008, *Grammatical Change and Linguistic Theory*, John Benjamins) 和 "From Morphologization to Demorphologization" (2010, *The Continuum Companion to Historical Linguistics*, Continuum)。
③ Timberlake, A. "Reanalysis and Actualization in Syntactic Change". In Charles N. Li (ed.). *Mechanisms of Syntactic Change*, Austin: University of Texas Press, 1977, pp. 141-180.

b. 单音节动词重叠 Ⅱ

词基		重叠式		变调过程
耍	[ʂwɐ²³²]	耍耍	[ʂwɐ⁵³ ʂwɐ⁰]	232-232→53-232→53-0
走	[tʂəu²³²]	走走	[tʂəu⁵³ tʂəu⁰]	232-232→53-232→53-0
煮	[tʂʯ²³²]	煮煮	[tʂʯ⁵³ tʂʯ⁰]	232-232→53-232→53-0

在第二音节不轻读的双音节复合词当中，上上变调的过程是透明的；在第二音节轻读的复合词当中，第二音节因弱读丢失原调，造成表层形式中上上变调过程的晦暗状态。(89b) 的动词重叠形式中复式的强制性轻读同样遮蔽了上上变调的音变环境。

虽然呈现出一定程度的晦暗状态，(89) 中的上上变调过程属于单纯的音系变调，是强制性曲拱原则（OCP）促发的声调异化过程，该变调过程不仅在词库内应用，在后词库的句法层面也同样应用。然而，对于上声变调过程而言，这一变调过程主要在词根层面进行的变韵构词过程中发生，并不是单纯的音系变调，属于受特定的形态环境支配的构词变调。发生上声变调的构词过程在 (90a-f) 中列出，未发生上声变调的构词过程在 (90g) 给出。

(90) 上声变调：

上声232	→	阳平53	声调层
σ1　　αF	→	σ2	音节层
词基 + 词缀X	→	合音词	语素层

a. 子变韵名词

词基	板	女	傻
	[pai²³²]	[ny²³²]	[sɐ²³²]
变韵形式	[pɔ⁵³]	[ny⁵³]	[sɐ⁵³]
	板子	女子	傻子

b. 名词儿变韵

词基	椅	板	腿
	[ji²³²]	[pai²³²]	[tʰwei²³²]
变韵形式	[jiɨ⁵³]	[pɔr⁵³]	[tʰwɨr⁵³]
	椅儿	板儿	腿儿

c. 动词变韵

词基	买	想	找
	[mai²³²]	[ɕjaŋ²³²]	[tʂau²³²]
变韵形式	[mɛ⁵³]	[ɕjɔ⁵³]	[tʂɔ⁵³]
	买回来	想要（做）	找到（地方）

d. 人称代词领属形式中的变调

人称代词		领属形式	
我	[wə²³²]	我的	[ve⁵³]
俺	[ai²³²]	俺的	[ər⁵³]
咱们	[tʂai²³²]	咱们的	[tʂər⁵³]
你	[ni²³²]	你的	[ni⁵³]
你们	[nei²³²]	你们的	[ne⁵³]
他/她	[tʰə²³²]	他/她的	[tʰe⁵³]

e. 亲属称谓词背称形式

本调		叠用形式	单用形式
阴平	哥	[kə²³² kə⁰]	[kə⁵³]
	叔	[ʂu²³² ʂu⁰]	[ʂu⁵³]
	姑	[ku²³² ku⁰]	[ku⁵³]
阳平	娘	—	[njaŋ⁵³]
	爷	[jə²³² jə⁰]	[jə⁵³]
上声	奶	[na²³² na⁰]	[na⁵³]
	姐	[tɕjə²³² tɕjə⁰]	[tɕjə⁵³]

f. 数词+个的合音形式

	两个	五个	几个	九个
合音前	[ljaŋ²³² kə²²]	[wu²³² kə²²]	[tɕi²³² kə²²]	[tɕjəu²³² kə²²]
合音后	[ljɐ⁵³]	[uə⁵³]	[tɕjə⁵³]	[tɕjəu²³² wə⁰]

g. 未发生上声变调的构词过程

耍家儿　　　　　　耍头　　　　　　　　好好儿

[ʂwɐ²³² tɕjər⁰]　　[ʂwɐ²³² səu⁰]　　　[xau²³² xɔr⁰]

打家儿　　　　　　打头　　　　　　　　满满儿

[tɐ²³² tɕjər⁰]　　　[tɐ²³² səu⁰]　　　　[mai²³² mɔr⁰]

对比（90）中上声词基变读阳平或未变读阳平的情况可以观察到以下两点：

1）当生成的词为词基和词缀的合音形式时，即词缀属于音系上高度弱化的特征词缀的情况下，词基的上声才会变读阳平，如（90）中给出的一系列变韵词和"数词+个"的合音形式；

2）在词缀可以构成一个音节的情况下，词缀前的上声词基不会变为阳平，如（90e）中背称式亲属称谓词的重叠形式、（90f）中的"九个"和（90g）中轻声后缀"-家儿""-头"构成的派生词和形容词加强式重叠词。

由以上两点，概括出盘上话当中上声变调规则应用的形态-音系环境：

1）当附加在词基上的后缀由于"音轻义虚"弱化到仅剩若干音系特征、无法以一个独立的音节形式显现的时候，上声词基在生成的词中就会变读阳平；

2）如果发生弱化的后缀只弱化到一个轻声调音节的程度，后缀与词基的合并不会促发上声的变调行为。

（二）语素的弱化程度与变调类型

本章第三节第三小节中，我们详细探讨了盘上话轻音音节和轻声音节共时的声调表征以及它们之间的历史关联，对哪些语素属于轻音音节、哪些语素属于轻声音节进行了归类，分类重复如下：

A. 轻音语素：双音节复合词的后一音节、单音节动词重叠Ⅱ的复式、AABB式形容词BB的复式

B. 轻声语素：后缀"-头""-家儿"、形容词AA儿式重叠的复式、单音节动词重叠Ⅰ的复式、AABB式形容词AA的复式、"的、了"等助词

以上两类语素的轻声和轻音都是音系弱化的结果，轻音语素的原调可恢复，轻声语素的原调不可恢复。虽然弱化程度不同，但这两类语素依然可以构成一个音节。除了这两类发生音系弱化的语素，盘上话当中第三类发生音系弱化的语素就是子变韵名词、儿变韵词、动词变韵词、人称代词领属形式等合音词中融入的"特征词缀"，这些词缀已经弱化至仅剩音系特征的地步。这三类语素弱化的程度排序为：

(91) 特征词缀>轻声语素>轻音语素

与此同时，再看一下盘上话上上变调规则与上声变调规则在不同类型衍生词中的应用情况：

(92)　　　　　　　　　　　　　　上上变调　　　上声变调
a.　　复合词　　　　　　　　　　　+　　　　　　－
　　　复合词（后轻读）　　　　　　+　　　　　　－
　　　单音节动词重叠Ⅱ（后轻读）　+　　　　　　－
b.　　词基+轻声词缀　　　　　　　－　　　　　　－
c.　　词基+特征词缀（合音词）　　－　　　　　　+

对比 (91) 和 (92) 可以发现，盘上话当中含有 (91) 中三类弱化程度不同的语素的双音节词对应的变调情况也相应地分三类。在 (92a) 类型的词当中，复合词和动词重叠式当中后一音节的轻读使得上上变调在表层呈晦暗状态，不过由于轻音音节的声调在别的非弱读位置上依然可以显现，因此上上变调规则与后轻读规则的排序依然具有心理现实性；在 (92b) 类型的词当中，词缀已经弱化为一个"无调"的轻声音节，词缀与词基的合并永远不会产生上上变调规则应用的音系环境，因而这类词不应用任何变调规则；在 (92c) 类型的词当中，词缀已经高度弱化到仅剩若干音系特征需要寄宿在词基上的地步，不过令人费解的是，上声词基却变调为阳平调。

在对 (92c) 中上声变调发生的动因做出解释之前，首先了解一下其他存在合音构词过程的方言当中是否同样发生 (92c) 中的变调现象。与辉县相邻的获嘉话中也存在上上变调过程，两个上声连读时，前一个上声需要变为阳平。但是在该方言的子变韵和儿变韵构词过程中，词根韵母只发生音段层面的变化，声调并不变化[①]：

（93）获嘉话子变韵词和儿变韵词的声调

a. 词基　　　　　　子变韵形式
　　嫂　53　　嫂子　53
　　里　53　　里子　53
　　爪　53　　爪子　53
　　底　53　　底子　53

b. 词基　　　　　　儿变韵形式
　　好　53　　好儿　53
　　嘴　53　　嘴儿　53
　　颗　53　　米颗儿　31-53
　　爪　53　　狗爪儿　31-53

获嘉方言共有五个单字调，分别为阴平33、阳平31、上声53、去声13和入声33ʔ。从（93）中可以看出，获嘉话中词根为上声的子变韵词和儿变韵词仍然读原调，不发生变调。除了获嘉话，邻近地区的济源话、博爱话、修武话，子变韵词也是读词基的上声调，武陟话中大多数上声词基的子变韵词读上声，一小部分读阳平[②]。

获嘉话的"子"缀与北京话的"子"缀一样，对前面词根语素的声调没有影响，不会促发上声变调。在北京话当中，"子"缀依然保有音节的地位，其弱化程度相当于盘上话当中的轻声后缀，例如"-家儿""-头"等，北京话的子尾词在音系表现上与盘上话"-家儿""-头"等轻声后缀构成的词一致。在获嘉话当中，"子"缀与盘上话一样，是一个特征词缀，与词根合二为一造成词根韵母的变化。然而，有趣的地方是在变调行为上，获嘉话的子变韵词又不同于盘上话。

对于获嘉话和盘上话当中变韵词在变调上表现出的这种差异，我们认为是盘上话音系上的弱化导致"-子"缀无法构成一个独立的音节，原先触发上上变调规则的音系条件被破坏，仅剩下词基的声调交替，这种声调上的音

[①] 贺巍：《获嘉方言研究》，北京：商务印书馆，1989年。
[②] 史艳锋：《豫北晋语单字音与变音现象研究》，陕西师范大学博士学位论文，2013年，第155—167页。

系交替被构词法用来标示上声词基子变韵后的声调形式。也就是说，盘上话上上变调规则发生形态化，从单纯的音系规则逐步演化为一条与特定构词过程相关联的形态-音系规则，发展成为词根层面第一语段的音系拼读规则。

而在获嘉话当中，上上变调规则的形态化进程受到其他变调过程的压制。一条音系规则在形态化的进程中，自身纵向的发展会受到横向的语言内部因素和语言外部因素的影响，这些因素会促进或抑制该规则的形态化进程，因而在不同方言、不同类型的构词过程中，同一条音系规则形态化的程度并不同步。在获嘉话当中，上上变调的形态化进程受到其他变调过程的抑制[①]，因而，获嘉话的子变韵词、儿变韵词等合音词中，并不发生上声变读阳平的声调过程。对于盘上话而言，连读变调规则只有上上变调规则这一个，因此上上变调规则的形态化进程没有受到阻碍。

（三）盘上话上上变调形态化的步骤

在生成音系学看来，一条音系规则规定了底层和表层两个不同层面的音系表达式之间的映射关系[②]，或者规定了在不同的环境中，一个音位具体的实现形式[③]。一条音系规则涉及三方面的内容：底层形式（UF）、表层形式（SF）和结构描写（SD）。在具体的演变过程中，一条音系规则的这三个方面都有可能发生变化。

---

① 获嘉话"上声53+上声53"有四种连调方式：1) 阳平31+上声53，如动宾短语"绑腿"；2) 阳平31+去声13，如名词"绑腿"；3) 上声53+去声13，如"老鼠"；4) 上声53+轻声，如"年古"。连调方式1) 与北京话和盘上话中的上上变调一致，在获嘉话中最常见，用在复合词和短语当中；连调方式2) 比较少见，用在一部分常用的高频复合词当中；连调方式3) 更加少见，发生在高度词汇化的词当中，不过重叠词也采用这种连调方式；连调方式4) 用在后一音节轻声的双音复合词当中。盘上话中高度词汇化的复合词后一音节会轻声（如老鼠[232-0]）或轻音（如小米[53-0]），在获嘉话中则有多种表现形式，除了后一音节轻声（如年古[53-0]）的情况，还有后一音节读13的情况，如连调方式2) 和3) 中的情况。获嘉话两字组结构中但凡后字变调，全变为13，而且后字变调的情况属于特例，并非常用的变调方式，涉及的几乎全是词汇化程度较高的常用词汇。据此，再加上获嘉话双音节词如果前字变调则统一变为阳平调31的事实，石基琳预测获嘉话的常用双音节复合词的声调模式正在经历一种变化，演变的趋势就是双音节词声调的模式化，所有声调的对立在双音节词当中发生中和，统一体现为31-13的连调模式。获嘉话声调系统中出现的这种演变趋势对典型的"上声+上声→阳平+上声"变调的形态化进程产生影响。参见 Shih Chi-lin. *The Prosodic Domain of Tone Sandhi in Mandarin Chinese* (1986, Ph.D. dissertation, University of California at San Diego)。

② Goldsmith, J. "Phonological Theory". In John A. Goldsmith. *The Handbook of Phonological Theory*, Blackwell Publishers, 1995, p. 2.

③ Hayes, B. *Introductory Phonology*. Wiley-Blackwell, 2009.

在盘上话当中，上上变调规则在不同的构词层面上分别演变为不同的形式，如（94）所示：

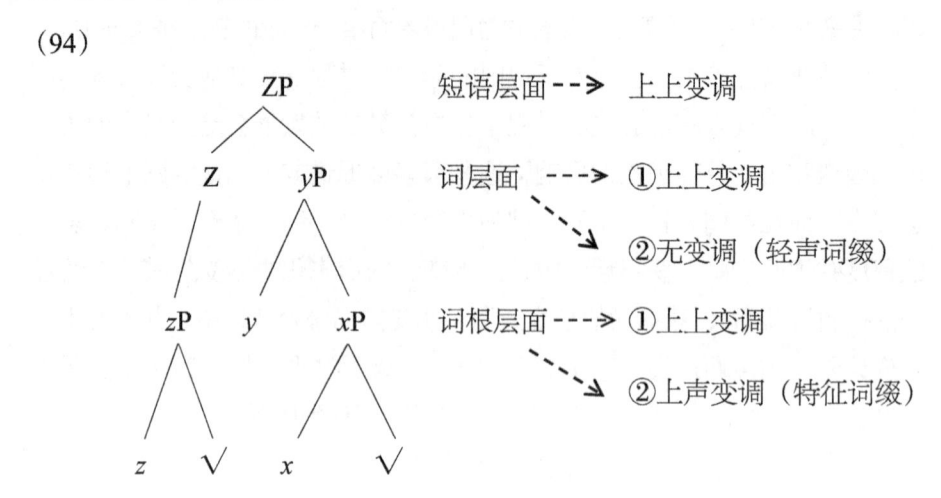

(94)

```
           ZP              短语层面 --→ 上上变调
          / \
         Z   yP             词层面 ----→ ①上上变调
            / \                        ②无变调（轻声词缀）
           /   \
         zP  y  xP         词根层面 ---→ ①上上变调
        /\      /\                     ②上声变调（特征词缀）
       z  √   x   √
```

先看双音节词中上上变调规则的形态化程度，（95）列出了上上变调规则分别在短语层面、词层面的双音节词和词根层面的双音节词当中应用时的底层表达、结构描写和表层表达。

(95)　　　　　　　　底层形式　　　　　表层形式
　　短语层面　　　232+232　──→　53-232　　如：打水　53-232
　　词层面　　　　232+232　──→　53-232　　如：老表　53-232
　　词根层面　　　232+232　后轻读　53-0　　如：好歹　53-0
　　　　　　　　　　　　　　53-232

词层面的双音节词中上上变调规则所涉及的底层表达、表层表达和结构描写均未发生变化；词根层面的复合词中，上上变调规则的应用由于词根层面后轻读规则的作用变得不透明，表层不透明的音系结构可能会影响语言使用者对语素底层表达的构拟，然而盘上话的使用者并未受此影响，因为在第二音节不轻读的双音节短语和词当中，上上变调规则是透明的。

现在分析盘上话当中特征词缀构成的合音词与轻声词缀构成的双音节词中上上变调规则的演化状况，前者在词根层面上生成，后者在词层面上生成。在当前盘上话的轻声词缀构成双音节词当中，底层声调的组合为"X+轻声"，由于不会产生两个上声相邻的音系环境，因而不发生任何变调，如（96）所示：

（96）　　耍家儿　　　　　　[ʂwɐ²³² tɕjər⁰]
　　　　　耍头　　　　　　　[ʂwɐ²³² səu⁰]
　　　　　好好儿　　　　　　[xau²³² xɔr⁰]

那么历史上，这些词是否有曾经应用上上变调的可能呢？一方面，对于后缀"-家儿、-头"而言，这两个后缀未弱化前的原调分别为阴平调和阳平调，因而无论是弱化前还是弱化后，这两个后缀构成的词都不太可能发生上上变调。

另一方面，重叠形容词"好好儿[232-0]"是有可能曾经应用上上变调规则的，类似于AA式动词重叠Ⅱ中的变调方式，如"想想 232+232→53+232→53-0"。不过，较之AA式动词重叠Ⅱ中的复式，AA儿式重叠形容词的复式弱化程度较高，其底层声调已经完全弱化为"无调"的轻声调，与后缀"-家儿、-头"一致。在这种情况下，如果AA儿式重叠形容词依然应用上上变调，将会大大增加这类词在音系上的晦暗程度，而音系结构的高晦暗性会导致规则可学性变差，能产度降低。在盘上话当中，形容词AA儿式重叠构词高度能产，于是，语言使用者会对自身的音系进行调整，"叫停"表层高度晦暗的上上变调规则在这类重叠词中的应用。事实上，北京话的子尾词中上上变调规则不发挥作用应该也是相同的调整过程，我们把这一历史演化过程称作音系结构的"去晦暗化"过程。（97）给出了盘上话AA儿式重叠形容词音系上"去晦暗化"的过程，以"好好儿[232-0]"为例。

(97)	无弱化阶段	弱化阶段Ⅰ（轻音）	弱化阶段Ⅱ（轻声）
底层形式	232 232 儿	232 232 儿	232 0 儿
	↓ 上上变调	↓ 上上变调	无上上变调
	53 232 儿	53 232 儿	
		↓ 复式轻音	
		53 0 儿	
表层形式	[53-232]	[53-0]	[232-0]

可以发现，当盘上话的AA儿式重叠词发展到复式轻声的弱化阶段Ⅱ时，复式底层声调发生改变，也就是说，上上变调规则的结构描写被破坏，上上变调规则就不再应用。不过，弱化阶段Ⅰ向弱化阶段Ⅱ的过渡不是突然完成的，复式的底层声调表达不是瞬间发生变化的，正如词汇扩散理论所主张的那样，这一过程是渐进式的变化[①]。在某一个时期，弱化阶段Ⅰ的读音和弱化阶段Ⅱ的读音共存，"好好儿"有[53-0]和[232-0]两个变体形式。

对于盘上话的AA式动词重叠形式Ⅱ而言，我们认为它正处在（97）的弱化阶段Ⅰ时期，该阶段是一个过渡阶段。鉴于AA式动词重叠形式Ⅱ中复式总是强制性地轻读，我们预测这类动词重叠词也会经历"去晦暗化"的过程。不过，由于盘上话还存在AA式动词重叠形式Ⅰ（用在持续体当中），这类重叠词与AA儿式形容词一样，上声词基的重叠式中词基不发生变调，如"跑跑[232-0]"，这类动词重叠形式的存在是否会抑制动词重叠形式Ⅱ向（97）的弱化阶段Ⅱ转变，就不得而知了。

对于特征词缀构成的一系列合音词而言，上上变调规则在这些词中所经历的形态化过程比较复杂。最令人费解的地方就是弱化前原调不是上声的后缀，弱化为特征词缀后却会促发上声词基变调为阳平，例如"儿"缀、领属形式词缀"的"和"两个、五个、几个"合音词中的量词"个"等。在解开这一疑问之前，我们先从弱化前的原调是上声的"子"缀开始分析。盘上话的"子"缀弱化为一个特征后缀的过程中底层调发生以下变化：

（98）　无弱化阶段　　　　　　　/232/
　　　　弱化阶段Ⅰ（轻音）　　　/232/
　　　　弱化阶段Ⅱ（轻声）　　　/0/
　　　　弱化阶段Ⅲ（合音）　　　/53/

[①] Wang, W. S-Y. "Language Change: a Lexical Perspective". *Annual Review of Anthropology* (8), 1979, pp. 353-371.

"子"缀词在不同阶段的音系推导过程如下所示：

（99）　　　　　无弱化阶段　弱化阶段Ⅰ　弱化阶段Ⅱ　弱化阶段Ⅲ
　　　　　　　　　　　　　　（轻音）　　（轻声）　　（合音）
底层形式　　　232　232　　232　232　　232　0　　　232　53
上上变调　　　53　232　　 53　232　　 —　　　　　—
后轻读　　　　—　　　　　'53　0　　　—　　　　　—
上声变调（合音）—　　　　　—　　　　　—　　　　　53
表层形式　　　53-232　　　53-0　　　　232-0　　　53

与（97）中 AA 儿式重叠形容词中复式的演化过程类似，后缀"-子"从一个底层调为232的音节性后缀演变为一个底层调为53的特征性后缀的过程是一个渐进的过程。在某一段时期内，弱化阶段Ⅰ、弱化阶段Ⅱ和弱化阶段Ⅲ的儿缀词同时共存，词基为上声的儿缀词有四种声调形式，分别为处在弱化阶段Ⅰ的[53-0]、弱化阶段Ⅱ的[232-0]、弱化阶段Ⅲ的[53]和[232]。当前盘上话的上声子变韵词都读阳平调，那么为何弱化阶段Ⅲ（合音阶段）的子缀词会存在两种读音？原因在于个体语言使用者在选择合音后的子缀词的声调时，参照的未合音形式的子缀词的声调不同。由于弱化阶段Ⅰ和弱化阶段Ⅱ的子缀词在某段时间内共存，如果个体语言使用者选择弱化阶段Ⅰ的子缀词声调作为合音前的形式，那么合音形式的子缀词的声调就为阳平53，如果个体语言使用者选择弱化阶段Ⅱ的子缀词声调作为合音前的形式，那么合音形式的子缀词的声调就是上声232调。前者是盘上话个体说话人的选择，后者是获嘉话个体说话人的选择。

当盘上话当中双音节形式的子缀词一个个发生合音成为单音节形式、上声子变韵词的声调固定为阳平53调的时候，个体说话人开始调整自己大脑中的音系知识。根据上声词基加缀前后声调的交替情况（232与53调之间的交替），盘上话说话人对产生这种交替的音系规则有两种可能的分析。

一种分析就是参照该方言中的上上变调规则，鉴于上上变调规则同样造成上声语素或词在表层232与53的声调交替模式，可以将已经弱化为特征词缀的"子"缀的声调重新构拟为上声，上声词基与子缀发生合并时发生上上变调：词基232+"-子232"→词基53+"-子232"，随后"-子"的音系特征并入词基。在这种情况下，需要在"子"缀的次范畴信息中专门规定词基只能接纳"子"缀的音段特征，拒绝"子"缀的声调特征；否则，如果词基同时也接纳了"子"缀的声调，那么所有子变韵词的声调就会是上声。按照这种分析，盘上话子变韵词声调的推导过程如下：

(100)

	a. 上声词基		b. 非上声词基	
底层形式	232	232	X	232
上上变调	53	232	—	
合音+后缀声调删除	53		X	
表层形式	53		X	

根据这种分析，子缀的声调232如同一个"幽灵调"，在诱发上声词基的变调后随之消失。这种分析的弊端在于造成子变韵词表层音系形式的晦暗状态。

另外一种分析就是将"子"缀的声调直接构拟为阳平53，同时在"子"缀的次范畴信息中规定只有上声词基可以吸纳"子"缀的声调特征，其他调类的词基则不可以。依照这种分析，盘上话子变韵词的声调推导过程如下：

(101)

	a. 上声词基		b. 非上声词基	
底层形式	232	53	X	53
上上变调	—		—	
合音+后缀声调置换	53		X	
表层形式	53		X	

对比（100）和（101）中的推导过程，可以发现（101）的推导过程少了上上变调这一步，"-子"缀声调对上声词基声调的直接替换更为简洁，将"-子"缀的声调构拟为阳平53的分析方法使得子变韵词的音系推导过程更简洁，音系结构也更加透明。一直被称作"上声变调"的这一声调过程，实际上应该是"阳平替换上声"的声调过程。

至此，当"子"缀的底层声调由弱化前的上声调演变为阳平调，上上变调规则在盘上话的子变韵名词中完成了其形态化的进程，(102)给出了各个阶段后缀"-子"的演化情况，我们以短语层面的上上变调规则作为对比：

(102) a. 未弱化阶段

	底层形式	表层形式	示例	
短语层面	232-232	53-232	打水	53-232
词层面	232-232	53-232	椅子	53-232

b. 弱化阶段Ⅰ（轻音）

	底层形式	表层形式	示例	
短语层面	232-232	53-232	打水	53-232
词层面/词根层面	232-232	53-0	椅子	53-0

c. 弱化阶段Ⅱ（轻声）

	底层形式	表层形式	示例	
短语层面	232-232	53-232	打水	53-232
词层面/词根层面	232-0	232-0	椅子	232-0

d. 弱化阶段Ⅲ（合音）

	底层形式	表层形式	示例	
短语层面	232-232	53-232	打水	53-232
词根层面	232-53	53	椅子	53

与此同时，盘上话的其他一些后缀或虚词经过长期的音系弱化，最后同样弱化成特征词缀，如后缀"-儿"、人称代词的领属后缀"-的"、量词"个"，这些特征词缀与词基在音系上同样融合为一个音节。那么，这些合音词的声调读哪一个调？我们的推测是在合音的初期，这些弱化前为非上声调的特征词缀与词基融合后构成的单音节合音词应该是读词基的声调的，上声词基与特征词缀合音后也是读上声。

不过，子变韵词中上声词基变读阳平这一音系事实，促使盘上话说话人开始对其他特征词缀构成的合音词的声调形式进行调整，并重新分析这些特征词缀的声调。

（103）上声变调规则的类推

子变韵词	儿变韵词、动词变韵、领属形式变韵、数词+"个"合音形式
词基　子变韵形式	词基　变韵形式
232 ∶ 53	232 ∶ ?

最终，重新分析的结果是所有的特征词缀的声调都类推为53调，这些特征词缀构成的合音词中上声词基全部需要替换为特征词缀的声调53调，合音前的词基和合音形式中的词基呈现出上声232与阳平53之间的交替。这样一来，上声变调在盘上话的构词过程中的作用日益突显，上上变调规则在一系列语言内部因素和外部因素的影响下，演化为一条只在特征词缀加缀过程中应用的形态−音系规则，从后词库的短语层面深入到词库内词根层面的构词过程中。

第五节　小结

我们对盘上话当中主要的构词操作从能产度、所造之词的语义特点和音系表现这三方面进行了全面的梳理和分析，发现盘上话的构词法呈现出以下显著特点。

首先，根据生成的词在语义和音系上呈现出的不同特点，盘上话的构词操作可以分为两大类：一类构词操作能产度较低，生成的词语义组合性弱，应用的音系规则与特定的构词操作有关，如只在词基和特征词缀合音后产生的变韵词中应用的上声变调规则，这些构词操作主要涉及那些与"特征词缀"相关的变韵构词过程，如人称代词领属形式变韵、名词子变韵、名词儿变韵、动词变韵等；另外一类构词操作能产度较高，语义解读的规律性强，生成的词音系结构透明，应用的音系规则为具有音系动因的上上变调规则，这些构词操作主要包括名词化前缀"老−"、名词化后缀"−头"和"−家儿"，以及形容词重叠和动词重叠。

其次，盘上话某些派生词缀构成的词在音系和语义上有双重表现，在标准词库音系学词缀驱动的分层模式中，这些词缀既体现出词库层面Ⅰ的特点，又体现出词库层面Ⅱ的特点。这些词缀主要有前缀"圪−"和后缀

"-儿",其中前缀"圪-"的双重性最为显著。圪头名词、圪头形容词和部分圪头动词的语义组合性弱,前缀"圪-"根据词基的音系形式存在两个变体,展唇的"圪-[kiʔ³¹]"和圆唇的"骨-[kuʔ³¹]",而且这些圪头词均为双音节形式,且后一音节轻读;相反,另外一类圪头词全为圪头动词,这些词不用单列在词库内,可以在线生成,语义组合性强,前缀"圪-"不存在语素变体,双音节的圪头动词后一音节也不轻读。

  盘上话构词法所体现出的以上特点印证了我们提出的晋语区方言词基驱动的词库分层假设,盘上话词库内存在两个构词层面,以词根作为词基的词根层面和以词作为词基的词层面,这两个层面上生成的词的语段结构的不同决定了生成的词在语义和音系上的不同表现。对于有双重表现的词缀,它们与词根的位置关系不同,因此在音系和语义上的表现不同。它们可以与词根语素直接合并同处同一语段内,也可以与词根语素构成的语段(即自由词)发生合并。

  基于本章所提出的盘上话词库分层结构,我们从历时角度分析了盘上话当中构词规则在词根层面和词层面之间的移动问题,以及上上变调规则演化为上声变调规则的形态化过程。这两个问题的讨论表明词基驱动的词库分层模式除了可以对共时的形态系统加以描写和解释,还可以对形态系统的历史演化做出解释。

第五章 平遥话构词与音系的交互模式

平遥位于山西省中部，平遥话属晋语并州片，该片方言声调系统的显著特点是单字调系统中平声不分阴阳、入声分阴阳，变调模式根据是否区分阴平和阳平两调，分为两大类。我们关于平遥话词库内构词过程以及构词与音系交互过程的讨论基于侯精一先生20世纪80—90年代发表的细致描写材料[①]，必要时辅之以实地调查核实。文中平遥话语料均引自这些文献，不再一一标明出处。

从语义组合性、能产度、应用的变调规则这三个方面，本章对平遥话主要的构词操作进行了分析和讨论，分析的结果表明，平遥话词库内的构词模式与第二章我们提出的晋语区方言词库模式一致，不同的构词操作根据词基为词根还是词分别在两个层面上进行。不同类型的词因在不同构词层面生成，所以体现出不同的语义特点，采用不同的变调模式；平遥话的A类变调模式在多语段的词和短语当中应用，B类变调模式在单语段的词当中应用，阴平和阳平的中和发生在每一次语段拼出的最后一步。

第一节 平遥话的构词操作

作为典型的山西境内晋语方言，平遥话有多种重叠构词的方式。除此之外，加缀构词和复合构词也是该方言另外两种主要的构词手段。在这一节，我们扼要介绍平遥话当中主要的构词操作，从构词规则的能产度和生

[①] 本章关于平遥话中构词与音系交互关系的讨论，主要参考侯精一先生以下文章和著作中提供的语料：《平遥方言的连读变调》(《方言》1980年第1期)、《平遥方言三字组的连读变调》(《方言》1982年第1期)、《平遥方言广用式三字组的连读变调》(《方言》1982年第2期)、《平遥方言的重叠式》(《语文研究》1988年第4期)、《平遥方言民俗语汇》(语文出版社，1995年)、《现代晋语研究》(商务印书馆，1999年)。

成词的语义组合性两个角度对这些构词操作进行分析。

一、加缀构词

平遥话主要的构词前缀有"圪-[kʌʔ⁵³]""厮-[sʌʔ¹³]",构词后缀有"-儿[zʌʔ¹³]""-子[tsʌʔ¹³]"。

(一) 前缀"圪-[kʌʔ⁵³]"

平遥话的前缀"圪"在加缀的对象和表达的语法功用上,与晋语其他方言中的"圪"缀没有太大差别。"圪"不改变词基的语类特征,多加在名词性词根或动词前面,很少加在形容词性词根上。(1)和(2)分别列出了平遥话当中的圪头名词和圪头动词。

(1) 平遥话圪头名词和量词
a. 圪头名词

圪针	[kʌʔ⁵³ tʂəŋ¹³]	酸枣树上长的小刺
圪台	[kʌʔ⁵³ tʰæ¹³]	台阶
圪蚤	[kʌʔ³⁵ tsɔ⁵³]	跳蚤
圪洞	[kʌʔ⁵³ twəŋ³⁵]	小坑儿
树圪杈	[sü³⁵ kʌʔ⁵³ tsʰa³¹]	大的树枝
圆圪堆	[yE¹³ kʌʔ⁵³ twæ¹³]	圆堆
纸圪卷	[tsʅ⁵³ kʌʔ³⁵ tɕyE⁵³]	纸卷
抿圪蚪	[miŋ⁵³ kʌʔ⁵³ təu¹³]	抿床上轧出来的圆细短面条

b. 圪头量词

圪丝	[kʌʔ⁵³ sʅ¹³]	一点儿
圪撮	[kʌʔ⁵³ tsʰwʌʔ¹³]	一小撮儿
圪截	[kʌʔ⁵³ tɕjʌʔ⁵³]	一小截儿
圪丝丝	[kʌʔ⁵³ sʅ³¹ sʅ³⁵]	比"圪丝"还少
圪撮撮	[kʌʔ⁵³ tsʰwʌʔ³¹ tsʰwʌʔ³⁵]	比"圪撮"还少
圪截截	[kʌʔ⁵³ tɕjʌʔ⁵³ tɕjʌʔ³¹]	比"圪截"还短

(2) 圪头动词

a. Ⅰ类圪头动词

圪丢	[kʌʔ⁵³ tjəu¹³]	（用手或眼神）暗示
圪挑	[kʌʔ⁵³ tʰjɔ⁵³]	挑拨
圪聚	[kʌʔ⁵³ tɕy³⁵]	旧时自发联合搞生产或经商
圪夹	[kʌʔ⁵³ tɕjʌʔ¹³]	通奸

b. Ⅱ类圪头动词

圪升	[kʌʔ⁵³ ʂʅ¹³]	稍微抬起
圪团	[kʌʔ⁵³ tʰwaŋ¹³]	随意团住
圪焙	[kʌʔ⁵³ pæ³⁵]	微火烘干
圪束	[kʌʔ⁵³ swʌʔ¹³]	轻轻拍打
圪落	[kʌʔ⁵³ lʌʔ⁵³]	少量往下落
圪搬腾	[kʌʔ⁵³ paŋ³¹ tʰəŋ⁵³]	随意地搬
圪搜寻	[kʌʔ⁵³ səu¹³ ɕjəŋ¹³]	随意搜寻

（1）列出的圪头词中，词基既有黏着词根，如"蚤、台、蚪"，也有自由词根，如"洞、截"。部分圪头名词和圪头量词当中，"圪-"有表小的功能（客观的小量或主观的小称），但部分圪头名词没有明显的小称含义，如"圆圪堆"并不是小一点的圆堆，"树圪杈"反而是大的树枝。换言之，前缀"圪-"是否指小视具体词基而定，较难预测。（2）列出的圪头动词当中，词基均可单独作为动词使用。加在动词前时，"圪"的功能在于表示动作程度上的轻微随意和持续时间上的短暂，如（2b）所示，但部分圪头动词语义有明显的引申，如（2a）中的Ⅰ类圪头动词的语义偏离词根语素的本义。

与第四章的盘上话相似，平遥话中"圪"作为名词前缀的能产性很弱，多加在单音节名词性词根或动词性词根前面，圪头名词是一个封闭的集合。相比而言，"圪"作为动词前缀的能产性就很强，很多动词前面都可以附加这个词缀，既有单音节动词也有双音节动词。

(二) 前缀 "厮-[sʌʔ¹³]" ①

"厮"加在动词前表示"相互"的意思，能产度高，可以加在很多语义上满足要求的动词上面，而且构成的新词语义结构透明。例如：

(3)　　厮跟　　　　　厮咬　　　　　　厮看
　　　　[13-13]　　　 [35-53]　　　　　[31-35]
　　　　厮照护　　　　厮谨让
　　　　[31-35-53]　　[35-53-35]

(三) 后缀 "-儿[zʌʔ¹³]"

平遥话的"-儿"缀加在名词性、形容词性、动词性词根后面，构成名词，"-儿"缀的功能主要是作为名词的标记，指小功能并不突出②。例如：

(4) a.　窑儿　　　　袄儿　　　　锯儿　　　　塔儿
　　　　[13-13]　　　[53-13]　　　[35-53]　　　[31-35]
　　b.　高儿　　　　长儿　　　　黄儿　　　　供儿
　　　　[31-35]　　　[13-13]　　　[13-13]　　　[35-53]
　　　　高度　　　　长度　　　　发糕　　　　祭祀用的面点
　　c.　顶针儿　　　前院儿　　　里间儿　　　转扇儿　　　外间儿
　　　　[53-31-35]　 [13-31-35]　 [53-31-35]　 [35-53-31]　 [35-53-31]

儿缀的能产度较低，加缀的词基既有黏着词根，主要涉及那些名词性词根，也有可独立成词的自由词根，主要涉及形容词性词根和动词性词根。在语义方面，部分儿尾词泛指某一类事物，如"高儿、长儿"，但有些儿尾词特指具体的事物，如"黄儿、供儿"。

(四) 后缀 "-子[tsʌʔ¹³]"

平遥话的"-子"缀读阴入调13，独立构成一个音节，主要的形态功

---

① 关于"厮-"的声调，侯精一先生记音为"阴入13"，本书作者调查的发音人认为是一个低降的入声调31，发音人认为可能是新老派发音的区别。这种差异产生的一个可能原因在于"13"标的是"厮"的单字调，"31"则是"厮"与其他字连用时的调值。
② 平遥话中"-儿"还可以作为方位后缀，加在名词后面，表示"……里头"的意思。这种用法的儿缀构词能力强，可以加在音节数量不等的名词后面，如：心儿，耳朵儿，面盆子儿。本书仅关注儿缀构成名词的情况，暂不讨论儿缀表方位的功能。

能与普通话基本上一致，即作为名词的标记，标明所造结构的词性为名词。与普通话当中子尾词的词基多为单音节语素这一特点不同，平遥话子尾词的词基则单音节、双音节形式均有，普通话当中很多单音节词和双音节形式的复合词，在平遥话当中需要加"子"才可以独立使用，不加"子"无法独立使用，如"门子、羊子、蝇子、葱白子、羊羔子、树林子、霍乱子"。平遥话的子尾词示例如下：

(5) 平遥话子尾词
a. 双音节形式

姑子	门子	哑子	被子	橘子	席子
[31-35]	[13-13]	[53-13]	[35-53]	[31-35]	[53-13]

b. 三音节形式

被头子	炕洞子	被单子	褥单子	絮被子	被面子
[13-13-13]	[35-53-31]	[35-53-31]	[53-31-35]	[35-53-53]	[35-53-53]
媳妇子	女婿子	大伯子	霍乱子	葱白子	折叠子
[13-31-53]	[53-31-35]	[35-53-31]	[13-31-35]	[31-53-35]	[31-53-13]
豁唇子	脓水子	溜沟子	家败子	败家子	狠食子
[31-53-31]	[35-53-13]	[13-31-35]	[31-35-53]	[35-53-53]	[53-53-31]

*姑子：尼姑；门子：门；哑子：哑巴；大伯子：丈夫的哥哥；霍乱子：霍乱；葱白子：葱白；折叠子：合页；豁唇子：豁嘴的人；脓水子：窝囊废；溜沟子：拍马屁的人；家败子：不能守业的人；败家子：挥霍家财的人；狠食子：见饭狠吃的儿童。

　　由以上例词可以看出，子尾词可以指称事物，也可指称人。加在表行为动作的词基后面时，与英语后缀"-er/-or"在语法功能上有相似之处，如"折叠子、败家子"。就子尾词的语义组成而言，部分子尾词语义结构透明，如"哑子、炕洞子"，而有些子尾词的含义则是词基的引申义，需要专门记忆，如"脓水子、溜沟子"。

　　对于平遥话三音节子尾词的内部结构划分，存在[[AB]+子]和[A+[B子]]两种可能性。在"被单子、半哑子"这些词当中，"单子、哑子"在平遥话当中可以独立使用，结构似乎应该为[A+[B子]]；然而另一部分词当中，AB之间结合得更紧密，[B子]大多不可单独使用，如"媳妇子、大伯子、葱白子、霍乱子"，尤其是"豁唇子、狠食子"这些词，[AB+子]指的是具有 AB 所描述的特征的那类人，这些词支持[[AB]+子]这样的内部结构。在我们的分析当中，不否认一部分"AB 子"名词的内部结构为[A+[B 子]]，它们可能是复合构词的结果，不过，对于其他的"AB 子"名词，我们认为是加缀构词的结果，它们的内部结构应该为[[AB]+子]。在后面关于变调的讨论中，这类词的变调模式也同样支持这样的内部结构划分。

二、重叠构词

平遥话的重叠构词过程主要有名词重叠 AA 式、名词重叠 ABB 式、动词重叠 AA 式、动词重叠 ABAB 式。形容词重叠词在地道的平遥本地话当中并不常用，多为学生所使用，因此我们不做讨论。

（一）名词重叠 AA 式

平遥话当中名词重叠 AA 式可实现多项形态功能。首先是表小的功能，单音节的名词、子尾名词或儿尾名词是对事物的统称，重叠形式则指称同类事物中较小的，例如：

（6）　　统称　　　小称
　　　　刀儿　　　刀刀　　[31-35]　　削水果用的小刀儿
　　　　渠　　　　渠渠　　[13-13]　　小渠
　　　　椅子　　　椅椅　　[53-13]　　小椅子
　　　　罐子　　　罐罐　　[35-53]　　小罐子
　　　　窑儿　　　窑窑　　[13-13]　　墙上的凹洞，放油灯、杂物用

其次，与"子"缀作用一致，可以作为名词的标记，动词性词根或形容词性词根重叠后作为事物的名称，例如：

（7）　　擦擦　　　[31-35]　　小擦子
　　　　塞塞　　　[31-35]　　小塞子
　　　　挠挠　　　[13-13]　　去瓜皮的工具
　　　　红红　　　[13-13]　　胭脂
　　　　甜甜　　　[13-13]　　玉米秆儿、高粱秆儿有甜味的那一段

　　　　大大　　　[35-53]　　排行第一的孩子
　　　　浅浅　　　[53-13]　　周边较浅的类似于箩筐的用具

此外，某些语素重叠后专门指称与词根语素有语义关联的某一类事物。例如：

（8）　水水　　　[53-13]　　菜汤
　　　　票票　　　[35-53]　　钞票
　　　　料料　　　[35-53]　　毒品
　　　　谱谱　　　[53-13]　　门道

在以上名词重叠词中，词基重叠后究竟表达哪一种形态功能是无法预测的，重叠词具体的含义也是无法预测的，语言使用者除了参考词基的语义内容，还需要参考重叠词出现的具体环境，重叠词的语义需要语言使用者专门记忆。

（二）名词重叠 ABB 式

在这种形式的重叠名词中，AB 往往能够表达完整独立的含义，但缺乏音系上的独立性，很多时候不可单独使用；一部分 ABB 词当中 BB 可独立使用，但有些 ABB 词当中 BB 不可独立成词。如果将 ABB 式重叠名词与相对应的 AB 名词（或动词）、AB 子名词或 AB 儿名词加以对比，可以发现作为名词重叠的一种形式，ABB 重叠式与名词 AA 重叠式发挥的形态功能大致相当，一是标记词类的作用，即明确界定所造语素结构的形态范畴为名词；二是指小的功能，作为名词的小称形式。（9）和（10）给出了分别对应这两类语法功能的 ABB 式重叠名词。

（9）重叠作为名词的标记

a.　手巾巾　　　牙刷刷　　　把手手　　　门转转　　　侧刀刀
　　[53-31-35]　[13-31-35]　[53-53-31]　[31-53-13]　[13-31-35]
　　地方方　　　媳妇妇　　　黄昏昏　　　阴凉凉　　　兄弟弟
　　[35-53-31]　[13-31-53]　[13-31-35]　[31-53-35]　[13-31-53]

b.　孝顺顺　　　卜来来　　　耳挖挖　　　暮生生　　　圪搓搓
　　[35-53-31]　[35-53-13]　[53-31-35]　[35-53-31]　[53-31-35]

*门转转：老式门上的插门轴的圆洞；侧刀刀：偏旁；阴凉凉：阴凉地儿；孝顺顺：类似于老人乐的挠痒器具；卜来来：子了；耳挖挖：掏耳朵的小工具；暮生生：遗腹子；圪搓搓：面食，搓鱼儿。

以上例词中，ABB式重叠发挥的功能在于构成名词。(9a)中的词，AB大多不可独立使用，只有重叠第二个语素B之后才可以构成名词使用。而且很多词当中AB之间并不是修饰语与中心语的关系，而是并列关系，如"衣裳裳""黄昏昏""阴凉凉""兄弟弟"。(9b)中部分词由AB动词重叠而来，如"孝顺顺""卜来来""圪搓搓"分别由"孝顺""卜来"（分音词，摆动的意思）和"圪搓"重叠后构成名词。

就(9)所给例词的语义解读而言，部分重叠名词的含义以词基AB为基础，如"牙刷刷""媳妇妇"，部分重叠名词的意义仅仅与词基AB有关联，具体的指称不好预测，需要参考我们的百科知识，如"阴凉凉""暮生生""孝顺顺"等。

(10) 重叠作为小称标记

困水	[35-53]	困水水	[35-53-53]	雨后残留在洼处的积水
石板	[53-53]	石板板	[53-53-35]	小而薄的石板
笸箩	[53-13]	笸箩箩	[53-31-35]	小的笸箩
树皮	[35-53]	树皮皮	[35-53-31]	小树的皮
照壁	[35-53]	照壁壁	[35-53-31]	小的影壁墙
树圪杈	[35-53-31]	树杈杈	[35-31-35]	小的树杈
树叶子	[35-53-35]	树叶叶	[35-53-53]	小树的叶子
牛犊儿	[35-53-35]	牛犊犊	[35-53-13]	对小牛的爱称
秤杆子	[35-53-13]	秤杆杆	[35-53-53]	小秤的秤杆
木橛子	[35-53-13]	木橛橛	[53-53-31]	小的木头橛子

在(10)给出的词当中，ABB式重叠名词是对应的AB式、"AB子"式、"AB儿"式名词的小称形式，通过重叠AB中的第二个语素来表达小称的概念，如"石板板"要比"石板"小而薄，"秤杆子"是秤杆的统称，而"秤杆杆"是小秤的秤杆儿。就语义的可预测性而言，(10)中的重叠名词要比(9)中的重叠名词可预测性强，发挥指小功能的重叠式要比发挥名物

化功能的重叠式的语义组合性强。然而总体上来说，与前面讨论过的AA式重叠名词一样，ABB式重叠名词究竟是指称某一事物，还是作为小称形式，并不好预测。

综合（9）和（10）给出的ABB式名词当中词根语素A与词根语素B之间的语义关系以及ABB式名词与对应的AB式名词、"AB子"式名词、"AB儿"式名词之间的语义关系，我们认为ABB式重叠词的形态结构为[[AB]+B]，而不是[A+[BB]]，也就是说，ABB式名词的生成过程为语素A和语素B先合并，然后B再重叠①。可以将复式（即第二个B）视作一个后缀，形态功能之一在于标记AB作为名词的语类特征，相当于"子"缀，如"阴凉凉""圪搓搓"，形态功能之二在于表达小称的概念，如"树叶子~树叶叶""牛犊儿~牛犊犊"。ABB式重叠名词与AA式重叠名词的重叠机制一样，复式选择复制与之相邻的语素的音系内容：

（11）AA式名词重叠机制

　　　　[A]　　　RED　　　→　　　[A+A]
　　　　 └──复　制──┘

（12）ABB式名词重叠机制

　　　　[A B]　　　RED　　　→　　　[AB+B]
　　　　　 └──复　制──┘

（三）动词AA式、ABAB式重叠

平遥话单音节动词和双音节动词均可以重叠，重叠的能产度高，重叠形式表示动作的短时性和反复性，或者说话人主观上的随意性。与第四章讨论的盘上话不同的是，平遥话的单音节动词重叠式中间可以插入"一"，不过插入前后意义并没有改变。(13)列举了平遥话的动词重叠式，(13a)为单音节动词重叠式，(13b)为双音节动词重叠式，(13c)为圪头动词重叠式：

---

① 不过，与"AB子"式一样，不可否认的一个事实就是，一部分ABB式名词的内部结构应该是[A+[B+B]]，即通过复合构词生成。

(13) 平遥话动词重叠词

a. 　　搬搬　　尝尝　　躲躲　　谋谋　　擦擦　　择择
　　[35-31]　[35-51]　[53-53]　[53-31]　[35-31]　[53-53]

b. 　开导开导　　　　提拔提拔　　　　洗涮洗涮
　[31-53-31-53]　　[35-53-35-53]　　[53-35-53-35]
　问讯问讯　　　　拾掇拾掇　　　　掐算掐算
　[35-53-35-53]　　[53-13-53-13]　　[31-35-31-35]

c. 　圪搬圪搬　　　　圪尝圪尝　　　　圪躲圪躲
　[53-13-53-31]　　[53-13-53-31]　　[53-53-53-53]
　圪谋圪谋　　　　圪切圪切　　　　圪择圪择
　[53-35-53-31]　　[53-13-53-13]　　[53-53-53-53]

三、复合构词

与盘上话一样，我们主要讨论平遥话的双音节基础复合词，不讨论合成复合词，此外，动补式复合词也暂不讨论。平遥话中基础复合词的类型与普通话一致，按照传统的分类法，主要有主谓式、动宾式、动补式、偏正式和并列式这五类复合词。（14）列出除动补式外的每类复合词对应的例词。

(14) 平遥话基础复合词

主谓式　　耳背　　耳聋　　气喘　　鼻塞
　　　　[53-35]　[53-13]　[35-53]　[53-13]
动宾式　　逃难　　留学　　害眼　　败火　　解毒
　　　　[31-35]　[35-53]　[35-53]　[35-53]　[35-53]
偏正式　　轻银　　铅笔　　葱花　　睡说　　娇养
　　　　[31-35]　[31-35]　[31-35]　[35-53]　[31-53]
并列式　　红活　　夫妻　　直正　　支使　　倒冲
　　　　[35-53]　[31-35]　[53-35]　[31-53]　[35-53]

*害眼：闹眼病；轻银：铝；睡说：说梦话；娇养：娇生惯养；红活：热闹；直正：正直；倒冲：丢弃。

在这五类复合词当中，偏正式和并列式复合词数量最多，动宾式复合词和主谓式复合词数量最少。能产度高的是偏正式的名词复合词。主谓式复合词和动宾式复合词具有双重的形态-句法表现，既表现出短语的特点，同时又体现出词的特点，这是汉语中这两类动词性复合词的普遍特点。平遥话不同类型复合词最突出的特点就是复合词内部构成成分的语法关系不同，连读变调的模式也不相同，阴平和阳平两调的对立情况也有所不同，下一节会有详细的讨论。

第二节　平遥话构词过程中的声调变化

在构词与音系的交互中，不同类型的形态操作诱发的音系过程会有所差异。在平遥话当中，构词与音系的交互呈现出的一个突出特点就是变调规则似乎对不同类型的词缀、复合词的语法结构、重叠词的词类等形态-句法信息高度敏感，不同类型的词缀构成的派生词应用不同类型的变调规则，不同结构类型的复合词对应不同的变调规则，词类不同的重叠词应用的变调规则也不相同。因此，在有些学者看来，平遥话的连读变调模式可以视作音系规则直接参照形态-句法结构信息的典型例证[①]。

一、平遥话单字声调系统和底层声调系统

在对平遥话不同构词过程中发生的声调变化进行讨论之前，首先确定平遥话的底层声调系统，厘清底层调、表层调和单字调之间的关系。在未厘清三者间关系之前就断言某两个声调之间存在推导关系只会导致问题的复杂化，掩盖变调真正的音系机制。在分析方言中的变调过程时不能只关注本调到变调的生成方式，变调过程的另外一种可能解读就是"本调与变调是在习得过程中逐渐在词库中列举产生的"[②]。

汉语传统的方言和音韵研究中，"变调"往往指一个语素在与其他语素

[①] 张洪明从平遥话连读变调字组内部的形态——句法结构的不同来分析不同的变调模式，详见：Zhang H.-M. *Topics in Chinese Phrasal Tonology* (1992, Ph.D. dissertation, UCSD) 和《形态句法研究的c-统制视角》(《方言》2008年第4期)。
[②] 张杰：《汉语方言变调系统的能产性与其理论分析》，《当代语言学》2014年第3期，第273—287页。

进行组合时，声调较之单字调发生变化；也就是说，所谓的"变调"是以单字调为参照物而言，隐含的意思就是"变调一般是由单字调生成的"[①]。然而事实上，"变调"与单字调之间的关系十分复杂，它们属于不同的音系层面，有着本质上的不同，绝非后者在复杂词或短语中变为前者的简单关系。在具体方言当中，"变调"不一定是实际发生变化的那个调，单字调也未必就是底层调，单字调和"变调"之间并非生成与被生成的关系，确定"变调"、单字调和底层调三者之间的关系需要参照具体的音系过程中"变调"和单字调的交替模式和分布情况。如果发生所谓的"变调"，即语素单念时的声调不同于与其他语素组合使用时的声调，这意味着某一个底层调在表层有多个实现形式，单字调和"变调"在共时层面均为该底层调的表层实现形式。理论上来讲，底层调（Underlying Tone = UT）与作为表层形式（Surface Tone = ST）的单字调（Citation Tone = CT）和"变调"（Sandhi Tone = Sd.T）之间存在以下可能的对应关系：

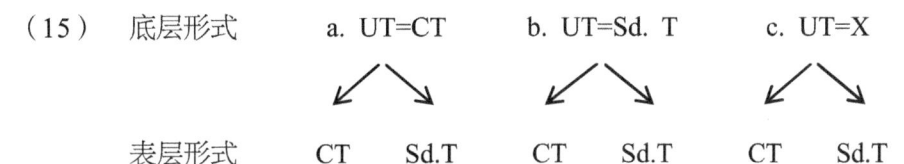

（15） 底层形式　　a. UT=CT　　b. UT=Sd. T　　c. UT=X

　　　　　　　　　↙　↘　　　↙　↘　　　↙　↘

表层形式　　　CT　　Sd.T　　CT　　Sd.T　　CT　　Sd.T

第一种情况中，底层调与单字调一致，"变调"是真正意义上的变调；第二种情况中，底层调与"变调"一致，真正发生变化的是单字调，而不是"变调"；第三种情况中，底层调既不同于单字调，也不同于"变调"，另有他调，单字调和"变调"均为变调。

平遥话共有五个单字调，见表5.1[②]：

表5.1 平遥话单字调

平声	上声	去声	阴入	阳入
13	53	35	13ʔ	53ʔ

[①] 王福堂：《汉语方言语音的演变和层次》，北京：语文出版社，1999年，第163页。
[②] 阴入和阳入两个调的单字调调值实际为23和54，侯精一先生在变调分析中出于醒目的考虑标为13和53，与平声和上声的单字调调值相同。其实在实际的变调过程中，这两个入声调的变调行为也同样表明它们应该与平声（准确地讲是阴平）和上声归为一类。关于这点，后面会有详细讨论。

平遥话阴平调的底层调、表层调和单字调体现为（15b）中的对应关系。在单字调当中，阴平和阳平的对立发生中和，合并为一个声调13，但是在与其他语素组合后构成的特定类型的复杂词当中（子尾词、偏正复合词等），阴平调和阳平调的对立得以维持，各自有不同的变调行为；在这类双音节词的前一音节位置上，阴平调始终体现为31调，因而可以得出在底层声调系统当中，阴平和阳平还是两个不同的底层调。此外，在具体的变调过程当中，阴入与阴平的变调行为一致，阳入与上声的变调行为一致，据此可以将这两个入声调分别视作阴平和上声这两个舒声调在入声音节中的变体形式。综合这些事实，初步的推论是，平遥话的底层声调系统中应该有四个声调，见表5.2：

表5.2 平遥话底层调

T_1	T_2	T_3	T_4
阴平、阴入	阳平	上声、阳入	去声
31	13	53	35

根据以上构拟的平遥话底层声调系统，可以较为合理地解释平遥话当中阴平调和阳平调之间的中和与对立、不同类型的词采用的不同变调模式以及一些特殊结构的三音节词的变调模式。

二、双音节词中的三类变调模式

将单字调作为基础调的前提下，侯精一先生将平遥话两字组结构的连读变调模式归纳为三类，这三类变调模式的区分与语素之间的结构关系密切。

A类变调： 动宾式两字组　　主谓式两字组
B类变调： 名词重叠式　　　儿尾名词　　　　子尾名词
　　　　　偏正式两字组　　并列式两字组　　动补式两字组
C类变调： 动词重叠式

这三类变调模式之间最重要的一个区别就是A类和C类变调模式不区分阴平和阳平两调，B类变调模式在多数情况下能够区分前字为阴平还是阳平。表5.3、表5.4、表5.5、表5.6分别给出了这三类变调模式中不同声调连读时的变调规则。

表5.3 平遥话A类变调

	平声13	阴入13	上声53	阳入53	去声35
平声13	13-13	13-13	35-53	35-53	31-35
阴入13	13-13	13-13	35-53	35-53	31-35
上声53	53-13	53-13	35-53	35-53	53-35
阳入53	53-13	53-13	35-53	35-53	53-35
去声35	13-13	13-13	35-53	35-53	31-35

在A类变调模式当中，阴平和阳平变调模式一致，此外阴入和阳入的变调模式与阴平和上声的变调模式一致，据此可以认为这两个入声调分别是阴平和上声两个舒声调在喉塞尾收尾的入声音节中的声调变体。

在B类变调模式当中，我们区分非重叠词的变调模式（用B1表示）和名词重叠词的变调模式（用B2表示）。表5.4为非重叠词的B1类变调模式，表5.5为名词重叠词的B2类变调模式。

表5.4 平遥话B1类变调（偏正式、并列式复合词，子尾词，儿尾词）

	平声13/31	阴入13	上声53	阳入53	去声35
阳平13	13-13	13-13	35-53	35-53	31-35
阴平31	31-35	31-35	31-53	31-53	31-13
阴入31	31-35	31-35	31-53	31-53	13-13
上声53	53-13	53-13	53-53	53-53	53-13
阳入53	53-13	53-13	35-53	35-53	53-35
去声35	35-53	35-53	35-53	35-53	35-53

表5.5 平遥话B2类变调（名词、量词重叠词）

	阴平+阴平	阳平+阳平	上+上	去+去	阴入+阴入	阳入+阳入
底层调	31-31	13-13	53-53	35-35	31-31	53-53
表层调	31-35	13-13	53-13	35-53	31-35	53-13
例词	哥哥	肠肠	手手	树树	豁豁	盒盒

名词重叠词中，除上声叠词和阳入叠词的变调行为表现特殊外，其他调类的重叠词的变调行为与非重叠词的变调行为一致。

表5.6　平遥话C类变调（动词重叠词）①

	平声+平声、阴入+阴入	去声+去声	上声+上声、阳入+阳入
底层调	13–13、31–31	35–35	53–53
变调	35–31	53–31	53–53
例词	搬搬　尝尝　切切	谋谋	躲躲　捏捏

　　平遥话动词重叠词变调比较特殊，前字声调均为高调（35或53），后字声调除上声叠词和阳入叠词为高降调53外，其他均为低降调31。这个低降调31更像是轻声，尤其是在平声叠词、阴入叠词当中（如搬搬、缝缝、切切），第二个音节有轻读的倾向。

　　基于我们所构拟的平遥话底层声调系统，首先分析阴平调31和阳平调13在不同变调模式当中的对立和中和。从阴平、阳平两调的分布情况来看，阴平和阳平中和后的单字调13出现的位置比较自由；相反，我们构拟的阴平调底层形式31在表层可以出现的位置十分受限。在应用A类变调模式的双音节结构当中，13调既可作为前一音节的表层调，也可作为后一音节的表层调；只有当后一音节声调为去声35时，前一音节才会出现31调。在应用B类变调模式的双音节词当中，31调大多时候出现在前一音节为阴平（即阴平+X）的双音节词当中，而且只出现在前一音节当中，从不出现在后一音节当中（即词末位置上）。根据13调和31调在不同类型的词和短语当中的分布情况，我们提出平遥话当中存在这样一条声调的中和规则：

（16）阴平、阳平中和规则：阴平和阳平在词末位置上中和为阴平调。

　　　31→13/__#

　　在应用A类变调的动宾结构和主谓结构当中，阴平、阳平中和规则以每一个构成成分作为作用域，因此前一音节和后一音节当中均出现中和

---

① 对于平遥话当中单音节动词重叠式的变调模式，侯精一先生1980年的文章《平遥方言的连读变调》和1988年的文章《平遥方言的重叠式》中给出的变调形式并不一致，即使在1980年文章中，同一组声调在文章的不同地方给出的变调形式也不一致，在同时收录这两篇文章的《现代晋语的研究》一书中（分别为第237—239页和第368页），也是不一致的。表5.6中给出的动词变调模式是向其他发音合作人核实后的结果，与1980年的文章《平遥方言的连读变调》中第12页给出的变调模式一致。

调 13；在应用 B 类变调的子尾词、儿尾词、名词重叠词以及偏正式、动补式、并列式结构当中，阴平、阳平中和规则以整个的双音节结构作为作用域，因此中和调 13 只出现在后一音节当中。这意味着中和规则（16）将动宾结构和主谓结构当中的每一个构成成分视作一个音系域。也就是说，对于阴平、阳平中和规则而言，双音节的动宾结构和主谓结构由两个音系域构成，而双音节的偏正结构、动补结构、并列结构与子尾词、儿尾词和名词重叠词一样，不是由两个音系域构成，它们整体上构成一个音系域。

平遥话阴平、阳平中和规则对动宾结构和主谓结构的处理方式符合这两类结构在形态-句法结构中的双重表现，如"伤心"既可以作为词（如：妈妈伤心了），也可以作为动宾短语（如：她伤了妈妈的心）。这两类结构的构成成分之间的黏合度比较低，往往被某些音系规则视作两个独立的音系作用域，如词重音规则。这一点在我们讨论的另外两种方言盘上话和神木话当中也有体现，在这两个方言当中，除了一些高度词汇化的动宾结构复合词，很多动宾结构复合词往往抵制与词重音有关的轻读规则的应用。

接下来，根据上文构拟的平遥话底层声调，我们对平遥话当中 A 类变调模式和 B 类变调模式之间的差异进行讨论。不过，我们仅关注这两类变调模式总体上体现出的差别，如在变调的自然度、变调过程的透明度等方面的差异，对于每一个具体的变调过程中涉及的声调特征的扩散、删除、联结以及扩散和联结的方向性问题，尤其是 B 类变调模式涉及的一系列缺乏明显的音系动因的变调过程，我们不做深入探讨。

关于 A 类变调模式的变调机制，在以单字调作为底层调或参照调的前提下，包智明基于他提出的声调表征理论采用三条变调规则来进行解释，这三条规则分别为调域降低规则、曲拱换位规则和调域扩散规则，具体内容表述为（17）—（19），其中 T=声调，r=调域，c=曲拱，H=高调域，L=低调域，l-h 为升调，h-l 为降调[①]。

---

① Bao, Zhi-ming. *On the Nature of Tone*. Ph.D. dissertation, MIT, 1990.

(17) 调域降低规则：如果两个声调均为升调，前一个声调的调域特征由高变低。

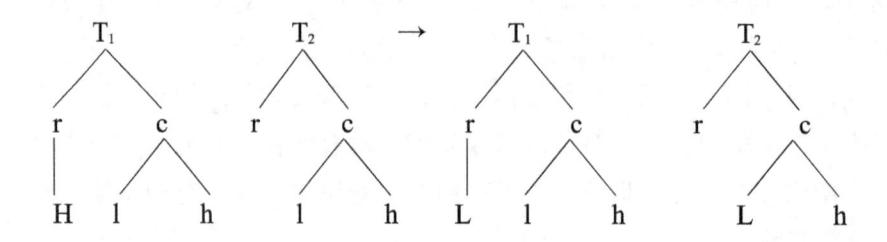

```
   T₁          T₂      →      T₁          T₂
  /  \        /  \           /  \        /  \
 r    c      r    c         r    c      r    c
 |   / \    / \   |         |   / \    / \   |
 H  l   h  l   h            L  l   h  l   h   L
```

（此处图中最后一组为 L ... h 形式）

(18) 曲拱换位规则：如果两个曲折调曲拱相同，且后一个声调为高调域声调，那么调换前一个声调的曲拱形式。

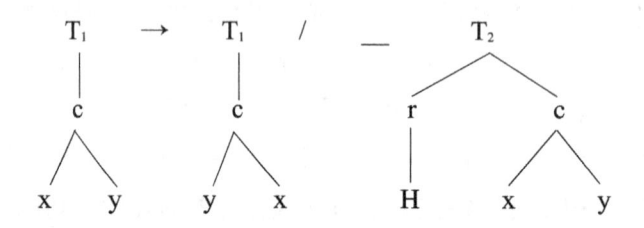

```
   T₁     →    T₁       /  ___    T₂
   |          |                  /  \
   c          c                 r    c
  / \        / \                |   / \
 x   y      y   x               H  x   y
```

(19) 调域扩散规则：如果前一个声调为升调，后一个声调的调域特征扩散至前一个声调上。

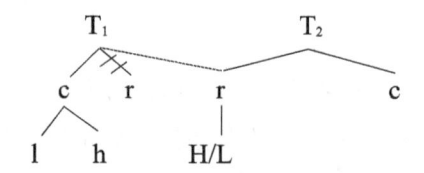

```
         T₁              T₂
        / \×            /  \
       c   r           r    c
       |              / 
       l   h         H/L
```

这三条规则的应用有严格的先后顺序：调域降低规则＞曲拱换位规则＞调域扩散规则。

(20) 平遥话A类变调的推导过程[①]：

底层形式	13–53	35–13	35–35	53–53
调域降低	—	13–13	13–35	—

---

① Bao, Zhi-ming. *On the Nature of Tone*. Ph.D. dissertation, MIT, 1990.

曲拱换位	—	—	31-35	35-53
调域扩散	35-53	—	—	—
表层形式	35-53	13-13	31-35	35-53

调域降低规则应用在先，曲拱换位规则在后，这样才能确保35-35先变为13-35再变为31-35；调域扩散规则最后应用，这样能确保13-35变为31-35，而不是53-35。

陈渊泉认为平遥话的两字组A类变调模式是典型的异化变调，他将包智明提出的三条变调规则合并为两条，曲拱换位规则保留，调域降低规则和调域扩散规则则合并为一条调域合并规则[①]：

(21) 调域合并规则：

降调前的升调升至高调域，升调前的升调降至低调域。

陈渊泉使用的变调规则数量较少，而且他认为调域合并规则具备一定的语音基础，可以解释为"音高预先调整效应"，即在准备发降调之前会预先调整音高至高调域，在准备发升调之前会预先把音高降低。

无论是包智明通过变调规则之间的排序还是陈渊泉从发音过程的自然度做出的解释，平遥话的A类变调通过常见的声调变化机制是可加以概括的，如调域的扩散、OCP引起的调形的异化，这类变调过程涉及的规则并不复杂，具备音系上的自然性。然而，对于B类变调模式涉及的变调机制，却鲜有学者尝试进行分析，原因在于B类变调过程中存在很多不自然、不可预测的绝对中和规则，很难为这些绝对中和规则找到合理的动因，目前已有的分析主要在优选论的框架内通过制约条件的排序来处理[②]，这里不再赘述。

根据我们构拟的平遥话底层调形式，(22) 重新给出了B类变调模式中不同声调组合后发生的变化。

[①] Chen, M. "Tonal Geometry-a Chinese Perspective". In C.-T. James Huang and Y.-H. Audrey Li (eds.), *New Horizons in Chinese Linguistics*, 1996, pp. 49-95, Dordrecht: Kluwer Academic Publishers.

[②] 刘佳、简悦：《平遥话两字组连读变调的优选论分析》，《汉语学报》2012年第1期，第44—49页。

(22) 平遥话B类变调：

/31-13/→31-35	/13-13/→13-13	/53-13/→53-13	/35-13/→35-53
/31-31/→31-35	/13-31/→13-13	/53-31/→53-(31)13①	/35-31/→35-53
/31-53/→31-53	/13-53/→35-53	/53-53/→53-53 /53ʔ-53/→35ʔ-53	/35-53/→35-53
/31-35/→31-13 /31ʔ-35/→13ʔ-13	/13-35/→31-35	/53-35/→53-35	/35-35/→35-53

在B类变调中，阴平31和阴入31ʔ的变调模式、上声53和阳入53ʔ的变调模式在大多时候是一致的，但也有不一致的情况，/阴平-去声 31-35/的变调结果为[31-13]，而/阴入-去声 31ʔ-35/的变调结果为[13-13]；/上声-上声 53-53/不变调，/阳入-上声 53ʔ-53/变调为[35-53]。

通过比较A类变调模式和B类变调模式，可以发现A类变调模式为前变型，仅前一声调发生变化，B类变调模式中，多数情况下为后字变调，仅/31ʔ-35/、/13-53/、/13-35/、/53ʔ-53/为前字变调。此外，B类变调过程中涉及的变调规则较多，很多声调组合发生的变化似乎不存在什么合理的音系上的动因。从（22）列出的变调过程中，可以总结出B类变调模式涉及以下变调规则：

(23) 高调域曲折调的曲拱换位：如果出现两个相同的高调域曲折调，调换其中一个曲折调的曲拱形式。

/53-53/→35-53，/35-35/→35-53

(24) 升调曲拱换位：调域不同的两个升调连读，调换低调域升调的曲拱。

/13-35/→31-35, /35-13/→35-31(→35-53)

(25) 高升调调域特征顺向扩散：高升调35扩散高调域特征至后面的声调。

/35-31/→35-53, /35-13/→(35-31)→35-53

---

① 上声+阴平的实际变调结果为/53-31/→53-31，即没发生变调，但31调在词末位置上需要中和为13调，因此最后的表层声调形式为53-13。这从ABB式重叠词的声调形式可以看出来，比如手巾巾（上声-阴平-阴平）最后的变调形式为[53-31-35]，而不是[53-13-35]（"巾巾"先变调然后"手巾"变调）或[53-13-13]（"手巾"先变调然后"巾巾"变调）。

（26）高降调调域逆向扩散：高降调扩散高调域特征至前面的升调。

/13-53/→35-53

这几条声调的异化和同化规则只能解释一部分 B 类变调过程，而且个别变调规则仅仅适用于单独一个声调组合而不是一类声调组合，如（26）中的高降调调域逆向扩散仅应用于/13-35/这个声调组合。也就是说，B 类变调涉及的变调规则预测力度较低，仅适用于特定的声调组合，无法解释所有的变调过程。值得一提的是，前一声调为 31（阴平和阴入）的声调组合，如下所示：

（27）a.   /31-13/→31-35

    /31-31/→31-35

  b.   /31-53/→31-53

  c.   /31-35/→31-13

    /31ʔ-35/→13ʔ-13

在这类声调组合当中，前一声调 31 大多情况下不变调，（27a）变调后的形式统一体现为[31-35]，但是（27c）中底层形式本身为/31-35/的声调组合却变调为[31-13]，诱发这种连环式变调的动因并不明朗。

通过以上对平遥话双音节结构当中两类变调模式的分析和讨论，可以总结出这两类变调模式之间存在如下差异：

A 类变调模式：

1）阴平、阳平中和之后开始应用；

2）仅前一声调变调，后一声调不变；

3）变调的音系动因明确，语音上比较自然，变调规则少，推导过程比较简单、透明；

4）作用对象：动宾结构、主谓结构、"厮+动词"。

B 类变调模式：

1）阴平、阳平中和之前开始应用；

2）多数情况下后一声调变调，前一声调少数变调；

3）涉及的变调规则数量较多，个别变调规则仅对应特定的声调组合，存在绝对中和规则和连环式变调，变调的音系动因不明；

4) 作用对象：并列结构、偏正结构、子尾词、儿尾词、名词叠词等。

三、AB子式、ABB式三音节名词的变调模式

平遥话三字组结构的连读变调区分专用式和广用式，ABB式三音节名词采用专用式变调模式，AB子式则采用与偏正式、并列式三字组结构相同的广用式变调模式，其中并列式三字组为"1+1+1"的结构，偏正式三字组则区分"2+1"和"1+2"两种结构，"2+1"模式的偏正式结构采用哪类变调模式与前两字的结构有关，前两字为动宾结构、主谓结构的三字组偏正结构则先应用两字组A类变调后应用两字组B类变调，前两字为偏正结构、并列结构或其他结构的三字组则依次应用B类变调。我们把偏正式、并列式和AB子式三字组统称为B类三字组结构。

在接下来的讨论中，为区分AB子式中的词根语素A、B和平遥话当中A类结构（动宾式、主谓式结构）、B类结构（并列式、偏正式、动补式和其他格式的结构），我们将AB子式名词中的AB加下划线$\underline{A}$、$\underline{B}$表示词根语素A和B，不加下划线的A和B则表示A类结构和B类结构，或者A类变调和B类变调。

根据之前陈渊泉和张洪明的分析，平遥话B类三字组结构遵循从左至右划分变调域，这类结构当中变调规则应用的模式如下所示[①]：

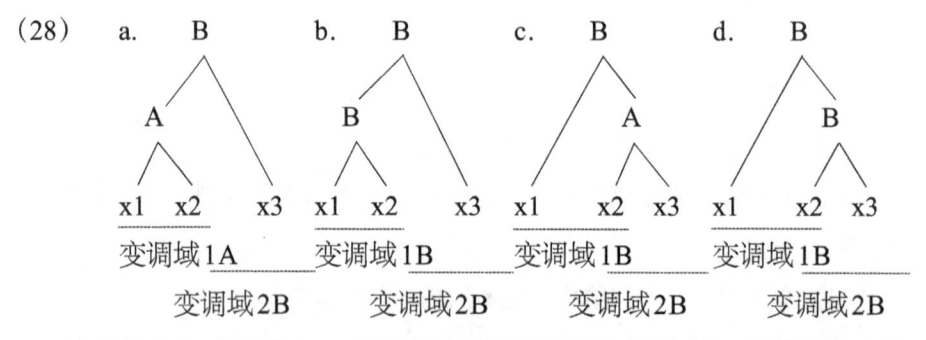

(28)　a.　　B　　　　b.　　B　　　　c.　　B　　　　d.　　B
　　　　　／＼　　　　　　／＼　　　　　　／＼　　　　　　／＼
　　　　 A　　＼　　　　 B　　＼　　　　 A　　＼　　　　 B　　＼
　　　　／＼　　＼　　　／＼　　＼　　　／＼　　＼　　　／＼　　＼
　　　x1　x2　 x3　　 x1　x2　 x3　　 x1　x2　 x3　　 x1　x2　 x3
　　　￣￣￣￣　　　　￣￣￣￣　　　　￣￣￣￣　　　　￣￣￣￣
　　　变调域1A　　　　变调域1B　　　　变调域1B　　　　变调域1B
　　￣￣￣￣￣￣￣　￣￣￣￣￣￣￣　￣￣￣￣￣￣￣　￣￣￣￣￣￣￣
　　　变调域2B　　　　变调域2B　　　　变调域2B　　　　变调域2B

在此基础上，我们对$\underline{AB}$子式名词的变调过程加以分析。前面根据后缀

[①] 关于不同形态-句法结构中变调域的划分，参见：M. Chen. "What Must Phonology Know About Syntax?" (1990, *The Phonology-Syntax Connection*, University of Chicago Press) 和张洪明《形态句法研究的c-统制视角》(《方言》2008年第4期)。

"-子"表达的语法功能分析了 AB 子式名词的内部结构，提出该类名词的内部结构应该是[[AB]+子]，即两个词根语素先复合然后再整体添加后缀"-子"，在结构上相当于"2+1"模式的偏正式三字组。"2+1"结构的偏正式三字组的变调模式有两种，如下所示：

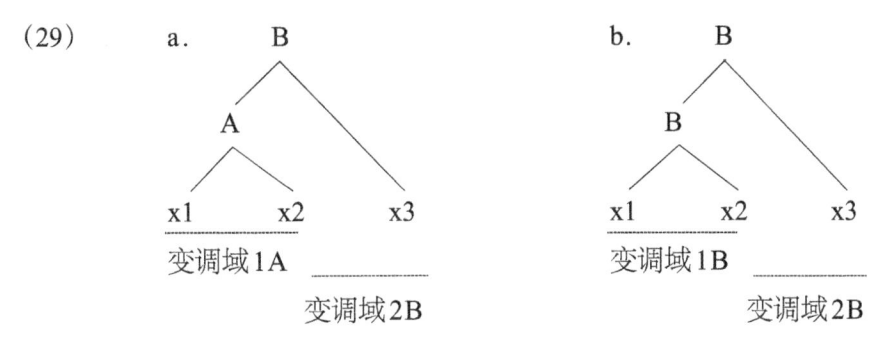

（29） a.

```
        B
       /|\
      A  \
     /\   \
    x1 x2  x3
    变调域1A
    _____
        变调域2B
```

b.

```
        B
       /|\
      B  \
     /\   \
    x1 x2  x3
    变调域1B
    _____
        变调域2B
```

（29a）的三字组偏正式结构当中，前两个成分 x1、x2 之间的关系体现为动宾式或主谓式（A 类结构），如"迎春花[13-31-35]""植树节[31-35-53]"，在这类结构当中，两字组 A 类变调先在（x1-x2）形成的变调域当中应用，然后 B 类变调再在（x2′-x3）形成的变调域当中应用，以"植树节"为例：

（30）底层形式　　　A 类变调　　　B 类变调　　　表层形式
　　　/31-35-31/　　31-35-31→　　31-35-31→　　31-35-53

（29b）的三字组偏正式结构当中，前两个 x1、x2 构成并列式、偏正式等 B 类结构，在这类结构当中，两字组 B 类变调从左至右循环应用，以"黄豆饼[31-35-53]"为例：

（31）底层形式　　　B 类变调　　　B 类变调　　　表层形式
　　　/13-35-53/　　31-35-53→　　31-35-53→　　31-35-53

但是，对于 AB 子式名词而言，无论 A、B 之间的关系是动宾式、主谓式，还是偏正式、并列式，都采用 B 类变调规则从左至右循环应用的模式，即上面（29b）的三字组结构采用的变调模式。我们首先分析 AB 为动宾结构的 AB 子式名词的变调过程。

（32）　　A类结构+子

		败家子	蒸饺子	蒸茄子
		/35-31-53①/	/31-53-31/	/31-13-31/
a.	B类变调	35-<u>53</u>-53	31-<u>53</u>-31	31-<u>35</u>-31
	B类变调	35-<u>53</u>-53	31-<u>53</u>-31	31-<u>35</u>-53
	表层形式	35-53-53	31-53-13	31-35-53
b.				
	A类变调	<u>13-13</u>-53	<u>35-53</u>-31	<u>13-13</u>-31
	B类变调	<u>13-13</u>-53	<u>35-53</u>-31	<u>13-13</u>-31
	表层形式	*13-35-53	*35-53-13	*13-13-13
	实际形式	35-53-53	31-53-31	31-35-53

在上面给出的 <u>AB</u> 子式名词当中，<u>A</u>、<u>B</u> 之间属于动宾关系，如果先在 <u>AB</u> 中应用 A 类变调规则然后再应用 B 类变调规则，如（32b）所示，则无法推导出正确的表层形式。只有在两个变调域当中都运用 B 类变调规则才可以推导出正确的表层形式，如（32a）所示②。

但是，也有例外情况，在个别 <u>AB</u> 子式名词当中，构成主谓关系的 <u>AB</u>

---

① "败家子"中的"子"读 53 调，平遥话的后缀"子"似乎并不总是体现为阴入 31 调，在有的 AB 子式名词当中，后缀"-子"的声调为阳入 53，比如"被面子""絮被子""面箱子"，我们同样给出这类词的变调过程：

	被面子	絮被子	面箱子
底层形式	/35-35-53/	/35-35-53/	/35-31-53/
B类变调	35-<u>53</u>-53	35-<u>53</u>-53	35-<u>53</u>-53
B类变调	35-<u>53</u>-53	35-<u>53</u>-53	35-<u>53</u>-53
表层形式	[35-53-53]	[35-53-53]	[35-53-53]

② 据侯精一先生给出的 B 类变调模式，53-31 应用 B 类变调后的形式为 53-13，但是"53-31-X"这类声调组合的变调过程表明 53-31 实际上不发生变调，还是 53-31，但是由于 31 调在词末或短语末的位置上要中和为 13 调，因此在两字组结构或部分三字组结构当中，53-31 最后的形式变为 53-13。两字组变调当中有很多类似的情况，比如 B 类变调模式当中，"阴平/阴入+去声 31+35"变调为 31-31，但处在词或短语边界位置上时，则为 31-13。在三字组的 B 类结构（偏正结构、并列结构、ABB 式名词、AB 子式名词）当中，很多 31 调在词末位置上并不中和为 13 调，如"鸡嘴怪[31-53-31]""蒸饺子[31-53-31]""秃宝盖[31-53-31]""后门头[35-53-31]"，这些三字组结构明显属于词，不是短语。相反，在 A 类结构当中（动宾结构、主谓结构）当中，右边界位置上的 31 调都会变成 13 调。

也有可能应用A类变调规则,如"家败子[31-35-53]",不过这种情况并不是常态。

(33) a. 　　　　　家败子　　　　　　b.　　　　　　　　家败子
底层形式　　　　/31-35-31/　　　　　底层形式　　　　/31-35-31/
A类变调　　　　<u>31-35</u>-31　　　　　B类变调　　　　<u>31-31</u>-31
B类变调　　　　31-<u>35-31</u>　　　　　B类变调　　　　31-<u>31-31</u>
表层形式　　　　31-35-53　　　　　　表层形式　　　　*31-31-53

如果按照(28b)的变调方式,两个变调域当中都应用B类变调,最后无法推导出正确的形式。

在AB属于B类结构(偏正、并列结构)的AB子式名词当中,B类变调规则遵循从左至右的方式循环应用。(34)给出了具体的变调过程。

(34)　　　B类结构+子

　　　　　　　媳妇子545　　　女婿子355　　　大伯子455　　　火锅子315
底层形式　　　/31-35-31/　　/53-31-31/　　/35-31-31/　　/53-31-31/
B类变调　　　<u>13-31</u>-31　　<u>53-31</u>-35　　<u>35-53</u>-31　　<u>53-31</u>-31
B类变调　　　13-<u>31-31</u>　　53-<u>31-31</u>　　35-<u>53-31</u>　　53-<u>31-31</u>
表层形式　　　13-31-35　　　53-31-35　　　35-53-31　　　53-31-35

　　　　　　　霍乱子545　　　葱胡子125　　　脓水子　　　　狠食子
底层形式　　　/31-35-31/　　/31-13-31/　　/13-53-31/　　/53-53-31/
B类变调　　　<u>13-31</u>-31　　<u>31-35</u>-31　　<u>35-53</u>-31　　<u>53-53</u>-31
B类变调　　　13-<u>31-31</u>　　53-<u>35-31</u>　　35-<u>53-31</u>　　53-<u>53-31</u>
表层形式　　　13-31-35　　　31-35-53　　　35-53-13　　　53-53-31

AB子式名词当中,变调规则从左向右划分变调域循环应用,变调规则对AB是A类结构(动宾结构、主谓结构)还是B类结构(偏正结构、并列结构等)不敏感,一律采用B类变调规则。AB子式名词的这种变调模式对我们后面判断该类名词在词根层面还是词层面上构成提供了关键的证据,这里暂不讨论,后面会有详细的阐释。

对于ABB式名词重叠词的生成顺序，根据这类重叠词当中词根语素A、B之间的语义关系以及ABB式名词与对应的AB式名词、"AB子"式名词、"AB儿"式名词之间的语义关系，我们认为ABB式重叠词的形态结构为[[AB]+B]，而不是[A+[BB]]，也就是说，ABB式名词的生成过程为语素A和B先组合，然后B再重叠。可以将重叠语素（即第二个B）视作一个后缀，形态功能之一在于标记AB作为名词的语类特征，相当于"子"缀，形态功能之二在于表达小称的概念。ABB式重叠名词与AA式重叠名词的重叠机制一样，复式选择复制与之相邻的语素的音系内容：

（35）AA式名词与ABB式名词重叠机制

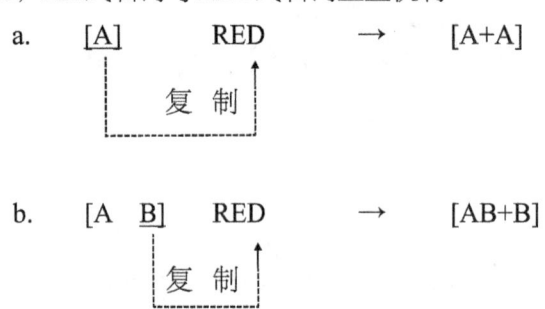

    a.   [A]   RED   →   [A+A]
               复 制

    b.   [A B]   RED   →   [AB+B]
               复 制

以上是从形态-语义的角度对ABB式重叠名词的内部结构进行判断，下面分析该类重叠名词的音系表现是否同样支持这种判断。

根据侯精一先生的表述，这类重叠名词应用平遥话三字组专用式变调的偏正式变调，与ABB形式的动宾结构使用的变调模式不同。（36）给出了ABB式重叠名词的变调形式，分别用数字来表示平遥话的六个声调：1 阴平、2 阳平、3 上声、4 去声、5 阴入、6 阳入。

（36）ABB式名词变调模式

a. X+阴平		b. X+阴入		c. X+阳平	
111	31-35-53	155	31-35-53	122	31-35-53
211	13-31-35	255	13-31-35	222	13-13-13
311	53-31-35	355	53-31-35	322	31-35-53
411	35-53-31	455	35-53-31	422	35-53-31
511	13-31-35	555	31-35-53	522	31-35-53
611	53-31-35	655	53-31-35	622	31-35-53

d. X+上声		e. X+阳入		f. X+去声	
133	31-53-31	166	31-53-31	144	13-31-53
233	35-53-13	266	35-53-13	244	31-35-53
333	53-53-31	366	53-53-31	344	13-31-53
433	35-53-31	466	35-53-31	444	35-53-31
533	31-53-31	566	31-53-31	544	13-31-53
633	53-53-31	666	53-53-31	644	13-31-53

根据上面给出的ABB式名词的表层声调形式，可以得出的一条否定性结论就是，ABB式重叠名词不是A与BB的复合。如果ABB式重叠名词的生成过程是先重叠后复合（A+BB），那么对于B的声调相同的每组重叠词而言，它们的最后一个声调应该是相同的，因为BB变调后再与A合并，然后A与前一个B会重新构成一个变调域进行变调，在此过程中，前一个B的声调可能会重新发生变化，但后一个B的声调不可能再有改变。然而，实际的情况并非如此，（36a—f）列出的ABB式重叠名词的每一组声调组合当中，最后一个声调并不相同，呈现出不同的形式。这意味着ABB式名词并不是先重叠后复合的生成程序，变调域不是从右向左划分（变调域$_2$[A+变调域$_1$[BB]]），而是与B类结构（偏正式、并列式三字组结构、AB子式名词等）中变调域的划分相同，从左向右依次划分：[[A+B]变调域$_1$+B]变调域$_2$。

ABB式名词的声调形式只是排除了该类重叠词的生成步骤是A+BB，除此之外还有两种可能的生成步骤：

(37)

a.　　　复合→　变调域1　→　重叠　→　　变调域2　→　表层形式

　　　　A+B　　　　　　　　　[A　B] B

　　　　T_1T_2　　$T_1+T_2→T_x+T_y$　　$[T_x\ T_y]\ T_y$　　$T_y+T_y→T_z+T_w$　　$T_x-T_z-T_w$

b.　　　复合　→　变调域1　→　　　　变调域2　→　　表层形式

　　　　A+B+B

　　　　$T_1T_2T_2$　　$\underline{T_1T_2}T_2→\underline{T_xT_y}T_2$　　$T_x\underline{T_yT_2}→T_x\underline{T_aT_b}$　　$T_x-T_a-T_b$

在（37a）中，AB先复合，然后B再重叠为BB，（37b）中A、B、B三个语素同时输入，相当于并列结构，但是在合并的先后顺序上是[[A+B]+

B]。这两种生成方式最大的不同之处体现在后一个B的底层音系表达上。在(37a)当中，AB复合后B可能变调，那么重叠的时候B复制给复式的可能并不是自己的底层音系形式，而是变化后的音系形式；相反，在(37b)的生成方式中，A、B、B三个语素同时进入构词过程，后一个B一开始就有独立的底层音系形式，即使A、B合并后B的声调发生变化，后一个B的声调依然是原来的底层形式。

如果T_1+T_2导致后一声调T_2发生变化，那么这两种不同的生成方式就可能会对ABB式名词最后的声调形式产生影响。平遥话两字组B类变调中，后一声调发生变化的声调组合有很多，据此推断的话，(37a)和(37b)这两种不同方式生成的ABB式名词的声调形式应该会有很大差别。然而，令人惊讶的是，在大多数情况下，(37a)和(37b)最终推导出来的声调形式是一致的，这使得我们很难找到确凿的证据来证实哪种生成步骤是正确的。目前，可以用来鉴别的声调组合仅有"去声–去声–去声"这一个，在其他情况下，这两种生成方式推导出来的形式都是一致的①。(38)给出了这个声调组合根据(37a)和(37b)中的生成步骤经历的变调过程：

(38)

a.　　　复合　→　变调域₁　→　　重叠　→　变调域₂　→　　表层形式
　　　　A+B　　　　　　　　　　[A　B]B
　　　　T_1T_2　　$T_1+T_2 \to T_x+T_y$　　$[T_xT_y]\ T_y$　　$T_y+T_y \to T_z+T_w$　　$T_x-T_z-T_w$
　　　　35+35　　35+35→35+53　　[35+53]53　　53+53→53+31　　35–53–31

b.　　　复合　→　变调域₁　→　　　　变调域₂　→　　　表层形式
　　　　[A+B]+B
　　　　$T_1T_2T_2$　　$\underline{T_1T_2T_2 \to T_xT_yT_2}$　　$T_xT_yT_2 \to T_xT_aT_b$　　$T_x-T_a-T_b$
　　　　35+35+35　　$\underline{35+35+35 \to 35+53+35}$　　35+53+35→35+53+35　　*35–53–35

"去声–去声–去声"在ABB式名词中的变调形式为[35–53–31]，与(38a)推导出来的声调形式一致，表明这一声调组合的ABB式名词的生成步骤是词根语素A、B先复合并且发生变调，然后词根语素B根据自身变调后的

---

① 1-4-4的声调组合除外，(37a)推导出来的形式为13-31-35，(37b)推导出来的则为13-31-13。

声调形式（不是底层形式）进行重叠，ABB式名词中的重叠语素（后一个B）复制的并非是词根语素（前一个B）的底层音系形式，而是变调后的形式。

目前，除了"去声–去声–去声"这一声调组合外，没有更多的直接证据表明（37a）和（37b）中，哪一个才是ABB式重叠名词真正的生成步骤，因为两种不同的生成步骤推导出来的变调形式在绝大多数情况下相同。根据"去声–去声–去声"这一声调组合的变调形式，同时结合平遥话当中ABB式名词在形态–语义方面的特点，我们认为这类重叠词采取的是（37a）的生成步骤，如下所示：

(39) 平遥话ABB式重叠名词生成方式

复合 → 变调$_1$ → 重叠 → 变调$_2$ → 表层形式
A+B　　　　　　　[A B] B　　　　　　　[A B B]
T_1T_2　$T_1+T_2 \to T_x+T_y$　$[T_xT_y]$ T_y　$T_y+T_y \to T_z+T_w$　T_x–T_z–T_w

第三节　平遥话重叠构词的实质

在这一节中，从重叠实现的形态–语义功能和重叠语素的音系表现这两个方面出发，我们对平遥话当中不同的重叠构词手段的性质进行考量，判读具体的重叠构词方式相当于加缀构词方式还是复合构词方式。结合前面两节中的分析讨论，平遥话当中主要的重叠构词过程实现的形态–语义功能和它们对应的变调规则如（40）所示[①]：

(40)	形态–语义功能	变调模式
名词重叠AA式	a. 表小功能 b. 名词标记	名词重叠变调
名词重叠ABB式	a. 表小功能 b. 名词标记	AB变调（B1类变调）→ BB变调（名词重叠变调）
动词重叠AA式	动作的反复和短时	C类变调
动词重叠ABAB式	动作的反复和短时	词基A/B类变调→完全重叠

---

① 据侯精一先生20世纪80年代的相关研究成果，平遥话当中形容词也可以重叠使用，变调规则与名词叠词变调一致，但形容词的重叠用法多在学生腔中使用。

根据它们表达的形态–语义功能，(40) 中的四类重叠方式可以合并为两大类。名词重叠AA式与ABB式表达的形态–语义功能相同，可以合为一类，动词重叠AA式与ABAB式同样可以合为一类。

一、名词AA式、ABB式重叠

首先讨论名词AA式重叠的性质。名词重叠AA式表达的形态–语义功能和重叠过程中诱发的变调规则表明，该重叠构词方式可以视作一种加缀构词过程。在表达的形态–语义功能上，当词基重叠后表达名词的小称概念时，复式相当于一个指小后缀；当动词性词根、形容词性词根重叠后用来指称具体的事物时，复式的功能在于构成名词，给词根语素指派一个名词的语类特征，相当于普通话当中的"子"缀。在平遥话当中，名词AA式重叠发挥的两类语法功能分别与该方言当中后缀"儿"和后缀"子"发挥的语法功能相当，因此可以考虑将名词重叠AA式视作一种加缀构词手段。同时，在运用的变调模式上，名词重叠AA式采用与儿尾名词和子尾名词基本上一致的变调规则（名词重叠中/53–53/的变调模式与B类变调不同），这意味着该重叠过程与平遥话中典型的加缀构词过程触发相同的音系规则。此外，根据前面提到的阴平和阳平的中和规则，这两个底层调在词末位置上中和为阳平调13，然而名词重叠的变调规则区分阴平和阳平，这表明重叠词当中的基式和复式均不是音系上独立的词，而音系上的黏着性恰恰是典型的词缀具有的特点，如汉语的后缀"–子"和"–儿"、英语的后缀-ity和-y需要与词基结合后一起构成一个音系词。基于名词AA式重叠以上的几个特点，将其视作加缀构词是合理的。

对于ABB式名词重叠词而言，同样可以视作一种加缀构词，该类名词的内部结构为[[AB]+B]，两个词根语素先复合，然后再重叠，重叠的功能与AA式名词重叠的功能基本上一致，标明两个词根复合后构成一个名词，或构成名词的小称形式，例如：

(41) 阴凉凉　　阴凉地儿　　孝顺顺　　挠痒器具
　　 暮生生　　遗腹子　　　圪搓搓　　面鱼儿
　　 树杈杈　　小的树杈　　秤杆杆　　小秤的杆儿

就复制的音系机制而言，名词ABB式重叠属于部分重叠，后面的复式只复制了词基[AB]最右侧的音节：

（42）ABB式名词重叠机制

$$[A \ \underline{B}] \ \ \ RED \longrightarrow [AB+B]$$
$$\underset{\text{复 制}}{\underline{}}\uparrow$$

对词基音系内容的不完全复制表明最后的重叠语素可以视作一个后缀。此外，ABB式名词的变调过程提供关键的证据证实该类重叠过程是加缀过程，而不是同一个词根语素的自我复合。上一小节当中关于ABB式重叠名词当中变调规则应用顺序的分析表明，复式（第二个B）复制的声调不是词根语素（第一个B）的底层调，而是AB变调后的声调形式。这意味着重叠语素的音系内容是在词根语素A和B进行合并继而变调之后才填充的，在此之前，重叠语素只有形态–语义内容，没有音系内容。ABB式重叠名词的推导过程如下所示：

（43）ABB式名词重叠过程

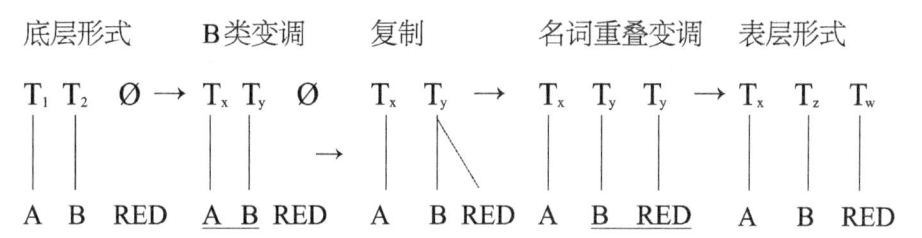

底层形式　　　B类变调　　　复制　　　　名词重叠变调　　表层形式

$T_1 \ T_2 \ \varnothing \rightarrow T_x \ T_y \ \varnothing \quad T_x \ T_y \rightarrow T_x \ T_y \ T_y \rightarrow T_x \ T_z \ T_w$

A　B　RED　　$\underline{A}$　$\underline{B}$　RED　　A　B　RED　A　$\underline{B}$　$\underline{RED}$　　A　B　RED

ABB式重叠词中重叠语素复制词基变调后的声调形式表明在该重叠构词过程中，重叠语素在音系上依赖前面的词基，在底层表达当中，重叠语素只有形态–语义特征的赋值，完全没有音系特征的赋值。重叠语素对词基的这种依赖性表明，平遥话名词ABB式重叠构词过程肯定不是复合构词过程，而是词根A和B复合后再加缀的过程。

二、动词AA式重叠

对于平遥话的AA式动词重叠和ABAB式动词重叠，两类重叠过程的形态功能相同，均表达动作的反复性和短时性，复式可以视作动词的反复体标记或尝试体标记，相当于一个体标记后缀。对于这两类重叠过程中应用的变调规则而言，AA式动词重叠式采用特殊的动词重叠变调模式（C类变调），ABAB式动词重叠式的声调形式则体现为复式对词基AB声调的完全复制。下面着重讨论AA式动词重叠过程中触发的变调规则。

（44）AA式动词重叠变调

	平声+平声、阴入+阴入	去声+去声	上声+上声、阳入+阳入
底层调	13+13、31+31	35+35	53+53
表层调	35-31	53-31	53-53
例词	搬搬 尝尝 切切	谋谋	躲躲 捏捏

可以发现，AA式动词重叠词的变调模式具有以下特点。首先，变调不区分阴平（阴入）和阳平，阴平叠词和阳平叠词的变调形式均为[35-31]，这意味着变调参照的是阴平（阴入）和阳平的单字调，重叠变调规则运用之前阴平和阳平已经发生中和，这一点对下一节关于动词重叠词语段结构的确定发挥重要作用。

其次，所有调类的重叠词前字声调均为高调域声调35或53，平声叠词和去声叠词的复式声调均为低降调31，只有上声叠词和阳入叠词的复式声调为高降调53。总体上看，AA式动词重叠式体现出"重轻式"和"重重式"的扬抑格音步结构。

对于复式当中出现的低降调31，可以处理成轻声调，理由是平遥话当中阴平31和阳平13在词末位置上中和为13调，除了一些特殊的词汇，31调几乎不出现在词末或短语末的位置上，而且AA式动词重叠词的复式音系上表现出轻声音节的特点，如时长较短，因此平声叠词和去声叠词中复式31调可以视作轻声调，固定地体现为一个低降调31。

据此，可以发现平遥话AA式动词重叠词的声调形式呈现出"词调模式化"的特点[①]，变调的总方向是"高调+低调"的声调模式，这种声调模式要求重读的前字（词基）读高调，轻读的后字（复式）读低调31，

[①] 关于汉语词调发生模式化的研究，可参见：岩田礼《汉语方言词声调的形成及发展》（《乐在其中——王士元教授70华诞庆祝文集》，南开大学出版社，2004年）和彭泽润《论"词调模式化"》（《当代语言学》2006年第2期）。

但与此同时还要保证重叠动词语义上的分辨度，避免因采取同样的声调形式而造成重叠动词之间的混淆。以"闻闻""问问""稳稳"为例，如果都读[35-31]，这三个重叠词语义上难以区分，词根底层的声调对立也被完全中和，为了保证词义的区分和底层的音系对立在表层可以显现，同一个构词范式内会出现空缺（paradigm gaps）[①]。因此，上声叠词和阳入叠词中复式读高降调53而非低调这一事实，可以视作为了保证语义的区分和底层音系对立的维持而出现的例外情况，但却是一种合理的例外情况。

根据以上的分析，AA式动词重叠对整个重叠词的声调模式有统一的要求，要求前字（词基）高调，后字（复式）轻声；词基选择平遥话当中的高调域声调来满足这种要求，复式则在保证重叠词语义区分的前提下，读固定的低调31。这个低调31虽然与阴平31语音上接近，但音系上却存在本质的不同，阴平31调是平遥话底层调之一，动词叠词复式的31调则是轻声音节默认赋值为低调的结果。

据此，平遥话的AA式动词重叠过程可以视作加缀构词的过程，复式相当于一个体标记后缀，这个后缀底层无音段内容和声调特征的赋值，音段自词基复制而来，声调则默认赋值为一个低调，但为了维持基式底层声调的音系对立，音系上有效区分底层调不同的动词的重叠式，上声动词和阳入动词重叠式[53-53]中，复式复制词基的声调53，这样就可以与去声动词的重叠式[53-31]区分开。AA式动词重叠式的推导过程如下：

（45）AA式动词重叠词声调推导过程

输入项	尝/13/		搬/31/		谋/35/		躲/53/	
阴平、阳平中和	13		13		—		—	
复制（音段）	13	0	13	0	35	0	53	0
[高调+轻声]模式	35	31	35	31	53	31	*53	31

[①] 关于构词过程中构词语素底层音系对立的维持，可参见：A. Lubowicz. *Contrast Preservation in Phonological Mappings* (2003, Ph.D. thesis, University of Massachusetts at Amherst) 和 A. Tessier. "Input 'Clusters' and Contrast Preservation in OT"（2004, Proceedings of the 23rd West Coast Conference on Formal Linguistics, Cascadilla Press）。

复制词基声调	—	—	—	53-53
表层形式	[35-31]	[35-31]	[53-31]	[53-53]

第四节 平遥话构词层面的区分

一、词根层面与词层面的区分

在本章第一节，我们扼要介绍了平遥话主要的构词方式，并对这些构词方式表达的形态-语义功能、构成的词的语义组合性和能产性进行了分析讨论，总体上这些构词过程可以分为两大类：

Ⅰ类构词过程

加缀　　儿尾名词　　子尾名词　　i. 语义组合性较弱、预测度低
　　　　圪头名词　　圪头动词Ⅰ类　ii. 词基有黏着词根也有自由词
　　　　AA式、ABB式名词重叠　　iii. 词缀和词基互相选择
复合　　基础复合词　　　　　　　iv. 部分构词过程能产度较低

Ⅱ类构词过程

加缀　　"厮-V"　　　　　　　　i. 语义透明、可分解性强
　　　　"圪-V"　　　　　　　　ii. 词基全为自由词
　　　　AA式动词重叠　　　　　iii. 词缀和词基搭配度高
　　　　　　　　　　　　　　　　iv. 能产度高

对于以上构词过程中发生的声调变化，我们在本章第二节当中对平遥话的三类变调模式进行了探讨。(46) 列出了这些构词过程分别对应的变调模式。

(46)　　　Ⅰ类构词

加缀　儿尾名词　子尾名词　圪头名词　圪头动词Ⅰ　B类变调
　　　类　名词叠词
复合　偏正式　并列式　动补式　　　　　　　　　B类变调
　　　动宾式、主谓式　　　　　　　　　　　　　A类变调

Ⅱ类构词

加缀	"厮–V"	A类变调
	"圪–V"	B类变调
	AA式动词重叠	C类变调

其中A类变调模式不区分阴平和阳平，变调的音系动因明确，语音上比较自然，涉及的变调规则数量少，推导过程比较简单；B类变调模式区分底层对立的阴平和阳平，变调的音系动因不明确，存在绝对中和的变调规则和连环式变调，涉及的变调规则数量多，难以通过不同变调规则的有序应用推导出所有的表层形式。

可以发现，就平遥话中不同的构词过程而言，参照构词规则的能产度、所生成的词的语义特点所作出的Ⅰ类构词过程与Ⅱ类构词过程的区分与根据变调模式所作出的两类构词过程的区分总体上一致，但圪头词、动宾式复合词和主谓式复合词例外。Ⅰ类构词过程与Ⅱ类构词过程生成的词在语义组合性和变调模式上的差异表明它们在词库的不同层面上、通过不同形态范畴之间的合并生成。与词基驱动的词库分层假设所预测的一致，平遥话词库内部存在两个构词层面，即词根层面和词层面，如图5.1所示。

	形态	音系	
词根层面	儿尾、子尾名词		
	圪头名词		
	圪头动词Ⅰ类	B类变调	>阴平、阳平中和规则
	名词叠词		
	偏正、并列、动补复合词		
	动宾、主谓复合词	A类变调	>阴平、阳平中和规则
词层面	"厮V"	A类变调	
	"圪V"	B类变调	>阴平、阳平中和规则
	AA式动词重叠	C类变调	

图5.1 平遥话词库分层结构

除去圪头词、动宾和主谓复合词这两类例外情况，总体而言，词根层面上应用的变调规则包括B类变调规则、阴平和阳平中和规则,阴平和阳平中和规则在该层面音系推导的最后一步应用,不过有例外。词层面上应用的变调规则有A类变调规则、C类变调规则、阴平和阳平中和规则,与词根层面一样,中和规则在该层面音系推导的最后一步应用。

二、词根层面构词与B类变调

词根层面构词和词层面构词的区分可以很好地解释平遥话当中区分阴平、阳平的B类变调模式和不区分阴平、阳平的A类和C类变调模式。B类变调和A类变调、C类变调对阴平和阳平的不同区分度源于应用这些变调规则的词在不同的构词层面上生成。

B类变调模式中的一系列变调规则在词根层面上应用,名词重叠词、儿尾名词、子尾名词、并列式和偏正式复合词在词根层面上生成,无语类赋值的词根或多个词根的组合在获得具体的语类特征之前无法送入音系模块进行拼读,这些词根的音系表达中只有词库提供的底层音系信息,所以平遥话阴平和阳平两调的底层对立依然维持,尚未发生中和。词根语素与可以指派语类的功能语素合并后形成一个语段送入音系进行拼读时,如果这两个语素在声调层面构成一个变调域,那么音系语法则采用区分阴平和阳平的B类变调规则进行拼读,然后在语段拼读的最后阶段应用阴平、阳平中和规则;如果与词根合并的功能语素没有声调,构不成一个变调域,那么就直接应用阴平、阳平中和规则,至此结束第一语段的拼读。词根层面上生成的词的语段结构与声调推导过程如下。

(47) 高儿[31-35]　长儿[13-13]　高[13]　　长[13]
　　　[√高+儿]nP　[√长+儿]nP　[√高+Ø]aP　[√长+Ø]aP
　　　31　31ʔ　　13　31ʔ　　　31　　　　13　　　　底层形式
　　　31　35ʔ　　13　31ʔ　　　—　　　　—　　　　B类变调
　　　—　　　　　13　13　　　13　　　　13　　　　阴平、阳平中和
　　　31-35　　　13-13　　　　13　　　　13　　　　表层形式

阴平和阳平的中和发生在语段拼读的最后一步,在此之前,词根"高""长"分别读底层不同的两个调,与可以指派名词语类的派生词缀"-儿"合并后应用B类变调,因此派生名词[高儿]nP和[长儿]nP的表层声调形

式不同；同时，词根"高"和"长"还可以与音系上非显的语类中心语 a 合并后送至音系模块进行拼读，在拼读的最后应用阴平和阳平中和规则，因此，作为形容词的[高+Ø]aP 和[长+Ø]aP 表层读同一个调 13。

再看三音节结构的 AB 子名词、AB 儿名词和 ABB 名词重叠词的声调推导过程，这三类词也在词根层面上生成，两个未进行形态-句法语类赋值的光杆词根√A、√B 首先直接合并构成一个复合词根√P，然后这个复合词根再与可以指派名词语类特征的后缀"-子""-儿"和复式后缀合并。这三类词的生成的过程其实与 A 子、A 儿、AA 名词的生成过程相同。

（48）   a. 蒸饺子[31-53-13] b. 柳毛儿[53-35-53]
       [[√蒸+√饺]√P+子]nP [[√柳+√毛]√P+儿]nP

底层形式	31	53	31	53	13	31
变调域₁	<u>31 53</u>	31	<u>53 13</u>	31
变调域₂	31	<u>53 31</u>	53	<u>35 53</u>
阴平、阳平中和	31	53	13	—
表层形式	31-53-13			53-35-53

       c. 黄昏昏[13-31-35]
       [[√黄+√昏]√P+RED]nP

底层形式	13	31	RED
变调域₁	<u>13 31</u>	RED
（复制）变调域₂	31	<u>31 31</u>
阴平、阳平中和	31	31	35
表层形式	31-31-35		

在本章第二节第三小节中，我们的分析表明三音节形式的 AB 子名词、AB 儿名词和 ABB 名词重叠词不区分 AB 是动宾结构还是偏正结构或并列结构，统一应用词根层面的 B 类变调规则，变调规则从左至右划分变调域循环应用。也就是说，这三类三音节形式的复杂词当中，语素合并时所载的声调为未经过推导的底层调，阴平和阳平尚未发生中和。这也提供证据表明这三类复杂名词都是单语段结构，里面的任何一个构成成分均未经过任何音系规则的拼读，两个词根 A 和 B 直接合并后生成一个复合词根，然后再与后缀合并，构成第一个接受音系拼读的语段。

三、词层面构词与A类变调

现在我们来讨论平遥话词层面上生成的词的语段结构，由于已经经历词根层面上第一语段的拼出，因此词层面构词操作的输出项至少包含两个语段，经历两次语段的拼出。

在第一语段的拼读结束后，所有的光杆词根均获得相应的语类特征，也就是说，词根在第一语段当中经历的最重要的一项形态–句法操作就是完成从词根到词的范畴转换，这种转换在音系上的一个重要标志就是阴平调和阳平调在词的右边界位置上的中和。经过词根层面上第一语段的拼读，阴平调单音节词和阳平调单音节词的声调已经中和为阳平调13，当这些单音节词名词继续参与到词层面的构词过程中时，该构词层面上负责音系拼读的A类变调规则和C类变调规则因语段的不可穿透性已经无法知晓读13调的单音节名词原来的底层调是阴平31还是阳平13，所以A类变调规则和C类变调规则不区分阴平。

先看加缀词的合并过程。

（49）　　　　　　　　　厮跟[13-13]

词根层面	[√厮+Ø]aP	[√跟+Ø]vP
底层形式	31	31
声调中和	13	13
词层面	[[√厮+Ø]aP+[√跟+Ø]vP]vP	
A类变调	13	13
声调中和	—	
表层形式	13-13	

这个词缀不改变词基的语类，只改变语义，与英语中表重复义的动词前缀"re-"类似。"厮"表示相互体，因此"厮"只能加在及物动词前面，不可加在不及物动词前面。这个前缀可以独自构成一个语段aP，因此已经经过一次语段的拼出，"厮-"的阴入调31ʔ已经中和为13ʔ。"厮"与动词词基结合后应用词层面的A类变调规则。

接下来，讨论动词重叠词的生成过程与声调推导过程。与名词AA式重叠一样，平遥话的动词AA式重叠可以视作一种加缀构词，复式相当于一个体标记后缀，复式在底层没有音系内容的赋值，因此在音系模块通过复制词基的音系内容以确保这个体标记可以在语音上有所显现。不过名词重叠词是词根与指派名词语类的复式后缀合并的结果，动词重叠词则是动词与体标记复式后缀合并的结果。

（50）动词重叠式的语段结构

	搬搬[35-31]	挠挠[35-31]	看看[53-31]	走走[53-53]
词根层面	[√搬+∅]vP	[√挠+∅]vP	[√看+∅]vP	[√走+∅]vP
底层形式	31	13	35	53
声调中和	13	13	—	—
输出形式	13	13	35	53
词层面	[搬 vP+∅]AspP	[挠 vP+∅]AspP	[看 vP+∅]AspP	[走 vP+∅]AspP
复制	13　13	13　13	35　35	53　53
C类变调	35　31	35　31	53　31	53　53
表层形式	35-31	35-31	53-31	53-53

由于动词词基已经经历过词根层面上第一语段的拼出，阴平和阳平两调中和为阴平调，所以动词重叠不区分阴平和阳平。动词重叠词采用另一套变调规则，变调的目的在于满足[词基高调、复式轻声调]这一"重轻模式"的要求。

四、复合词的两类变调模式

平遥话，双音节形式的基础复合词都在词根层面上生成，两个词根合并后构成一个复合词根，然后再与音系上非显、指派语类的功能语素合并。因此，双音节基础复合词的语段结构其实与三音节的AB子、AB儿、ABB名词一致，只不过后者当中指派语类的功能语素有具体的语音实现，如（51）所示，RED表示复式后缀：

（51）a. 加缀词

黄昏昏　　　　　　　蒸饺子　　　　　　　柳毛儿
[[√黄+√昏]√P+RED]nP　[[√蒸+√饺]√P+子]nP　[[√柳+√毛]√P+儿]nP

b. 复合词

推车　　　　　　　　　娇养　　　　　　　　　长短
[[√推+√车]√P+Ø]nP　　[[√娇+√养]√P+Ø]vP　　[[√长+√短]√P+Ø]nP
数九　　　　　　　　　心疼
[[√数+√九]√P+Ø]vP　　[[√心+√疼]√P+Ø]vP

但是在运用的变调模式上，AB子、AB儿、ABB名词统一应用词根层面的B类变调模式，复合词却呈现出两种模式，并列式、偏正式复合词运用词根层面的B类变调模式，动宾式、主谓式复合词运用词层面和短语层面的A类变调模式，应用哪一类变调模式似乎与构成成分之间的语法关系有关[①]。

我们认为这两类变调模式表面看来与语法结构有一定的关联，但本质上体现的是单语段结构的词与多语段结构的词或短语在音系推导过程中的差异。词根层面上生成的单语段词应用B类变调模式，词层面上或句法模块生成的短语则应用A类变调模式。

盘上话双音节复合词的后轻读规则与平遥话的A类变调和B类变调对比，可以发现两者之间存在一定的关联。这里重新给出盘上话复合词的后轻读规则。

(52) 盘上话复合词的后轻读规则

　　　　不轻读：主谓式、动宾式复合词
　　　　轻读：并列式、偏正式复合词

对比后可以发现，平遥话中运用B类变调模式的复合词对应的是盘上话中受轻读规则影响范围较广的复合词，平遥话中运用A类变调模式的复合词对应的则是盘上话中受轻读规则影响较小的复合词类型。

至于为什么动宾式复合词和主谓式复合词运用A类变调模式，我们在第三章最后一个小节已经讨论过，在第四章关于盘上话双音节复合词轻读规则的分析中也有讨论。我们的解释是，鉴于动宾式复合词和主谓式复合词具有词和短语的双重身份，说话人采用动宾短语、主谓短语的音系拼读

---

① 侯精一：《平遥方言的连读变调》，《方言》1980年第1期，第1—14页。

规则来拼读词根层面上生成的动宾式复合词和主谓式复合词。偏正结构的短语则恰恰相反，采用偏正式复合名词的音系拼读规则来拼读短语结构。

(53)
单语段结构：AN、NN名词复合词 —— B类变调 —— VO、NV动词复合词
多语段结构：AN、NN名词短语 —— A类变调 —— VO、NV动词短语

　　音系表现与所属层面不匹配的情况除了我们刚刚讨论过的词根层面的动宾复合词和主谓复合词，在词层面进行的"圪+动词"的加缀操作也表现出这种不匹配的特点，词层面上构成的语义组合性强的圪头动词应用的是词根层面的B类变调模式，而不是词层面的A类变调模式。在第六章讨论的神木话当中，词层面上生成的圪头动词同样表现出这种特点。对此，我们的解释是，对于分属两个构词层面的同一构词规则而言，它的演化不仅涉及所选择的词基的形态范畴的变化，还涉及语义方面和音系方面的演化，但是这两个方面的演化可能不同步。平遥话和神木话当中词层面上生成的圪头动词在音系特点上所表现出的不匹配现象，则是由于构词规则的语义方面和音系方面演化不同步造成的。

第五节　小结

　　根据不同构词过程应用的变调模式的不同生成的词语义组合性的强弱以及构词规则的能产性，平遥话中不同的构词过程总体上可以分为两大类。Ⅰ类构词过程应用对阴平和阳平的底层对立敏感的B类变调模式，这类变调规则任意性较强，含有比较特殊的绝对中和规则和连环式变调；这类构词过程生成的词语义组合性较弱，根据构词的语素难以预测其实际的语义。Ⅱ类构词过程应用的A类变调规则和C类变调规则对阴平和阳平的底层对立不敏感，变调规则概括性强；这类构词过程生成的词语义组合性强，体现为各个构词成分语义的简单相加。

　　平遥话不同的构词过程在语义组合性和应用的变调模式上的差异，印证了我们所提出的晋语区方言词基驱动的词库分层假设。平遥话词库内存在两个构词的层面，词根层面和词层面，Ⅰ类构词过程在词根层面进行，Ⅱ类构词过程在词层面进行：

	形态	音系	
词根层面	儿尾、子尾名词	B类变调	>阴平、阳平中和规则
	圪头名词		
	圪头动词I类		
	名词叠词		
	偏正、并列、动补复合词		
	动宾、主谓复合词	A类变调	>阴平、阳平中和规则
词层面	"厮V"	A类变调	>阴平、阳平中和规则
	"圪V"	B类变调	
	AA式动词重叠	C类变调	

对于词根层面和词层面上构词过程应用的变调模式的差异，侯精一先生认为与语法结构关系密切，但是具体是哪一方面的语法结构关系，他并未明确说明，不过通过他在文章当中的表述，应该指的是两字组当中两个构成成分之间的语法关系。张洪明（2008）明确指出不同类型的变调模式与形态-句法结构当中各构成成分之间的功能关系有关，应用A类变调模式的结构属于论元结构，应用B类变调模式的结构属于非论元结构[1]。按照他们的这种看法，这两类变调模式可以理解为平遥话声调音系的两个子音系，类似于并列音系理论中并列音系（cophonologies）这一概念，不同类型的形态-句法结构采用不同类型的音系规则进行解读[2]。

这种平行处理的方式掩盖了平遥话中音系与构词、音系与句法之间真实的互动方式。应用B类变调的除了偏正式和并列式复合词，还有儿尾词、子尾词这些通过派生构词法生成的词；应用A类变调的不仅有动宾式复合词（或短语）和主谓式复合词（或短语），还有表示相互含义的"厮V"动词，这表明构词成分之间的语法结构关系并不是决定采用哪类变调的决定性因素。这两类变调模式真正反映的是应用这两类变调规则的词是在词库内不同的构词层面上生成，应用B类变调模式的词在词根层面生成，应用A

---

[1] 张洪明：《形态句法研究的c-统制视角》，《方言》2008年第4期，第289—302页。
[2] Inkelas, S. "The Theoretical Status of Morphologically Conditioned Phonology: A Case study From Dominance". *Yearbook of Morphology*, 1998, pp. 121-155.

类变调模式的词在词层面上生成。

词根层面上构词的词基为无语类赋值的词根，词根与指派语类的功能中心语直接合并形成第一个语段。由于尚未经历过音系规则的拼读，词根层面上阴平和阳平两调依然维持底层的对立，这也是为何该层面的B类变调规则区分阴平和阳平。相比较而言，词层面上构词的词基为经历过词根层面语段推导的已有语类赋值的词，在词末位置上应用的阴平和阳平中和规则使得阴平和阳平的对立被中和，语段的不可穿透性导致词层面的A类变调规则无法识别这两个平声调的底层对立，这也是为何A类变调规则不区分阴平和阳平。

至于词根层面生成的动宾式复合词和主谓式复合词为何采用词层面的A类变调模式，这与动宾结构和主谓结构兼具词和短语的双重表现有关。作为复合词的动宾结构和主谓结构在词根层面生成（如"操心这件事"中的"操心"），作为短语的动宾结构和主谓结构在后词库的句法部分生成（如"操很大的心"）。动宾结构和主谓结构的复合词在平遥话当中并不能产，数量较少，因此动宾复合词选择动宾短语的音系拼读规则，而不是复合词的音系拼读规则。

第六章　神木话构词与音系的交互模式

第四章和第五章，通过全面地分析平遥话和盘上话中不同构词操作生成的词在语义和音系上的特点，同时结合这些构词操作能产度的高低，对我们所提出的词基驱动的晋语词库分层模式进行了详细的论证。本章基于我们提出的词库分层假设，对另外一种晋语区方言神木话的构词过程进行探讨，对该方言不同的构词过程中发生的语义-音系拼读方式加以解释。

神木话属于陕北晋语，处于陕北晋语、山西晋语和内蒙古晋语的过渡地带。1987年出版的《中国语言地图集》将神木话划入晋语五台片。该片方言声调系统所体现出的共同点在于单字调系统中，入声不分阴阳，阴平与上声合并。文中关于神木话详细可靠的描写材料主要基于邢向东先生的调查研究成果[1]，必要时辅之二次调查核实。书中关于神木话不同构词过程之间以及构词与音系之间交互模式的讨论主要以这些描写材料为基础，并以县城神木镇所使用的神木话作为重点讨论的对象。

第一节　神木话的声调系统和变调过程

一、阴平和上声的关系

神木话单字调有四个，如表6.1所示，其中阴平与上声发生合并。

---

[1] 本章关于神木话中构词与音系交互关系的讨论，主要基于邢向东先生以下文章和著作中提供的语料：《神木方言的儿化变调》（《方言》1996年第1期）、《神木方言的两字组连读变调和轻声》（《语言研究》1999年第2期）、《神木方言音系及其内部差异》（日本早稻田大学《中国语学研究开篇》1999年第19期）、《论西北方言和晋语重轻式语音词的调位中和模式》（《南开语言学刊》第三辑，2004年）和《神木方言研究》（中华书局，2002年）。

表6.1　神木话单字调

阳平	阴平+上声	去声	入声
44	213	53	4ʔ

除了四个单字调，神木话还有一个轻声调，读固定的21调，在本章的声调标注中，我们依然用0来表示轻声调。

神木话两字组（即轻声两字组、叠字两字组、儿化词两字组等除外的两字组）的连调方式如（1）所示，左侧给出的是每个语素本来的调类，右侧给出的是实际的声调，即表层声调。

（1）a.　　　　　　　　　b.　　　　　　　　　c.

阴平+阴平　24+213　　阳平+阴平　44+213　　上声+阴平　21+24

阴平+阳平　24+44　　　阳平+阳平　44+44　　　上声+阳平　21+44

阴平+上声　24+213　　阳平+上声　44+213　　上声+上声　24+213

阴平+去声　24+53　　　阳平+去声　44+53　　　上声+去声　21+53

阴平+入声　24+4　　　阳平+入声　44+4　　　上声+入声　21+4

d.　　　　　　　　　e.

去声+阴平　53+213　　入声+阴平　2+24或4+213

去声+阳平　53+44　　　入声+阳平　4+44

去声+上声　53+213　　入声+上声　4+213

去声+去声　53+53　　　入声+去声　4+53

去声+入声　53+4　　　入声+入声　4+4

可以发现，神木话普通两字组当中，高调域的阳平44和去声53无论作为前字还是后字均与单字调保持一致。入声在后字位置上始终读4，与单字调一致，作为前字时有两个变体形式，2和4，24调前读2，其他声调前读4。阴平和上声作为前字声调时不同于单字调，不发生合并；前字位置上阴平始终读24，上声在上声前面时变读24，在其他声调前始终读21；后字位置上，阴平在上声后读24调，其他情况下阴平和上声均读213，与单字调相同。

在第五章我们已经指出，理论上来讲，底层调（UT）与作为表层形式

(ST）的单字调（CT）和"变调"（Sd.T）之间存在以下可能的对应关系。

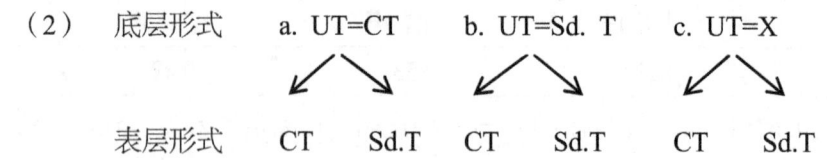

（2） 底层形式　　a. UT=CT　　b. UT=Sd. T　　c. UT=X

　　　　表层形式　　CT　　Sd.T　　CT　　Sd.T　　CT　　Sd.T

（2a）中，底层调与单字调一致，"变调"乃真正意义上的变调；（2b）中，底层调与"变调"一致，真正发生变化的是单字调，而非"变调"；（2c）是第三种可能，即底层调既不同于单字调，也不同于"变调"，另有他调，单字调和"变调"均为变调。

神木话阴平和上声这两个声调的底层调、单字调和"变调"之间呈现出（2b）的关系。所谓"变调"24[①]和21并不是真正的变调，而是底层调24和21在表层的完全忠实体现，与底层调音系形式不同的真正的变调是单字调213。因而，神木话的底层声调系统共含有五个声调，存在高、低两个调域（H=高调域，l-h、h-h、h-l、hʔ分别表示调型为升调、平调、降调和入声调）。

表6.2　神木话底层调

阴平	阳平	上声	去声	入声[②]
24	44	21	53	4
[H, l-h]	[H, h-h]	[L, h-l]	[H, h-l]	[H, hʔ]

在底层声调系统中，阴平和上声分别是两个音系表征不同的声调（24和21），阴平在表层实现为两个变体形式：213（单字调）和24（"变调"），上声在表层实现为三个变体形式：213（单字调）、21（"变调"1"）和24（"变调"2"）。

[①] 上声在上声前读24调的情况除外，这里上声发生变调，涉及另外一条变调规则，后面会有讨论。
[②] 入声仅在阴平前读低调2，其他情况下读高调4，基于此，我们将高调4作为入声的底层调。

(3) 神木话底层调、单字调与变调的对应关系

```
          阳平    去声    阴平           上声           入声
底层       44     53      24             21             4
            ↓      ↓     ↙  ↘         ↙  ↓  ↘         ↙  ↘
表层       44     53    24   213     21  24  213      4    2
```

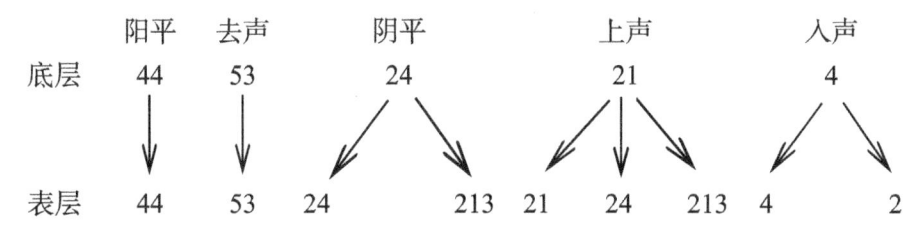

在单字调系统中，阴平和上声发生中和合为一个调213，但在底层声调系统中，两个声调构成对立。对神木话阴平和上声的底层调做出以上构拟主要基于以下考虑。

从单字调213与"变调21、24"在普通两字组、三字组、四字组和更大的结构中的分布情况来看，如（4）所示，213只出现在这些词或短语结构的末尾位置，从不出现在起始或中间的位置上，这些非末尾位置上出现的只有所谓的"变调"21和24，其中阴平始终体现为24调，上声除在上声前变为24调外，其他均以21调的形式出现。

(4)

a. 两字组结构

牛筋	飞机	客厅	失礼
阳平+阴平	阴平+阴平	入声+阴平	入声+上声
[44-213]	[24-213]	[4-213]	[4-213]
洗头	烧火	跑腿	稿子
上声+阳平	阴平+上声	上声+上声	上声+入声
[21-44]	[24-213]	[24-213]	[21-4]

b. 三字组结构

纺织机	螺丝钉	星期五	星期三
上声+入声+阴平	阳平+阴平+阴平	阴平+阳平+上声	阴平+阳平+阴平
[21-4-213]	[44-24-213]	[24-44-213]	[24-44-213]
洗脸水	暖水袋	天安门	保管员
上声+上声+上声	上声+上声+去声	阴平+阴平+阳平	上声+上声+阳平
[24-24-213]	[24-21-53]	[24-24-44]	[24-21-44]

c. 四字组

朦肥体壮	偏三向四	盘缠绞计	猫搔狗戏
阴平+阳平+上+去	阴平+阴平+去+去	阳平+阳平+上+去	阳平+阴平+上+去
[24-44-21-53]	[24-24-53-53]	[44-0-21-53]	[44-24-21-53]

d. 其他

腰	弯	下	
阴平	阴平	去声	
24	24	53	

把	胳膊	圪弯	回来
上声	入声+入声	入声+阴平	阳平+阳平
21	4-0	2-24	44-0

这表明阴平和上声的对立在词和短语的右边界位置上发生中和，在其他位置上（上声前除外）则保持对立；213是阴平和上声发生中和的结果，是两个声调在语句边界位置上的边界调。同样，这也可以解释为何阴平和上声在单念时均读213调。单独一个语素单念时，语素的右边界相当于词、短语或语句的右边界，因此阴平和上声同样发生中和，合为一个调。

由此可见，很多情况下，神木话两字组中的阴平和上声其实并未发生"变调"①，真正发生的其实是这样两条变调规则：

---

① 底层调系统中阴平和上声并未合并，而是两个不同的调。除了正文中给出的两个调类在表层分布上的事实，其他方面的考虑同样支持这一点。从底层形式与表层形式之间的透明度而言，尤其对于三字组、四字组结构来说，将"变调" 24和21作为底层调可以简化底层形式到表层形式的推导步骤，降低底层形式与表层形式之间的晦暗性。

此外，《神木方言研究》第122页将213设为阴平和上声的本调，认为三字组在两字组基础上变调，后两字先变调，然后第一字与第二字重新构成一个变调域应用相应的变调规则：[A+[B+C]]，如阴平+阴平+阴平：213+213+213→213+24+213→24+24+213。根据这种变调顺序，处在第二个变调域内的第一个调213变为24需要参照第二个24在第一变调域内未变调之前的形式213，这种变调方式违反规则的循环应用所遵循的不可回望原则。从这一点来看，将单字调213作为阴平和上声的底层调也是不可取的。

(5) 阴平、上声中和规则：阴平和上声在词或短语的右边界中和为213①。

$$24 \searrow$$
$$\quad\quad 213/T_1\_\_ \quad \# \quad T_x{\neq}21 或 2?$$
$$21 \nearrow$$

(6) 上上变调规则：同一变调域内，两个上声连读，前字变读阴平。

21+21→24+21（→24+213）

在平遥话中，阴平31和阳平13同样发生中和，中和规则发生在第一语段拼读的最后一步，即词根层面音系推导的最后一步。不同于平遥话的声调中和规则，对于神木话的阴平和上声中和规则而言，语速的快慢、停顿时间的长短，会影响中和规则的应用。在语速缓慢、词与词之间停顿时间较长时，词末位置上阴平和上声会发生中和；相反，如果语速较快，那么阴平和上声往往会在停顿时间久的词边界处或短语边界处发生中和，没有明显停顿的词边界处阴平和上声不会中和。

就上上变调规则而言，这条规则可以在词层面运用，也可以在短语层面应用，而且循环应用，对结构界线不敏感。下面给出的是与上上变调有关的例子：

(7) a.　　阴平–上–上　　阳平–上–上　　去声–上–上　　入声–上–上
　　　　　[24–24–213]　　[44–24–213]　　[53–24–213]　　[4–24–213]
　　　　　千里马　　　　　—　　　　　　效果好　　　　　复写纸
　　　　　哥俩好　　　　　—　　　　　　—　　　　　　　落水狗
　　　b.　上–上–阴平　　上–上–阳平　　上–上–去声　　上–上–入声
　　　　　[24–21–24]　　[24–21–44]　　[24–21–53]　　[24–21–4]
　　　　　打火机　　　　　保管员　　　　暖水袋　　　　　老女子
　　　　　打饱声　　　　　捡起来　　　　打粉线　　　　　写小说

---

① 并非所有的21调和24调在词末或短语末会变读边界调213，上声+阴平（21+24）、入声+阴平（2+24）中阴平依然读底层调24。这涉及神木话中另外一条关于声调的线性配列的制约条件，这里暂时搁置，后面会有说明。

c.　上-上-上

[24-24-213]　　[21-24-213/0]

洗脸水　　　　打草稿

写纺纸　　　　打水井

手写体　　　　补补丁

（7a）"2+1"模式的复合词或短语当中，第二音节的上声和第三音节的上声虽分属两个形态-句法成分，但上上变调规则依然运用。（7b）的"1+2"模式的复合词或短语当中，如"捡起来、老女子、写小说"，第一音节和第二音节同样运用上上变调规则，说明在这类结构当中，上上变调规则对结构界线依然不敏感。在（7c）中，三个音节均为上声，上上变调规则的应用参照形态-句法结构加以运用。在"2+1"结构的复合词中，上上变调从左至右依次循环应用，在"1+2"结构的动宾短语中，宾语先应用上上变调，然后动词再视情况应用上上变调，不过由于宾语运用上上变调规则之后，宾语的第一音节已经变为阴平24，所以在动词与宾语第一音节构成的变调域中，上上变调规则未能应用，如（8）所示。

（8）　　　　　　　　　洗脸水　　　　　打水井

　　底层形式　　　　/21　21　21/　　/21　21　21/

　　变调域1　　　　　24-21　21　　　21　24-21

　　变调域2　　　　　24-24-21　　　　21-24-21

　　阴平和上声中和　　24-24-213　　　21-24-213

　　表层形式　　　　[24-24-213]　　[21-24-213]

神木话当中，上上变调规则可以跨越词与词之间的界线循环运用，说明在音系模块中，这条规则的应用不受语段不可透条件（PIC）的限制，如果合并操作使得两个上声处在相邻的位置上，即使它们之间隔着语段的界线，上上变调规则也会应用。

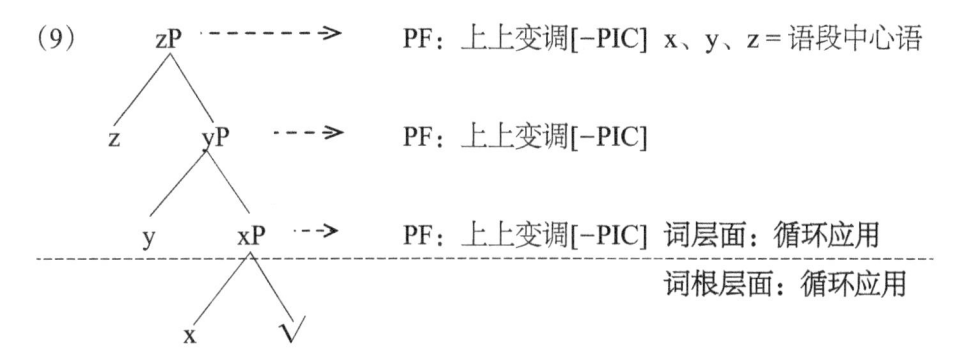

(9)　　zP ------>　　　PF：上上变调[–PIC]　x、y、z = 语段中心语

　　　z　　yP　---->　　PF：上上变调[–PIC]

　　　　y　　xP　-->　　PF：上上变调[–PIC]　词层面：循环应用
　　　　　　　　　　　　　　　　　　　　　　　词根层面：循环应用
　　　　　　x　　√

根据模块化PIC理论的主张，有些语段的拼读遵守PIC，有些语段的拼读则不遵守PIC，这视具体语段而定；某些音系过程的应用受PIC的制约，有些音系过程则不受PIC制约，这视具体的音系过程而定。在第四章讨论的盘上话中，也有一条上上变调规则，该变调规则同样属于循环式音系规则，但是仅在词根层面循环应用，在词层面以及短语层面均以非循环的方式应用，这表明该变调规则的应用受 nP、vP、aP 这些形态语段的不可穿透性的制约。与盘上话的上上变调规则一样，神木话的上上变调规则也是一条循环式音系规则，不过不同于盘上话的上上变调规则，神木话的上上变调规则的应用不受 nP、vP、aP 这些形态语段的不可穿透性的制约。对于一条自身具备循环性的音系规则而言，在不具备PIC特征的语段当中，该规则的循环性可以得到最佳呈现，而在具备PIC特征的语段当中，该规则的循环性则会受到抑制。

二、入声变调

除了上上变调规则，神木话普通两字组中另外一条变调规则与入声有关，同一变调域内"入声+阴平"发生变调。

(10) 入声变调规则：入声在阴平24前变为低调2

　　　　　　　[H, h] → [L, l] /__[H, l-h]
　　　　　　　4ʔ → 2ʔ /__24

但是这条规则的应用有例外，并不是所有的"入声+阴平"的组合都会运用该规则，例如：

(11)　　　　　　　　是否应用

a.

入声+阴平	√①	[2-24]	木杴	麦秸	笔尖儿
			骨香	说升	圪蹴
			立秋	结婚	杀猪
			刮风	吃烟	说书
	×	[4-24]	圪蹲		
	×	[4-213]	客厅	律师	八仙

b.

阴平+入声+阴平	√	[24-2-24]	锅圪巴	花圪都	背黑锅
	×	[24-4-213]	公积金	钢笔尖儿	
阳平+入声+阴平	√	[44-2-24]	门圪唠	寻石灰	
	×	[44-4-213]	寻律师		
上声+入声+阴平	√	[24-2-24]	土圪堆		
	×	[21-4-213]	补习班	纺织机	小客厅
去声+入声+阳平	√	[53-2-24]	墓圪堆	树圪桩	唱国歌
	×	[53-4-213]	向日葵	建筑师	
入声+入声+阳平	√	[4-2-24]	吃不多	不搭腔	跌一跤
	×	[4-4-213]	滑石粉	不识耍	吃黑枣

c.

入声+阳平+阴平	√	[2-24-213]	肋肢窝	一分钟
入声+阳平+阳平	√	[2-24-44]	出家人	脱衣裳
入声+阳平+上声	√	[2-24-213]	铁丝网	
入声+阳平+去声	√	[2-24-53]	结婚证	择豌豆
入声+阳平+入声	√	[2-24-4]	一刀切	抹书桌

*圪蹴：蹲；圪蹲：蹲或待在家里；骨香：好看、俊美；说升：给孩子过十二岁生日。

---

① (11) 中 "√" 表示应用规则 (10)，"×" 表示未应用。

根据上面"入声+阴平"变调与不变调的情况可以发现，第一，入声变调不仅在词内运用（如"麦秸[2-24]"），在短语内也同样应用（如"杀猪[2-24]""刮风[2-24]""说书[2-24]""脱衣裳[2-24-44]""择豌豆[2-24-5]""抹书桌[2-24-4]"）。

其次，在某些词或短语当中，入声变调规则应用与否与语素或词之间的结构关系关联不大，同为偏正式复合词，"木杴[2-24]、麦秸[2-24]"应用入声变调规则，而"客厅[4-213]、律师[4-213]"却不发生变调，"不搭腔[4-2-24]"和"不识耍[4-4-213]"结构完全相同，但是一个变调，另一个不变调。

第三，在[[A+B]+C]的"2+1"结构模式中，如（11b）所示，入声变调规则对结构内部成分之间的界线敏感，应用受阻，B+C不应用入声变调，如"[[公积]金]、[[钢笔]尖儿]、[[补习]班]、[[纺织]机]、[[向日]葵]、[[建筑]师]、[[滑石]粉]等词第二音节的入声与第三音节的阴平虽在表层相邻，但并不应用入声变调，由此可见，在这类结构当中，入声变调规则的运用不具备循环性。相反，在[A+[B+C]]的"1+2"的结构模式当中，如（11c）所示，A、B之间的界线似乎并不阻断入声变调规则的应用，如[一[分钟]]、[脱[衣裳]]、[择[豌豆]]、[抹[书桌]]这些短语当中，第一音节与第二音节中间存在词界线，但是入声变调规则仍然应用。

神木话当中入声变调规则应用与不应用的具体条件很难简单地加以概括，原因在于变调与否除了受到结构上的限制，还受到其他因素的影响，如相关结构的使用频率、说话时的语速等与语言的实际使用有关的因素。日常生产生活常用的词或短语往往应用入声变调规则，新近的词汇应用入声变调规则的几率比较小，如"客厅4-213""律师4-213"虽然是复合词，但是并不应用入声变调规则。这是因为对于新近自普通话引入的词在方言当中的声调，方言使用者往往采用将普通话中所读的声调直接转换为神木话中对应的单字调的方式，因此入声变调规则没有运用。

神木话入声变调规则在"2+1"结构模式的多音节复合词当中不循环应用，受复合词内部结构界线的阻断；相反，在"1+2"结构模式的多音节短语中却可以跨越词与词之间的界线应用，这表明入声变调规则在多音节结构当中的应用与词和短语之间的区分无关，而与这两类结构在音系模块当中的音步构建有关。

对于"1+2"和"2+1"模式的三音节结构在应用变调规则上的差异，丹阳方言三音节复合词的扩展型变调过程中同样存在，其中"1+2"结构整个构成一个变调域，采用"全变式"连调模式，"2+1"结构则构成两个变调域，采用"半变式"连调模式，最后一个音节不变调。

(12) a. [σ[σσ]] → (σσσ)

b. [[σσ]σ] → (σσ) (σ)

陈渊泉[①]和包智明[②]分别从韵律音步构建的角度和重读音节分布的角度进行了分析，其中包智明的分析可以更好地解释丹阳方言三音节复合词变调过程中变调域的构建问题，他提出的重音分析涉及以下推导步骤：

(13) a. 重读规则

重读音节σ，

  i. 如果音节σC-统制其他音节，而其他音节不C-统制音节σ；

  ii. 如果音节σ是最左边的音节。

b. 重读消除规则

如果α……β……重读，而且αC-统制β，

  i. 当α和β相邻时，强制消除β的重读特征；

  ii. 当α和β不相邻时，选择性地消除β的重读特征。

"2+1"结构和"1+2"结构的复合词在丹阳方言中的变调域构建过程如下：

(14)　　　　　　　　　[[σσ]σ]　　　　　　[σ[σσ]]

重读　　　　'σσ 'σ　　　　　'σ 'σσ

重读消除　　—　　　　　　'σ σσ

　　　　　　('σσ) ('σ)　　　　('σσσ)

"2+1"结构中重读的第一音节与第三音节不相邻，重读音节的分布不

[①] Chen, M. *Tone Sandhi: Patterns Across Chinese Dialects*. Cambridge: Cambridge University Press, 2000, pp. 307-308.

[②] Bao, Zhi-ming. "Accentualism in Chinese". *Language and Linguistics*, 2004, pp. 863-889.

冲突，构成两个变调域，"1+2"结构中重读的第一音节与第二音节相邻，造成重读音节冲突，为避免重读冲突消除第二音节的重读特征，整个复合词构成一个变调域。

鉴于神木话入声变调规则在三音节结构中的应用方式与丹阳话扩展型变调规则在三音节复合词中的应用方式类似，我们尝试采用包智明的分析对神木话入声变调规则在三音节结构中的应用加以分析。分别以"建筑师"和"脱衣裳"来演示这两类结构的变调过程：

（15）　　　　　　　建筑师　　　　　　脱衣裳

　　　　　　　　　　[[σσ]σ]　　　　　　[σ[σσ]]

　　重读　　　　　'σσ 'σ　　　　　　'σ 'σσ

　　重读消除　　　　—　　　　　　　　'σσσ

　　　　　　　　　('σ σ) ('σ)　　　　　('σσσ)

　　　　　　　　　('53-4) ('24)　　　　('4-24-44)

　　入声变调　　　　—　　　　　　　（2-24-44）

　　阴平和上声中和　('53-4) ('213)　　　—

　　表层形式　　　　53-4-213　　　　　2-24-44

"2+1"结构的偏正式复合词有两个重读的位置：[['σσ]'σ]，一个在修饰成分左边第一个音节上，一个在被修饰的中心成分上。复合词"建筑师"当中，由于重读的"建"与"师"不相邻，因此不用消除其中一个的重读特征，这个词包含两个变调域，第二音节的入声和第三音节的阴平分属两个变调域，因此入声变调不应用。动宾短语"脱衣裳"当中，动词和宾语第一音节重读：['σ['σσ]]，这造成两个相邻的音节都重读，因此删除"衣"的重读特征，然后"脱"与"衣"重新构成一个变调域并运用入声变调规则。表面上看，入声变调规则可以跨越"脱"和"衣裳"之间的词界线应用，似乎循环应用，实际上是拼读完成后音系重新调整的结果，神木话的入声变调规则并不以循环的方式应用，受到语段不可透条件（PIC）的制约。

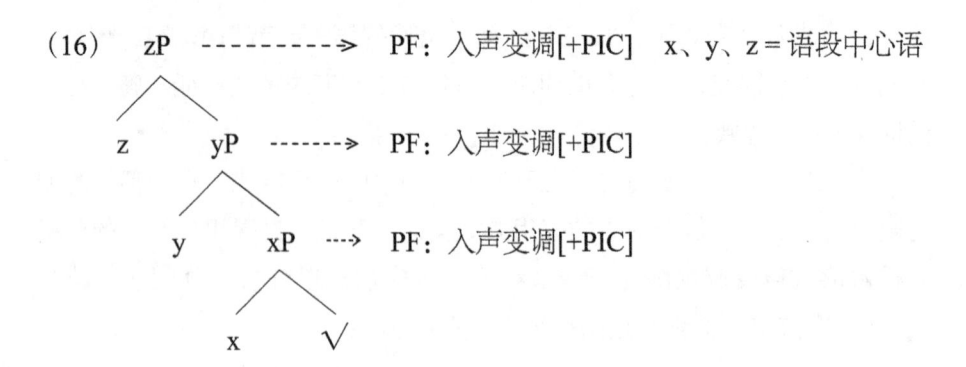

(16)　　zP　---------→　　PF：入声变调[+PIC]　　x、y、z = 语段中心语
　　　　／＼
　　　z　　yP　-------→　　PF：入声变调[+PIC]
　　　　／＼
　　　y　　xP　----→　　PF：入声变调[+PIC]
　　　　／＼
　　　x　　√

三、声调制约条件：*LL

这一部分我们讨论神木话当中极为重要的一条关于声调的制约条件。大多情况下，阴平和上声在词末或短语末中和为边界调213，然而，该位置上并非所有的阴平和上声都会读边界调，更确切地说是并非所有的阴平调24会读边界调213，例如：

(17)　　　　　　　　　　　　　　词　　　短语
　a.　阴平+阴平　　[24–213]　飞机　　山高
　　　阳平+阴平　　[44–213]　牛筋　　钱多
　　　去声+阴平　　[53–213]　跳高　　气粗
　　　入声+阴平　　[4–213]　律师　　出书
　b.　上声+阴平　　[21–24]　老师　　眼花
　　　入声+阴平　　[2–24]　结婚

(18)
　a.　X+上声+阴平　　　　　　　　　　词　　　短语
　　　阴平+上声+阴平　　[24–21–24]　抽水机　开火车
　　　阳平+上声+阴平　　[44–21–24]　平板车　捶死猪
　　　上声+上声+阴平　　[24–21–24]　打火机　打饱声
　　　去声+上声+阴平　　[53–21–24]　爆米花儿　练体操
　　　入声+上声+阴平　　[4–21–24]　一两天　吃小亏

b. X+入声+阴平　　　　　　　　词　　　短语
　　阳平+入声+阴平　[44-2-24]　门圪唠　寻石灰
　　　　　　　　　　[44-4-213]　寻律师
　　阴平+入声+阴平　[24-2-24]　锅圪巴　背黑锅
　　　　　　　　　　[24-4-213]　公积金　钢笔尖儿
　　上声+入声+阴平　[24-2-24]　土圪堆
　　　　　　　　　　[21-4-213]　补习班　小客厅
　　去声+入声+阴平　[53-2-24]　墓圪堆　唱国歌
　　　　　　　　　　[53-4-213]　向日葵　建筑师
　　去声+入声+阴平　[4-2-24]　　不搭腔　跌一跤
　　　　　　　　　　[4-4-213]　　滑石粉　吃黑枣

c. 其他
　　上声+轻声+上声　[24-0-24]　葵花籽儿
　　去声+轻声+阴平　[53-0-24]　豆腐干儿
　　去声+轻声+上声　[53-21-213]　豆腐脑儿

（17a）中前字声调为阴平24、阳平44、去声53和入声4，这些调均为高调域的调，在这些声调后面，阴平24读单字调213，（17b）中，前字声调为上声21或入声变调后的2，这些调均为低调域声调，在这些调后面，阴平不变调，维持原来的24调。（18）的三字组中的情况也是如此。（17）和（18）中的声调组合表明，在神木话中，连续出现两个低调域的声调是不被允许的。

此外，根据神木话的上上变调规则，两个低调域的上声连读，前一个调要变为高调域的24（21+21→24+213）。综合以上诸变调事实，可以得出神木话中关于不同声调之间的线性配列存有这样一条制约条件：

（19）*LL：同一变调域内不允许出现两个连续的低调

根据这条制约条件，同一变调域内HH、HL和LH这样的调域组合是音系语法所允许的，LL则不被允许。

这一制约条件在神木话的音系语法中扮演十分关键的角色，既可以诱发某些变调规则的应用，如上上变调规则，还可以阻断某些变调规则的应用，如词末或短语末阴平不变读边界调213的情况。也就是说，对很多变调规则来说，应用还是不应用完全取决于变调后是否会造成对该制约条件的违反[①]。除了对普通两字组、三字组中变调规则的应用加以限制，这条制约条件对神木话多音节词末尾音节的轻读与否、轻声词缀的调值也有影响，后面会有详细讨论。

四、神木话的轻音调和轻声调

根据邢向东的调查研究，神木话的轻声调调值固定，读低调21，不受原调和前面音节声调的影响，读轻声调的成分主要有：1）单纯词或复合词的后一音节；2）后缀"-子[tsəʔ⁰]"；3）AA式、ABB式名词重叠词的复式，即最后一个音节；4）AABB式形容词的复式，即第二音节和第四音节；5）虚化的量词"个[kəʔ⁰]、种[tʂwɤ̃⁰]"、趋向助词"去[kəʔ⁰]"、方位词"里[ləʔ⁰]"、助词"的[təʔ⁰]、得[təʔ⁰]、着[tʂəʔ⁰]"等。

在第四章关于盘上话复合词后轻读现象的讨论中，我们对汉语当中轻声语素和轻读语素进行了分析，分辨了两类语素在历史来源和共时音系表征上的异同。在神木话当中，这两类语素虽然在表层统一读轻声调，不过这些轻声的语素在语言使用者的语法知识里有着不同的音系表征。追溯这些"轻声的音节"产生的历史过程，或许它们当初的起因具有共同之处，但是在共时语法层面上，将它们归为性质相同的同一类现象不仅带来分析上左支右绌的困境，在理论上也不利于进一步逼近语言事实的真相。

与盘上话当中的情况一致，神木话当中轻声调根据底层表达的不同分为两大类，我们分别用"轻音调"和"轻声调"来指称这两类底层有别但表层一致的声调。在标音上，以便与上声21相区分，我们用"0"而非实际的调值21来标记这两类声调。

读轻音调的语素主要是复合词的最后一个音节，读轻声调的语素主要

[①] 此外，神木话有的虚词只在该制约条件允许的前提下才可读轻声，上声后面的虚词不读轻声，例如：

	24-0	44-0	53-0	4-0	21-4
的[təʔ⁴]	青的	红的	大的	黑的	扁的
着[tʂəʔ⁴]	听着	忙着	看着	吃着	养着

有名词后缀"-子[tsəʔ⁰]"、名词AA式和ABB式重叠词的复式、虚化的量词"个[kəʔ⁰]、种[tʂwɤ̃⁰]"、趋向助词"去[kəʔ⁰]"、方位词"里[ləʔ⁰]"，以及助词"的[təʔ⁰]、得[təʔ⁰]、着[tʂəʔ⁰]"等。

在神木话中，"轻音调"是推导出来的，这类"轻声调"在底层有对应的词汇调，由于处在弱读位置上而丢失原调，如果出现在非弱读的位置上，其底层声调可以还原。轻音调主要出现在复合词当中：

(20) 后轻读规则：轻读双音节复合词的后一个音节

由于读轻音调的语素底层有调，因此在该语素轻读之前，会促发相应的变调规则的应用，以"雨伞[24-0]"为例：

(21)　雨伞[24-0]

　　　底层形式　　　　　　　21　21
　　　上上变调　　　　　　　24　21
　　　后轻读+*LL　　　　　 24　 0
　　　表层形式　　　　　　　[24-0]

由于"雨"和"伞"底层都读上声调，上上变调规则应用，然后后轻读规则运用，"伞"变读轻音调，通过这两条变调规则的有序应用，最后我们推导出"雨伞"正确的表层形式[24-0]。可以发现，后轻读规则的应用使得底层声调为"上声+上声"的双音节词在表层呈现出晦暗的状态。

较之轻音的语素底层读原来的词汇调的特点，神木话的轻声调则底层不充分赋值，只有一个声调节点：

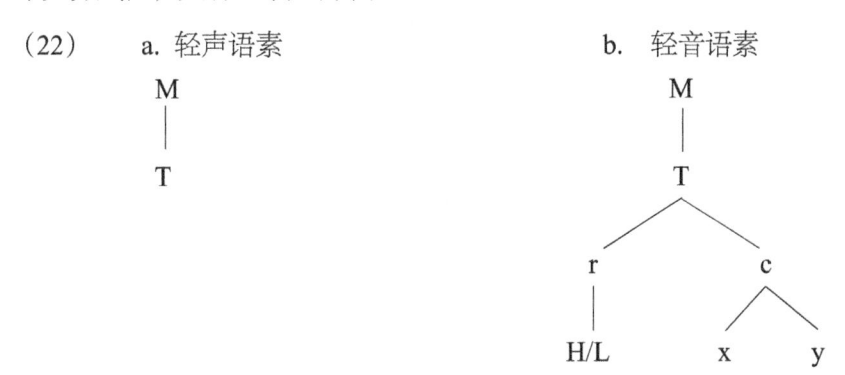

(22)　　a. 轻声语素　　　　　　　　b. 轻音语素

　　　　　M　　　　　　　　　　　 M
　　　　　｜　　　　　　　　　　　 ｜
　　　　　T　　　　　　　　　　　 T
　　　　　　　　　　　　　　　　　╱ ╲
　　　　　　　　　　　　　　　　　r　 c
　　　　　　　　　　　　　　　　　｜　╱╲
　　　　　　　　　　　　　　　　　H/L x y

由于轻声调底层无调域特征和调形特征的赋值，在表层通过默认赋值获得一个低调L，不过，受神木话*LL这一制约条件的作用，在低调域的上声调21后，轻声调会上抬为高调：

(23) 轻声调抬升规则：L → H / L __

　　轻声调上抬为哪个高调有多种可能。如果读轻声调的语素为以喉塞音收尾，那么就上抬为入声调4ʔ，如后缀"-子[tsəʔ]"："掸子[21-4ʔ]"；如果读轻声调的语素不是入声音节，那么就上抬为与上声调21关系密切的24调，如重叠名词中的复式"爪爪[tsɔ²¹ tsɔ²⁴]"。

　　这一节我们讨论了神木话的声调系统，单字调系统中阴平和上声合并，但是这两个调类连调行为的不一致表明底层声调系统中，两个调类依然分立。在连读变调方面，神木话的变调并不复杂，主要有上上变调和入声变调。上上变调规则在词的层面和短语结构层面循环运用，而且无例外。相反，入声变调规则的应用受到词或短语内部结构界线的阻碍，以非循环的方式应用，同时还存在很多不应用的例外情况，新近自普通话借入的复合词很多不应用该规则。

　　除此之外，我们还分析了神木话当中一条极其重要的声调制约条件*LL，探讨这条制约条件对神木话变调过程的限制作用。最后，对神木话当中的"轻音调"和"轻声调"作出区分，探讨它们在底层表达上的差异。

　　就应用的先后顺序而言，这一节讨论的变调规则的应用顺序为：

(24) a. 上上变调、入声变调 > *LL + 后轻读规则

　　　b. *LL > 轻声调抬升

第二节　神木话构词层面的区分

　　神木话主要的构词手段有加缀、重叠和复合，其中圪头词和重叠式名词是晋方言区词汇的一大特点，神木话的重叠名词在周围的方言中尤为突出。在神木话的构词系统中，不同构词过程生成的词的语义特点不同，伴随的音系变化也不尽相同。

　　神木话不同的构词操作在音系方面和语义方面表现出差异，原因在于这些构词操作在词库内不同的构词层面上进行，发生合并的成分的形态范畴不同，生成的词的语段结构不同，因而在音系模块和语义模块接受解读

的方式就有差别。

一、词根层面与词层面的区分

参照词基的类型（黏着性词根或自由词）、构词规则的能产度、所造之词的语义特点（如内部的组合性）和应用的音系规则这四项主要标准，神木话中存在的各类构词操作大致可以分为三类[①]：

(25)   词基类型   能产度   语义组合性   音系规则

a.

	词基类型	能产度	语义组合性	音系规则
-子（A子、AB子）	词根、词	-	-	*LL、词缀轻声调抬升
-儿（A儿、AB儿）	词根、词	-	-	儿化变调>阴平、上声中和
并列复合词	词根、词	-	-	上上变调、入声变调>*LL+后轻读
偏正复合词	词根、词	+	+/-	上上变调、入声变调>*LL+后轻读
动宾、主谓复合词	词根、词	-	-	上上变调、入声变调

b.

	词基类型	能产度	语义组合性	音系规则
形容词AA儿式重叠	词	++	+	儿化变调
形容词AABB式重叠	词	+	+	模板变调

c.

	词基类型	能产度	语义组合性	音系规则
圪1-（名词、形容词）	词根、词	-	-	入声变调>*LL+后轻读
圪2-（动词）	词	++	+	入声变调>*LL+后轻读
名词AA、ABB重叠Ⅰ	词根、词	-	-	*LL，复式轻声调抬升
名词AA、ABB重叠Ⅱ	词	+	+	*LL，复式轻声调抬升

以上三类构词操作在生成的词的语义组合性和应用的音系规则上呈现出系统性的差异，(25a)的构词操作能产度有限，词基与词缀互相选择，

[①] 就能产度而言，"-"表示能产度低，"+"表示能产度中等，选择的词基范围有限，"++"意味着高度能产；就语义的组合性而言，"-"表示语义组合性较弱，"+"表示语义组合性强。后轻读指的是双音节词当中后一音节轻读。

生成的词语义比较特殊，虽与词基相关，但可能出现不同程度的偏离，需要大脑专门记忆，在音系推导过程中由于涉及较多音系规则的按序应用导致音系结构呈晦暗状态。(25b) 的构词操作能产度高，生成的词语义上可分析性强，体现为词基与词缀语义的简单加和，音系推导过程简单、透明。(25c) 的构词操作中，同一个构词过程出现分化，分别呈现出 (25a) 和 (25b) 中的构词操作生成的词的语义特点和音系特点。

可以发现与平遥话和盘上话词库内的构词格局大致相同，神木话同样存在两个构词的层面，即词根层面和词的层面。词根层面上，构词操作以词根或词根的组合作为词基，生成的词为单语段结构：$[\sqrt{}+x]xP$ 或 $[[\sqrt{}1+\sqrt{}2]\sqrt{}P+x]xP$；词层面上，构词操作以成词为词基，生成的词为多语段结构：$[xP+y]yP$ 或 $[xP+yP]xP$。(25a) 和 (25b) 这两类构词过程分别在词根层面和词层面上进行，构词过程中发生合并的词基的形态范畴不同，合并后生成的语段性质不同，送至音系和语义模块后采用不同的解读方式。(25c) 中的构词过程则分属词根层面和词层面。神木话的词库内部呈现出以下分层结构，如图 6.1 所示：

	形态	音系	语义
词根层面	圪1-（名词、形容词、动词） -子（A子、AB子） -儿（A儿、AB儿） 名词AA、ABB式重叠I 并列、偏正、动补复合词 （动宾、主谓复合词）	上上变调、入声变调 ∨ 儿化变调 ∨ *LL+后轻读、复式轻声调抬升 ∨ *LL+阴平和阳平中和	特殊语义： 词缀、词根协商解读
词层面	i. 圪2-（动词） ii. 人称代词复数后缀"-每" 名词AA、ABB式重叠II 形容词AA儿式重叠 形容词AABB式重叠	i. 入声变调 > *LL+后轻读 ii. 上上变调、入声变调 ∨ *LL+阴平和阳平中和 ∨ *LL+复式轻声调抬升	组合语义： 词缀、词基语义相加

图 6.1　神木话词库分层结构

基于以上分层模式，接下来我们对神木话两个构词层面上发生的构词过程进行分析，对在不同层面上生成的词的音系推导过程和语义解读方式加以阐释。

二、词根层面的构词操作和音系过程

在词根层面上进行的构词过程有：

1）后缀 "-子[tsəʔ⁰]"
2）后缀 "-儿[-ʌɯ，H]"
3）双音节基础复合词

对于呈现出双重层面属性的前缀 "圪-[kəʔ⁴]" 和名词重叠，此处暂不作讨论，后面单独进行讨论。现在对词根层面上进行的构词过程逐一进行分析。

（一）后缀 "-子[tsəʔ⁰]"

与平遥话类似，神木话的 "子" 缀加缀的词基既有黏着词根也有可独立使用的词，这些词基类型多种多样，主要有：1）单音节的名词性词根、形容词性词根和动词性词根；2）词根的组合（即复合词根）；3）圪头词和分音词。与许多汉语方言一致，神木话的后缀 "子" 发挥的形态功能主要在于作为名词的标记。神木话子缀词举例如下：

(26) 神木话子缀词

a. 词基为名词性词根

坯子	蝇子	纽子	墓子	帖子
[pʰei²⁴ tsəʔ⁰]	[jɤ⁴⁴ tsəʔ⁰]	[njəu²¹ tsəʔ⁴]	[mu⁵³ tsəʔ⁰]	[tʰjəʔ⁴ tsəʔ⁰]
土坯	苍蝇	纽扣	墓堆	帖子

b. 词基为形容词性词根

冷子　　[lɤ²¹　tsəʔ⁴]　　冰雹　　　聋子　[lwɤ⁴⁴　tsəʔ⁰]　耳朵聋的人
瞎子　[xaʔ⁴　tsəʔ⁰]　眼睛瞎的人　　哑子　[ja²¹　tsəʔ⁴]　　哑巴

c. 词基为动词性词根

背子　　　　[pei⁵³　tsəʔ⁰]　　　　一次性背的庄稼捆儿、柴火

嚼子　　　　[tɕjɔ⁴⁴　tsəʔ⁰]　　　　横勒在牲口嘴里的小铁链
碾子　　　　[njɛ²¹　tsəʔ⁴]　　　　把谷物碾碎的石制工具
裂子　　　　[ljəʔ⁴　tsəʔ⁰]　　　　手脚上崩开的缝儿
擦子　　　　[tsʰəʔ⁴　tsəʔ⁰]　　　擦床

d. 圪头词/分音词+子

圪撩子　　　[kəʔ⁴　ljɔ⁴⁴　tsəʔ⁰]　　　蝎子
卜鬆子　　　[pəʔ²　tɕjəu²⁴　tsəʔ⁰]　　辫子

e. 复合词根+子

蛇鼠子　　　[ʂə⁴⁴　ʂu²¹　tsəʔ⁴]　　　一种蜥蜴
炭煤子　　　[tʰɛ⁵³　mei⁴⁴　tsəʔ⁰]　　煤面儿
鼻尖子　　　[piʔ²　tɕjɛ²⁴　tsəʔ⁰]　　鼻尖
胸脯子　　　[ɕyɤ̃²⁴　pʰu⁴⁴　tsəʔ⁰]　　胸脯
树枝子　　　[ʂu⁵³　tsʅ²⁴　tsəʔ⁰]　　树枝
茶叶子　　　[tsʰa⁴⁴　jəʔ⁴　tsəʔ⁰]　　茶叶
扣门子　　　[kʰəu⁵³　mɤ̃⁴⁴　tsəʔ⁰]　　新式扣眼儿
冰琉子　　　[pjɤ̃⁴　ljəu⁴⁴　tsəʔ⁰]　　冰锥
稀水子　　　[ɕi²⁴　ʂwei²¹　tsəʔ⁴]　　煮得太稀的粥
猪筒子　　　[tʂu²⁴　tʰwɤ̃²¹　tsəʔ⁴]　　饭量特别大的人
算盘子　　　[swɛ⁵³　pʰɛ⁰　tsəʔ⁰]　　算盘
坎肩子　　　[kʰɛ²¹　tɕjɛ²⁴　tsəʔ⁰]　　坎肩
挖耳子　　　[va²⁴　ʌɯ²¹　tsəʔ⁴]　　挖耳勺
顶门子　　　[tjɤ̃²¹　mɤ̃⁴⁴　tsəʔ⁰]　　给无子的死者充当儿子的人
张眼瞎子　　[tʂã²⁴　jɛ²¹　xaʔ⁴　tsəʔ⁰]　不识字的人

　　（26a）中的词根大多数在神木话中不可单说，加"子"后方可成词；（26b）和（26c）中的形容词性词根和动词性词根可以作为形容词和动词单独使用，加"子"后转变为相应的人或物。（26d）和（26e）的子尾词当中，多数词基是不可单独使用的，加"子"后方可使用，但个别词基可以单用，单用形式与子尾形式表达的语义基本无差，如"算盘~算盘子""炭煤~炭煤子"。

在能产程度上，虽然神木话有大量的子尾词，但是"-子"构成新词的能力在逐渐变弱，尤其是在年轻人当中，甚至出现了将子尾去掉的情况，这种趋势在"AB子"形式的词当中比较明显，例如：

（27）　　老派：　　围裙子　　　　手套子　　　　算盘子　　　　手巾子
　　　　　新派：　　围裙　　　　　手套　　　　　算盘　　　　　毛巾

就子尾词指称的人或物而言，有些可以通过词基的语义推导出来，如"坯子""墓子""瞎子""傻子""茶叶子"，有些则仅仅与词基相关，具体的指称难以预测，如"裂子：手脚上崩开的缝儿""稀水子：煮得太稀的粥""顶门子：给无子的死者充当儿子的人"。总体上而言，子尾词的语义预测度并不高。

在音系形式上，神木话的后缀"子"因音系弱化从开音节变为喉塞音收尾的入声音节，声调读轻声调，底层无具体声调特征的赋值。"子"缀的表层调视前一音节调域的高低有两个变体21调和4调，当前一音节为高调域的44、53、24和4ʔ，"子"就读低的轻声调21；当前一音节为低调域的21，受*LL这一制约条件的驱动，"子"的声调抬升为与入声音节相匹配的高调4ʔ。

在连调方式上，双音节子尾词前一音节不变调，后缀"-子"根据词基的声调采取相应的变体形式。就三音节子尾词而言，变调规则从左至右运用，词基首先根据普通两字组变调模式进行变调，然后后缀"-子"根据变调后的词基的第二音节（即"子"前面的音节）采用相应的变体形式。

综合以上观察，可对后缀"-子"做出以下归纳：在形态功能上，后缀"-子"相当于一个名物化词缀，可以附加在不同语义特征的词根上构成与该词根相关的人或物；在能产度上，后缀"-子"构成新词的能力很弱；在语义的组合性上，很多子尾词语义比较特殊，难以预测，指称的事物非常具体；在音系形式上，子尾词应用的变调规则并不特殊，推导过程比较透明。

在以上特点当中，需要做出解释的是（部分）子尾词语义上的不可预测性。理由在于"-子"的加缀过程发生在词根层面上，与之发生合并的是尚未进行形态–句法语类特征赋值的光杆词根。这些光杆词根具有多项语义特征，在与"子"合并后构成一个语段送至LF模块解读时，就存在多种可能的语义解读，最后解读为哪一种含义则需要参考百科知识。子尾词的语段结构为：

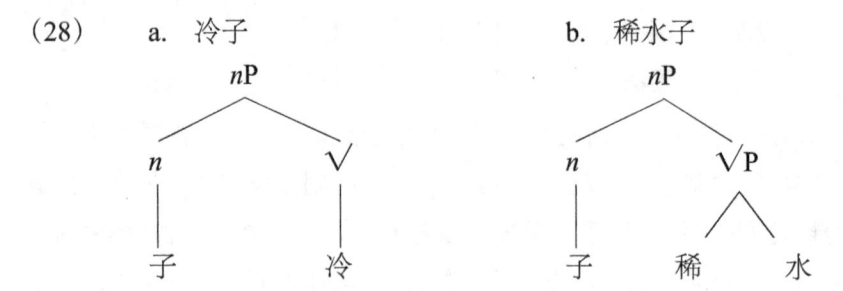

(28)　　a. 冷子　　　　　　　　　　b. 稀水子

```
         nP                                  nP
        /  \                                /  \
       n    √                              n    √P
       |    |                              |   /  \
       子   冷                             子  稀   水
```

对于三音节子尾词的内部语素结构，有两种可能的情况：[[AB]+子]（如"顶门子"）和[A+[B子]]（如"墨盒子"），前一种结构的生成过程是先复合再加缀，后一种结构则是先加缀后复合，只有前一种结构才是真正意义上的三音节子尾词。在关于后缀"–子"的讨论中，我们只关注[[AB]+子]结构的"真子尾词"。不过弄清楚神木话当中一个AB子形式的词内部结构究竟是[[AB]+子]还是[A+[B子]]，有时候并不十分容易，目前可以参考的只有语义上的特点，音系上并无变调方面的证据可以有效地区分这两类不同结构的词。再看一下这两类词分别应用的变调规则，发生变调的音节加粗斜体标记出来：

(29)　　a. [AB]+子　　　　　　　　b. A+[B子]

变调域₁：　上上变调　　　*A*　B　子　*LL+轻声调抬升　A　*B*　*子*
　　　　　入声变调

变调域₂：　*LL+轻声调抬升　A　*B*　*子*　上上变调　　　*A*　B　子
　　　　　　　　　　　　　　　　　　　　　　　入声变调

在[AB]+子结构中，变调域₁应用的变调规则均为前变调（即A变调），变调后B的声调还是原调，然后在变调域₂中受制约条件*LL的促发，如果B为低调，后缀"子"的轻声调抬升为4?，这时B的声调依然是原调；在A+[B子]结构中，变调域₁当中轻声调抬升规则先应用，"子"会变调，但B不变调，然后在变调域₂当中应用上上变调规则和入声变调规则，只有A变调，B不变。

处在结构左边界或右边界位置上的B的声调是判断"AB子"内部结构的关键。然而，在这三条规则当中，上上变调规则和入声变调规则导致前一声调发生变化，声调制约条件*LL触发的是"子"缀声调的抬升，变调域中的前一声调不变化。因此，无论规则应用的顺序怎样排列，都不会造成B的声调发生变化，内部结构不同而导致的变调域切分方式的不同对"AB子"结构的词最终的变调结果没有影响，从音系上判断两类词的内部结构并不可行，目前只能根据语义来推测属于哪一类内部结构。

（二）后缀"−儿[-ʌw, H]"

神木话儿化名词数量较多，在一部分名词当中，儿化的功能主要为表示小称义，客观上的小称或主观上的小称。不过很多儿化名词的指小含义已经高度磨损变得不明显，在这种情况下，儿化名词指称具体的事物。

"−儿"缀在神木话当中构成儿化名词的能产性受限，儿化名词是一个封闭的有限集合，多为神木话中与日常生产生活相关的固有词汇。神木话当中能产度高的表示名词小称义的构词方式是重叠，重叠名词的指小功能十分明显，很多类型的词都可以通过重叠的方式来表达主观小量或客观小量的概念，重叠名词是个开放的集合。乔全生关于山西方言中子尾名词、儿尾名词和重叠名词的综合研究中指出，在表示"小称义"方面，一些方言中儿尾与重叠形成相互竞争或相互补充的态势[①]。在神木话当中，儿尾名词与重叠名词形成互补的格局。神木话儿化名词举例如下：

(30) 单音节儿化词

疮儿	瓢儿	枣儿	杏儿	鹿儿
[tʂʰwʌɯ²¹³]	[pʰjʌɯ⁵³]	[tsʌɯ²¹³]	[xʌɯ⁵³]	[lwʌɯ⁴⁴⁽⁵³⁾]

---

① 乔全生：《山西方言"子尾"研究》，《山西大学学报》（哲社版）1995年第3期，第55—65页。

(31) 双音节儿化词

a. 板凳儿 [pe²¹ tʌɯ⁵³]　　　　　　板凳凳 [pe²¹ tɤ⁵³ tɤ⁰]
　　板凳　　　　　　　　　　　　　矮腿的小方凳

　圪节儿 [kəʔ²⁴ tɕjə²⁴ tɕʌɯ⁴⁴]　　圪节节 [kəʔ²⁴ tɕjə²⁴ tɕjəʔ⁰]
　　玉米、高粱秆儿较短的段儿　　　特别碎的段儿

　酒壶儿 [tɕjəu²¹ xwʌɯ⁵³]　　　　酒壶壶 [tɕjəu²¹ xu⁴⁴ xu⁰]
　　酒壶　　　　　　　　　　　　　小酒壶

b. 顶针儿 [tjɤ̃²¹ tʂʌɯ²⁴]　　　　　顶针子 [tjɤ̃²¹ tʂɤ̃²⁴ tsəʔ⁰]
　　小的顶针　　　　　　　　　　　顶针

　手巾儿 [ʂəu²¹ tɕjʌɯ²⁴]　　　　　手巾子 [ʂəu²¹ tɕjɤ̃²⁴ tsəʔ⁰]
　　手绢　　　　　　　　　　　　　毛巾

　被面儿 [pi⁵³ mjʌɯ⁵³]　　　　　　被面子 [pi⁵³ mjɛ⁵³ tsəʔ⁰]
　　小的被面　　　　　　　　　　　被面

c. 菜籽儿 [tsʰɛ⁵³ tsʌɯ²¹³]　　　　熏枣儿 [ɕyɤ̃²⁴ tsʌɯ²¹³]
　　蔬菜种子　　　　　　　　　　　熏制的枣儿

在神木话中，"-儿"缀指小的形态功能遭受磨损，儿化词并不一定指的是同类事物中较小的那个，如（30）中的单音节儿化词和（31a）中的双音节儿化词。然而，儿化名词的小称意义虽然受到磨损，但并未完全消磨掉，这在（31b）给出的词对儿中得以体现，其中子尾名词是对事物的统称，儿尾名词则指的是同类事物中尺寸稍小的一方，类似于（31b）中的词对儿在神木话中还有不少。

虽然神木话中比较强势、能产的构成名词小称形式的手段是重叠，但是如果一个名词的儿化形式具有小称义，那么这个名词就不大可能再通过重叠来构成小称形式[①]表小称义的儿化名词的存在，会阻碍相关词基通过重叠的方式构成小称形式，这与英语、德语等语言中强动词与弱动词的情况类似。

[①] 少数名词儿化形式、重叠形式和子尾形式都有，如"背锅儿~背锅锅~背锅子""酒盅儿~酒盅盅~酒盅子"，但这种情况不多。

在词根层面上,"-儿"缀直接与词根合并,合并后生成的儿化名词究竟是指称具体的事物还是表达小称的含义是不可预测的,需要儿缀与词根参考百科知识后互相协商。神木话儿化名词的语段结构如(32)所示,(33)分别给出具体的儿化名词的语段结构。

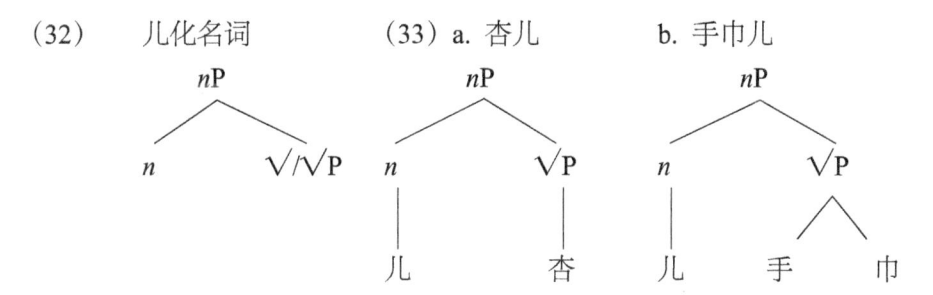

(32) 儿化名词　　(33) a. 杏儿　　　b. 手巾儿

```
    nP              nP              nP
   /  \            /  \            /  \
  n   √/√P        n    √P         n    √P
                  |    |                / \
                  儿   杏          儿   手  巾
```

现在我们看名词儿化过程中声调的变化。观察(30)和(31)中的儿化名词,可以发现以下几点:

1) 单音节儿化词中,词基为阴平和上声的儿化后读213,其他声调的词基儿化后读高调53或44;

2) 双音节儿化词中,词基第二音节的原调如果为阴平和上声,该音节儿化后的声调视词基第一音节的调域高低不同有两个变体形式,如果词基第一音节的声调为高调域的24、44、53和4ʔ,第二音节的儿化调为213,否则,如果词基第一音节的声调为低调域的21,第二音节的儿化调为24。

就单音节儿化词的声调,邢向东在不同时期发表的文章中给出的调值并不一致。(34)是根据邢向东1996年的文章提供的语料归总出的单音节儿化词的声调。(35)是根据邢向东2002年的专著给出的语料归总的单音节儿化词声调。

(34) 单音节儿化名词声调变化[①]

底层调	阳平44	去声53	入声4	阴平24	上声21
表层调	53	53	44(53)	24	24
	门儿	镜儿	角儿	蜂儿	鸟儿

---

① 邢向东:《神木方言的儿化变调》,《方言》1996年第1期,第52—55页。

(35) 单音节儿化名词声调变化①

底层调	阳平44	去声53	入声4	阴平24	上声21
表层调	53	53	44（53）	213	213
	门儿	镜儿	角儿	蜂儿	鸟儿

（34）和（35）中，阳平、去声和入声的儿化调形式一致，分别为53、53、4/53，不同之处在于阴平和上声单音节儿化名词的声调。邢向东（1996）认为阴平和上声的儿化调为阴平24，邢向东（2002）认为阴平和上声的儿化调为单字调（或边界调）213②。其实，（34）和（35）中阴平和上声儿化调的差异在于后者给出的是单音节儿化名词单念时的声调形式，前者并不一定是。前面我们已经提到，神木话当中，24和21两个声调单念时或处在结构右边界位置上时的形式跟它们处在结构其他位置上的形式并不完全一致，在不违反*LL这一声调制约条件的前提下，24和21两调在单念时或处在结构的右边界位置时会读边界调213。参照这一变调规则，并对比非词末位置上的语素儿化后的声调形式，如（36）所示，和词末位置上的语素儿化后的声调形式，如（37）所示，可以得出阴平和上声词根儿化后的声调应该是24调③，是一个高调，当单念时或处在词的右边界位置上时，儿化调24会进一步有条件地读边界调213。也就是说，神木话的儿化名词统一地读高调域的声调（53、44和24），"-儿"缀的音系表达中包含一个高调域的音系特征："儿：/H/"。

(36) 非词末音节儿化后的声调变化

	河儿畔	杳儿树	各儿家	花儿草	雀儿蛋	两点儿水
底层调	44	53	4	24	21	21
表层调	53-53	53-0	44-0	24-0	24-53	24-24-0

---

① 邢向东：《神木方言研究》，北京：中华书局，2002年。
② 邢向东《神木方言的儿化变调》一文给出的神木话单字调为：阴平24、阳平44、上声213、去声53、入声4，邢向东《神木方言研究》书中给出的单字调为：阳平44、阴平+上声213、去声53、入声4。
③ 在这点上本书作者同意邢向东的相关观点，参见：邢向东《神木方言的儿化变调》(《方言》1996年第1期)。

(37) 词末音节儿化后的声调变化

底层调	阳平44	去声53	入声4	阴平24	上声21
表层调	[24-53]	[24-53]	[24-44]	[24-213]	[24-213]
	沙渠儿	干烙儿	山曲儿	浇花儿	熏枣儿
	[44-53]	[44-53]	[44-44]	[24-44-213]	[44-213]
	牙猫儿	红豆儿	牛角儿	金银兜儿	长袄儿
	[21-53]	[21-53]	[21-44/53]	[21-24]	[44-24-213]
	反文儿	酒壶儿	碗托儿	麻花儿	驴打滚儿
	[53-53]	[53-53]	—	[53-213]	[53-213]
	面条儿	外后儿	—	过生儿	菜籽儿
	[4-53]	[4-53]	[4-44/53]	[2-24]	[4-213]
	七成儿	麦鱼儿	夹克儿	雪花儿	笔筒儿

多音节词的词末位置上，阳平、去声和入声音节儿化后的声调与单念时和组合成词时的儿化调相同，阴平和上声则呈现出一些规律性差异。词末位置上，儿化后的阴平音节读24和213两个调，与前面讨论过的普通两字组和三字组中阴平调在词或短语结构右边界的表层声调一致，而且在分布上也体现出相同的特点，即如果前一音节为低调域的调，阴平不会实现为同为低调域的边界调213，如"雪花儿[2-24]""麻花儿[21-24]"，只有当阴平前面为高调域的调时，才会变读低调域的边界调213，如"金银兜儿[24-44-213]""过生儿[53-213]"。对于词末的上声音节而言，儿化后读边界调213，在普通两字组与三字组的右边界位置上，上声也会读边界调213，不过这两个213的推导过程并不相同，如下所示：

(38)　　　　　　　　　a. 儿化词　　　　　b. 普通两字组

　　　　　　　　　　　长袄　儿　　　　　淘米

底层形式	44+21+H	44+21
儿化变调	44-24	—
阴平、上声中和规则	44-213	44-213
表层形式	44-213	44-213

儿化词中的边界调213由上声21儿化变调为24后再变读边界调而来，普通两字组的边界调213则是由上声21直接变化而来。

综合以上分析，可以得出在神木话名词儿化过程中，词基最后一个音节的韵母变为儿化韵母-ʌɯ的同时，词基声调变为一个高调域的调：

(39) 名词儿化变调规则（r = 调域）

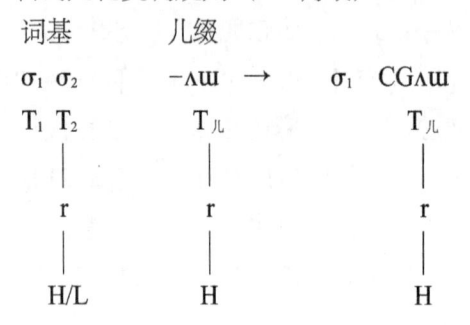

$$
\begin{array}{ccc}
\text{词基} & \text{儿缀} & \\
\sigma_1\ \sigma_2 & -\Lambda\text{ɯ} & \rightarrow \quad \sigma_1\ \text{CG}\Lambda\text{ɯ} \\
T_1\ T_2 & T_儿 & T_儿 \\
| & | & | \\
r & r & r \\
| & | & | \\
\text{H/L} & \text{H} & \text{H}
\end{array}
$$

本来就为高调域声调的阴平24和去声53儿化后依然读本调，同为高调的阳平44变读53调可看作是"词形变化趋同性"（paradigm uniformity）作用的结果[①]，这种趋同性在形容词AA儿重叠词中体现得尤为显著，下面会有讨论。入声4儿化后发生舒化，声调变为调高与之一致的阳平调44。至于低调域的上声21为何变为高调域的阴平调24，没有变成调形与之一致的去声53，目前尚无更好的解释，这可能与21和24在变调过程以及声调中和过程中所体现出的密切关系有关。

接下来分析儿化名词表层声调的推导过程，尤其是上上变调规则、入声变调规则的应用。首先是上上变调规则，先看以下例词：

(40)	两点儿	蚂蚁儿	驴打滚儿
底层调	21+21+H	21+21+H	44+21+21+H

[①] 关于构词过程中词形变化的趋同性的相关研究，可参见：L. Benua. *Tranderivational Identity: Phonological Relations Between Words*（1997, Ph.D. Dissertation, University of Massachusetts）、M. Kenstowicz. "Paradigmatic Uniformity and Contrast"（2005, *Paradigms in Phonological Theory*, Oxford University Press）、D. Steriade. "Paradigm Uniformity and the Phonetics-phonology Boundary"（2000, *Papers in Laboratory Phonology V: Acquisition and the Lexicon*, Cambridge University Press）、J. McCarthy. "Optimal Paradigms"（2005, *Paradigms in Phonological Theory*, Oxford University Press）和 S. Inkelas. *The Interplay of Morphology and Phonology*（2014, Oxford University Press）。

表层调　　24-213　　　　　24-213　　　　　44-24-213

对比以上儿化词的底层调和表层调之间的对应关系，可得出这些词的声调推导过程如下：

（41）　　　　　　　　两点儿　　　　蚂蚁儿　　　　驴打滚儿
　　　　底层调　　　　21+21+H　　　21+21+H　　　（44）+21+21+H
变调域₁　上上变调　　<u>24-21</u>　H　　<u>24-21</u>　H　　<u>24-21</u>　H
变调域₂　儿化变调　　24-<u>24</u>　　　24-<u>24</u>　　　24-<u>24</u>
　　　　阴平和上声中和　24-<u>213</u>　　24-<u>213</u>　　24-<u>213</u>
　　　　表层调　　　　24-213　　　　24-213　　　　44-24-213

在规则应用顺序上，上上变调规则在儿化变调规则之前应用。否则，假设儿化变调规则运用在先，上上变调规则运用的结构描写或动因由于被消除将无法应用。因此，这两条音系规则在儿化词的推导中呈反阻断关系（counter-bleeding relation）。

现在来看入声变调规则的应用，上一节提到神木话的入声变调规则是一条非循环应用的规则，只在第一个变调域当中应用，儿化词的推导过程同样证实了这一点。先看一下相关的例词：

（42）　　　　　雪花儿　　　　　笔尖儿　　　　　小笔筒儿
　　底层调　　　4+24+H　　　　4+24+H　　　　21+4+21+H
　　表层调　　　2-24　　　　　2-24　　　　　21-4-213

以上例词的推导过程如下：

（43）　　　　　　　　雪花儿　　　　笔尖儿　　　　笔筒儿
　　　　底层调　　　　4+24+H　　　4+24+H　　　4+21+H
变调域₁　入声变调　　<u>2-24</u>　H　　<u>2-24</u>　H　　<u>4-21</u>　H
变调域₂　儿化变调　　2-<u>24</u>　　　2-<u>24</u>　　　4-<u>24</u>
　　　　阴平和上声中和　*LL　　　　*LL　　　　4-<u>213</u>
　　　　表层调　　　　2-24　　　　2-24　　　　4-213

在应用顺序上，入声变调规则以非循环的方式应用，并且先于儿化变调规则，所以即使在"笔筒儿"的变调域₂当中，出现"4+24"满足变调条件的声调组合，入声变调规则也不再应用。

综合以上分析，神木话儿化名词的声调推导过程中不同变调规则应用的顺序为：

(44) 入声变调、上上变调＞名词儿化变调＞*LL+阴平和上声中和变调

（三）双音节基础复合词

神木话当中大量的双音节复合词后一音节轻读，轻读的范围比普通话和盘上话都要广，轻读导致声调弱化，最后读固定的低调21。轻读的复合词和非轻读的复合词列举如下：

(45) 神木话轻读复合词

名词	城墙	营生	东西	搓板儿
	[tʂʰɤ⁴⁴ tɕʰjã⁰]	[jɤ⁴⁴ sɤ̃⁰]	[twɤ̃²⁴ ɕi⁰]	[tsʰwo²⁴ pʌɯ⁰]
动词	试打	笑话	解下	拾掇
	[sɿ⁵³ ta⁰]	[ɕjɔ⁵³ xwa⁰]	[xɛ⁵³ xa⁰]	[ʂəʔ²⁴ twəʔ⁰]
形容词	勤饬	舒脱	乐活	大方
	[tɕʰjɤ̃⁴⁴ ʂəʔ⁰]	[ʂu²⁴ tʰwəʔ⁰]	[lwəʔ²⁴ xwəʔ⁰]	[ta⁵³ fã²¹]

(46) 神木话非轻读复合词

名词	来源	牛筋	飞机	律师
	[lɛ⁴⁴ yɛ⁴⁴]	[njəu⁴⁴ tɕjɤ̃²¹³]	[fei²⁴ tɕi²¹³]	[lwəʔ²⁴ sɿ²¹³]
动词	出榜	寻死	操心	失礼
	[tswəʔ²⁴ pã²¹³]	[sɤ̃⁴⁴ sɿ²¹³]	[tsʰɔ²⁴ ɕjɤ̃²¹³]	[ʂəʔ²⁴ li²¹³]
形容词	瞎眼	黢黑	害羞	满意
	[xaʔ²⁴ jɛ²¹³]	[tɕʰyəʔ²⁴ xəʔ²⁴]	[xɛ⁵³ ɕjəu²¹³]	[mɛ²¹ ji⁵³]

神木话双音节复合词的轻读趋势与盘上话存在一些一致的地方，如某些结构类型的复合词更容易轻读。除此之外，复合词轻读与否更大程度上受到声调方面的限制，双音节复合词后一音节轻读与否与前后两个音节的声调之间的相对音高有关。下面详细阐述这两方面的制约条件。

首先，不同结构类型的复合词中，动宾结构、主谓结构的复合词总体上不轻读，只有个别词可以轻读，轻读大多发生在并列结构、偏正结构、

动补结构的复合词当中，其中并列结构的复合词轻读范围最广。这一制约条件在低调域的上声调21作为后一音节的词中表现得最为直接和整齐，其中动宾结构和主谓结构的复合词后一音节一律不轻读，其他结构的复合词则后一音节一律轻读。

其次，轻读与否与复合词前后两个音节语音上的音高有关，这里指的是表层声调音高的高低。在邢向东（2002）表3—8的基础上[①]，根据关于神木话声调系统的分析，(47)重新给出了表层不同的声调组合发生轻读的情况。24、21调在词末中和为213调，(47)给出的是中和前的形式：

(47) 神木话双音节复合词的轻读

a.	表层调	24-24	24-44	24-21(213)	24-53	24-4
	轻读后	24-21	—	24-21	—	24-21
b.	表层调	44-24	44-44	44-21	44-53	44-4
	轻读后	44-21	44-21	44-21	—	44-21
c.	表层调	21-24	21-44	24-21(213)	21-53	21-4
	轻读后	—	—	24-21	—	—
d.	表层调	53-24(213)	53-44	53-21(213)	53-53	53-4
	轻读后	53-21	53-21	53-21	53-21	53-21
e.	表层调	2-24	4-44	4-21(213)	4-53	4-4
	轻读后	—	—	4-21	—	4-21

由（47）可以观察到：1）在结构允许的前提下，后一音节声调如果为上声21，则轻读该音节；2）前一音节读上声21时，后一音节不轻读；3）前后两个音节所负载的声调音高的相对高低对后一音节轻读与否有影响，如果前一音节音高不低于后一音节，后一音节可以轻读，否则不太容易会轻读。

神木话不同声调之间的高低对比关系对复合词轻读与否的影响与不同的声调所具有的韵律凸显度有关。德拉西（de Lacy）提出不同调域的声调的韵律凸显度性体现出这样一种排序关系（tonal prominence scale）：高调>

[①] 邢向东：《神木方言研究》，北京：中华书局，2002年，第135页。

中调>低调①。重读的音节中出现这三个调域的声调的可能性为：高调>中调>低调；相反，非重读的音节中出现这三个调域的声调的可能性则为：低调>中调>高调。在神木话双音节复合词中，只有当首音节的韵律凸显度强于或等于末音节的韵律凸显度时，末音节才可以轻声。神木话的五个声调在韵律显凸性上呈现出以下排序：

（48）神木话声调韵律凸显度的层级关系

　　去声53 > 阳平44 > 阴平24 > 入声4 > 上声21

基于（48）的排序，可以预测的情况是，首字为去声53的双音节轻声词在理论上应该最多，首字为阳平44的双音节轻声词次之，以此类推，首音节为上声21的双音节轻声词应该最少。这也与（47）中实际的情况相符。

此外，语言类型学的研究也发现，虽然重读的音节并不一定必然读高调②，如藏语名词的重读音节高、低调兼有③，瑞典语斯德哥尔摩方言也有类似的情况④，但世界上调查研究过的多数语言里，重读与否与声调高低之间表现出十分亲密的关联，重读的音节更倾向于读高调，如很多班图语族语言中底层无调的音节如果重读，游离的高调就会与该音节连接⑤。

可以说，在重音与声调的相互关联中，重读的音节读高调、非重读的音节读低调是无标记的情况。在神木话的五个声调中（24、44、53、21、4），只有一个低调域声调21，这意味着在所有第二音节轻读的双音节复合词当中，不轻读的第一音节始终为高调，轻读的双音节复合词整体上呈现

---

① de Lacy, P. "The Interaction of Tone and Stress in Optimality Theory". *Phonology* (19), 2002, pp. 1-32.
② de Lacy, P. "The Interaction of Tone and Stress in Optimality Theory". *Phonology* (19), 2002, pp. 1-32.
③ Meredith, S. *Issues in the Phonology of Prominence*. Ph.D. dissertation, MIT, 1990.
④ Bruce, G. *Swedish Word Accents in Sentence Perspective*. Lund: Gleerup, 1977.
⑤ 关于重读音节的声调实现问题的研究，可参见：B. Sietsema. *Metrical Dependencies in Tone Assignment* (1989, Ph.D. dissertation, MIT)、P. de Lacy. "The Interaction of Tone, Sonority, and Prosodic Structure" (2007, *The Cambridge Handbook of Phonology*, Cambridge University Press) 和 M. Pearce. "The Interaction Between Metrical Structure and Tone in Kera" (2006, *Phonology* [23])。

出 "H-L" 的音高模式。

在神木话的双音节复合词当中，声调的韵律凸显度对第二音节轻读与否的制约作用与复合词的结构类型没有关系，但是复合词轻读与否却似乎与复合词的结构类型有一定的关系。

在第四章关于盘上话复合词轻读现象和第五章关于平遥话复合词变调模式的分析中，我们已经指出，复合词轻读与否以及应用哪类变调模式虽然与结构类型有一定的关联，但最根本的区别在于复合词应用的是哪一个构词层面上的音系拼读规则。这三种方言当中，双音节的基础复合词在词根层面生成，照理来说，应该应用词根层面的音系规则，盘上话和神木话中，复合词应该第二音节轻读；平遥话中，复合词应该B类变调模式。然而，实际情况并非如此，词根层面生成的复合词可能应用词层面的音系规则，词层面或短语层面的结构可能应用词根层面的音系规则。

首先，与盘上话相一致，神木话并列结构的动词复合词、名词复合词和形容词复合词一般轻读。这类复合词在词根层面生成，两个光杆词根直接合并后再与音系上非显性的指派语类的功能语素合并，构成的语段结构为：

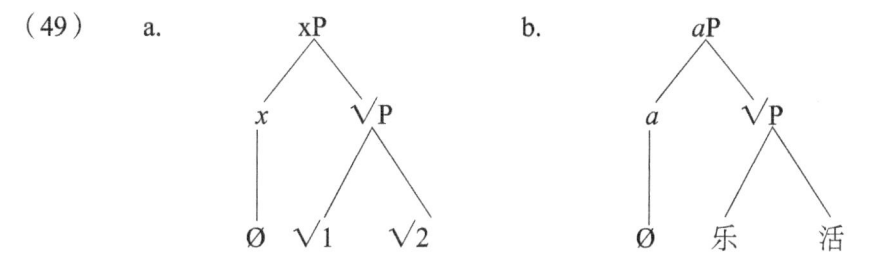

（49） a.　　　xP　　　　　　b.　　　aP
　　　　　／＼　　　　　　　　　　／＼
　　　　 x 　 √P　　　　　　　　a 　 √P
　　　　　　／＼　　　　　　　　　　／＼
　　　　　 Ø 　√1　√2　　　　　　Ø 　乐 　活

其次，神木话的动宾结构复合词、主谓结构复合词大多不轻读，其中仅有个别词汇化程度较高的可以轻读，如："觑眼[tsʰu⁴⁴ njɛ²¹]" 字面义为 "将眼睛眯成一条缝看"，现在词义为 "寻觅、物色"，作及物动词用，如 "觑眼个对象"。这类复合词在词根层面上构成，语段结构与并列复合词相同，动词性词根和名词性词根直接合并后再与指派语类特征的功能语素 v 合并，其中 v 在音系上是非显性的，"觑眼" 的语段结构为：[[√觑+√眼]√P+Ø]vP。

对于既可以做复合词也可以做短语的动宾结构，与盘上话一致，这些结构作为复合词使用时，在词根层面上生成，动词性词根与名词性词根合并后再与v合并；作为短语使用时，在句法部分生成，发生合并的是vP和nP。但是在送至音系模块进行拼读时，动宾结构的复合词使用的是与之关联非常密切的动宾短语的拼读规则，所以第二音节不可轻读。

最后，就偏正式复合词而言，神木话这类复合词轻读的范围很广。虽然自普通话引入的词汇很多不轻读，如"律师[4-213]""飞机[24-213]""零食[44-4]""早点[24-213]"，但轻读的也为数不少，如"厨房[44-0]""制服[53-0]"。这类复合词同样在词根层面上生成，两个词根合并后与指派语类的功能语素n合并：

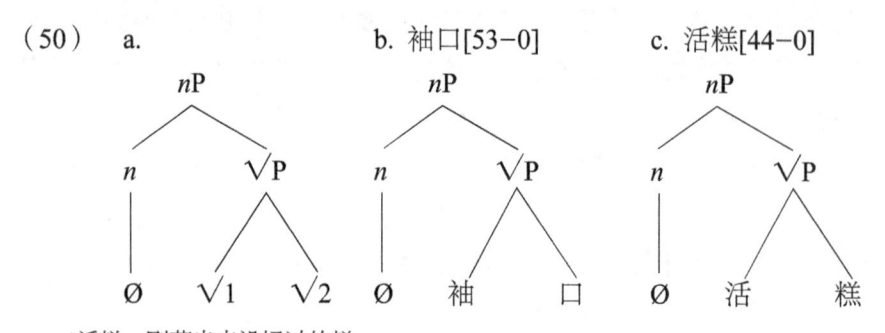

（50） a. b. 袖口[53-0] c. 活糕[44-0]

```
       nP                    nP                    nP
      /  \                  /  \                  /  \
     n   √P                n   √P                n   √P
     |   / \               |   / \               |   / \
     Ø  √1  √2             Ø  袖  口             Ø  活  糕
```

*活糕：刚蒸出来没揉过的糕。

这类复合词是否轻读则与词根语素之间的语义紧密度、复合词的使用频率和词汇化程度高低有关。在神木话当中，大多数的偏正式名词复合词都会轻读。

三、词层面的构词操作和音系过程

在词的层面上发生的构词过程有：形容词AA儿式重叠和形容词AABB式重叠。

在接下来的讨论中，我们将参照重叠过程中复式表达的语法功能和复式的音系表现，首先对这两类重叠构词方式的性质进行分析，分析发现形容词AA儿式重叠可以视作加缀的过程，AABB式重叠表现出明显的模板构词特点，暂时无法将其定性为加缀构词或复合构词。

由于这两类重叠构词过程在词的层面上进行，能产度高，构成的重叠词在语义解读上规律性强，音系结构透明。

（一）形容词AA儿式重叠

神木话AA儿式重叠词高度能产，重叠后所表示的程度强烈，语义结构为"非常+A"，不可用程度副词修饰。各个调类的单音节形容词重叠后的音系形式示例如下：

（51）

阴平24	清清儿	[tɕʰjɤ²⁴ tɕʰjʌɯ⁵³]	高高儿	[kɔ²⁴ kʌɯ⁵³]
阳平44	凉凉儿	[ljã⁴⁴ ljʌɯ⁵³]	强强儿	[tɕjã⁴⁴ tɕʰjʌɯ⁵³]
上声21	软软儿	[ʐʷɛ²¹ ʐʷʌɯ⁵³]	好好儿	[xɔ²¹ xʌɯ⁵³]
去声53	硬硬儿	[njɤ⁵³ njʌɯ⁵³]	快快儿	[kʰwɛ⁵³ kʰwʌɯ⁵³]
入声4	直直儿	[tʂəʔ⁴ tʂʌɯ⁵³]	密密儿	[mjəʔ⁴ mjʌɯ⁵³]

从以上例词可以看出，神木话单音节形容词重叠后复式必须儿化，词基读各自的底层调，无变化，复式一律读53调。

值得注意的一个事实是，不同于AB儿式儿化名词，形容词AA儿式的上声叠词中，第一个音节中的上声并没有应用上上变调规则变为阴平调24，可对比"驴打滚儿[44-24-213]"与"软软儿[21-53]"这两个词，前者中"打[21]→[24]"，后者中"软[21]"保持本调不变，这说明AA儿式重叠形容词中，复式并未复制基式的声调。AA儿式形容词中发生的韵母和声调的变化有两种分析方法，一种是词基完全复制后复式的韵母被儿化韵母替代；另一种则是复式韵母预先赋值法，复式相当于一个韵母及声调预先赋值的后缀。

根据第一种分析，AA儿式重叠形容词的生成过程如下，以"软软儿"为例：

（52） 词基　　复制　　→　　儿缀加缀　　→　　韵母、声调替换
　　　软　　软软　　　　　　软软+儿　　　　　　软软儿
　　　ʐʷɛ²¹　ʐʷɛ²¹ ʐʷɛ²¹　　ʐʷɛ²¹ ʐʷɛ²¹+ʌɯ⁵³　　ʐʷɛ²¹ ʐʷʌɯ⁵³

构词操作首先复制词基到第二个音节上，然后儿缀附加到双音节的重叠形式中并替换掉复式的韵母和声调。这种分析面临的问题是无法解释上声重叠词不应用上上变调规则的事实，因为构词操作复制词基后，生成一

个"上声+上声"的双音节结构,符合上上变调的条件,但实际上该规则并未应用。这表明先复制再儿化的推导过程不可行。

第二种分析方法,即复式韵母预先赋值法,则可以解释上声形容词的重叠式中上上变调规则没有应用。第三章中讲到,本质上而言,重叠并不是一种独立的构词方式,有的可分析为一种特殊的加缀构词方式,有的则可以按复合构词方式来分析,对于很多语言中的部分重叠而言,更像是一种加缀构词法。与第四章盘上话的AA儿式重叠一样,神木话的AA儿式重叠形容词生成过程可视作一种加缀构词过程,复式"A儿"相当于一个形容词强烈式后缀,与常规的后缀不同的地方在于该复式后缀的声母并未赋值,韵母和声调预先赋值为-ʌɯ⁵³,这个形容词的加强式后缀可表达为以下形式:

(53) 单音节形容词加强式后缀:CGʌɯ⁵³

由于强烈式后缀的韵母和声调预先赋值,因而重叠过程中仅仅复制了词根的声母和介音,声调并未复制,因此不会生成"上声+上声"的声调组合,自然不会促发上上变调规则的应用。所以,根据这种分析,虽然名称上称之为儿化变调,但神木话形容词AA儿式重叠词中的儿化调并非是变调而来,而是作为形容词强烈式后缀的固定声调由词库直接提供。以"好好儿"为例,AA儿式重叠词的语段结构如(54)所示(Degr.=Degree,表程度的功能语素):

(54) 好好儿[xɔ²¹ xʌɯ⁵³]

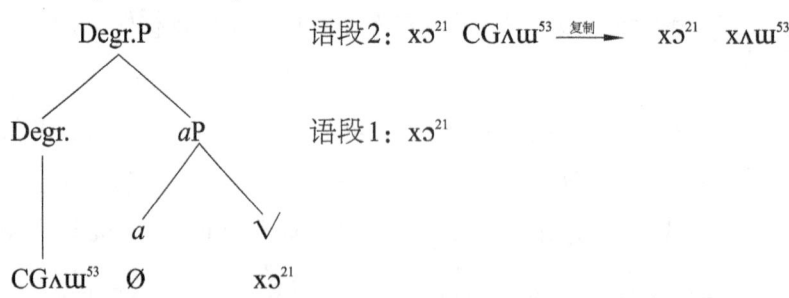

语段2:xɔ²¹ CGʌɯ⁵³ —复制→ xɔ²¹ xʌɯ⁵³

语段1:xɔ²¹

对于加强式后缀中未赋值的音节首音CG,在语段送至音系模块进行拼读时,可通过两种音系机制来进行赋值:一种是通过默认规则选择神木话中标记程度较弱的辅音来填充；另外一种则是选择从词基中复制音段来填充。显然，这里选择的是后一种填充方式。

（二）形容词AABB式重叠

现在分析神木话形容词AABB式重叠。形容词的这一重叠模式在汉语很多方言当中都是能产性较高的一种构词方式，不仅形容词可以以这种方式重叠，部分动词或名词也可以以这种模式重叠后构成形容词。不过，可以采用该重叠模式的形容词、动词或名词多为并列结构复合词。在发挥的形态功能上，该重叠模式与神木话AA儿式重叠词一致，均表示程度的强烈，语义结构为"非常+AB"。例词如下：

（55）　　　基式底层调　重叠式声调

悃悃惶惶　24-44　　[24-0　44-0]　　非常不安的样子
洋洋误误　44-24　　[44-0　24-0]　　漫不经心
勤勤饰饰　44-4　　　[44-0　4-0]　　十分干净、整齐
琉琉蛋蛋　44-53　　[44-0　53-0]　　形容东西又小又多
鬼鬼捣捣　21-21　　[21-24　24-0]　　不光明正大、爱搞小动作
摆摆打打　21-21　　[24-0　24-0]　　摆架子的样子

这类重叠式当中，AA和BB的复式大多情况下读轻声调。当基式A和B的声调为高调域的阳平44、阴平24、去声53和入声4时，复式A和复式B读轻声调或轻音调21；当基式A底层调为低调域的上声调21时，AA或读[24-0]（如"摆摆打打[24-0-24-0]"），或读[21-24]（如"鬼鬼捣捣[21-24-24-0]"），当基式B读低调域的上声调21时，基式变调为24，BB读[24-0]。

根据基式读上声时AA、BB的声调形式，可以肯定的是：

1）BB中复式同时复制基式的音段和声调，属于完全复制，于是当基式为上声时，复制后触发上上变调"21+21→24+21"，变调完成后复式再读轻音调0；

2）AA中复式的复制属于部分复制，复式不复制基式的声调，复式读轻声调，但底层调为上声21的基式在重叠式中有两种表层形式。第一种情况下，基式A读底层调21，那么受*LL这一条件的制约，复式A的轻声调抬升

为高调24，如"鬼鬼捣捣[21-24-24-0]"；第二种情况下，基式A读变调24，复式A读轻声调，如"摆摆打打[24-0-24-0]"，这表明"摆摆打打"在复制时参考的基式是双音节词"摆打[24-21]"，而不是"摆21"和"打21"。

神木话形容词AABB式重叠词的重叠模板为：

(56)　　　　基式　复式　　　　　基式　复式
　　　　　　A　　A　　　　　　 B　　B
　　　　　　Tx　　0　　　　　　 Ty　　Ty
　　　　　　　　轻声　　　　　　　　轻音
　　　　　　部分复制　　　　　　　完全复制

我们以"鬼鬼捣捣、摆摆打打"为例演示AABB式重叠词声调的推导过程：

(57)　　　　　　　摆摆打打　　　　　　　　鬼鬼捣捣

输入项：　　　　摆24　打21　　　　　　　鬼21　捣21

复制　　　　　　摆24　摆0　打21　打21　 鬼21　鬼0　捣21　捣21

上上变调　　　　摆24　摆0　打24　打21　 鬼21　鬼0　捣24　捣21

*LL+轻声调抬升　 —　　　　　　　　　　 鬼21　鬼24　捣24　捣21

复式轻读　　　　摆24　摆0　打24　打0　　鬼21　鬼24　捣24　捣0

输出项　　　　　摆摆打打　24-0　24-0　　鬼鬼捣捣　21-24　24-0

四、分属两个层面的构词操作

与盘上话相同，根据构词过程生成的词的语义特点或音系特点，神木话部分构词过程表现出层面归属不确定的特点。这些构词过程生成的词一部分体现出词根层面上生成的单语段词的语义特点或音系特点；另外一部分则体现出词层面上生成的多语段词的语义特点或音系特点。根据语义方面的特点，某些词应当是在词层面上生成，但音系上的表现却是词根层面所特有的，或者相反的情况。这表明在一条构词规则的演化过程中，与之相关的语义解读规则和音系拼读规则的演化并不同步，在共时层面呈现出语义方面的表现与音系方面的表现不同步的情况。

（一）前缀 "圪-[kəʔ⁴]"

神木话前缀 "圪-" 主要加在动词、名词和形容词前，这与本书讨论的另外两种方言——平遥话和盘上话中的情况大致相同。(58)—(60)分别给出了神木话的圪头名词、圪头形容词和圪头动词。

(58) 神木话圪头名词

圪都	圪虫	圪鸟儿	圪蛋	圪节
[kəʔ² tu²⁴]	[kəʔ⁴ tʂʰwɤ⁴⁴]	[kəʔ⁴ njʌɯ⁰]	[kəʔ⁴ tɛ⁵³]	[kəʔ⁴ tɕjəʔ⁰]
拳头	小虫子	蝌蚪	皮肤上的硬块	一小节

(59) 圪头形容词

圪腩	圪影	圪腻	圪搐
[kəʔ⁴ nɛ⁴⁴]	[kəʔ⁴ jɤ⁰]	[kəʔ⁴ ni⁵³]	[kəʔ⁴ tʂʰwəʔ⁰]
发腻的感觉	恶心的感觉	发腻的感觉	皱皱巴巴

(60) 圪头动词

a. Ⅰ类圪头动词

圪蹲	圪拧	圪搅	圪皱	圪搐
[kəʔ² twɤ²⁴]	[kəʔ⁴ njɤ⁴⁴]	[kəʔ⁴ tɕjɔ⁰]	[kəʔ⁴ tsəu⁵³]	[kəʔ⁴ tʂʰwəʔ⁰]
蹲	肚子疼痛	干扰, 挑拨	皱眉头	抽搐, 起皱

b. Ⅱ类圪头动词

圪抽	圪摇	圪搅	圪晃	圪㢟
[kəʔ² tʂʰəu²⁴]	[kəʔ⁴ jɔ⁴⁴]	[kəʔ⁴ tɕjɔ⁰]	[kəʔ⁴ xwã⁵³]	[kəʔ⁴ ɕyəʔ⁰]
耍小脾气	轻微摇动	小幅度搅动	轻微晃动	小范围转悠

以上圪头词可以分为两大类：圪头名词、圪头形容词和Ⅰ类圪头动词的语义可分解性较差，"圪"与词基合并后往往被视作一个整体进行语义的解读，部分圪头词有表小的含义，但部分圪头词整体的意义与词根语素的语义出现偏差；相比较而言，第二类圪头词语义的可分析性较强，可以分析为"圪"所表达的意义与词基意义的总和，"圪"可视作动词的体标记，用以表示动作的小幅度和短时性。

与语义上这种差异相对应的是前缀"圪-"构成圪头名词、圪头形容词和圪头动词所体现出的不同的能产度，"圪"作为名词和形容词前缀的能产度极低，神木话当中圪头名词和圪头形容词近乎一个封闭的集合，而圪头动词的数量则呈开放的态势，"圪-"可以附加在很多单音节和双音节动词前面构成新的动词。

圪头名词、圪头形容词和圪头动词在语义组合性的差异表明这两类圪头词分别在词库内不同的构词层面上生成，语义组合性差、有特殊语义解读的圪头名词、圪头形容词和Ⅰ类圪头动词在词根层面上生成，如（61a—c）所示，"圪-"作为前缀加在无语类特征的光杆词根上，直接修饰词根；语义组合性强的Ⅱ类圪头动词在词层面上生成，"圪-"加在动词词基上，如（61d）所示：

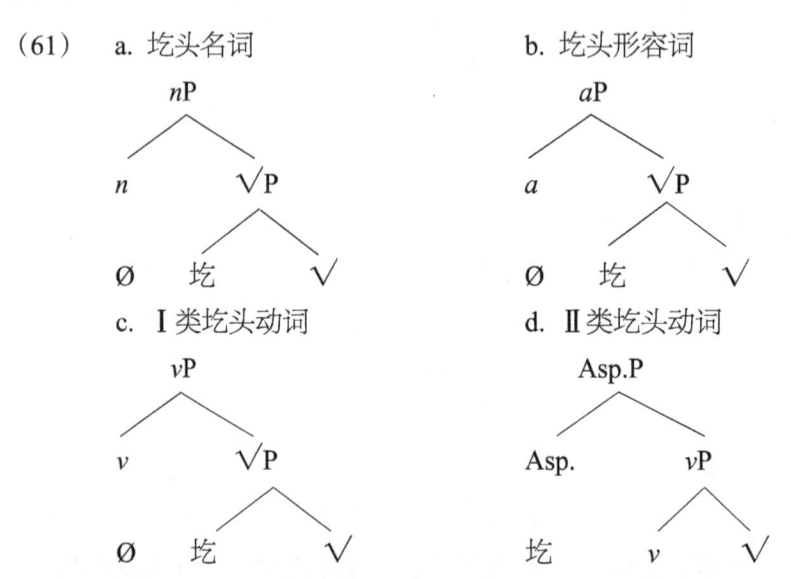

（61）　a. 圪头名词　　　　　　　b. 圪头形容词

```
        nP                              aP
       /  \                            /  \
      n    √P                         a    √P
     Ø    / \                        Ø    / \
         圪   √                           圪   √
```

　　　c. Ⅰ类圪头动词　　　　　d. Ⅱ类圪头动词

```
        vP                            Asp.P
       /  \                           /   \
      v    √P                       Asp.   vP
     Ø    / \                        圪   /  \
         圪   √                           v    √
```

现在讨论神木话的这两类圪头词在音系上是否有不同的表现。观察（58）—（60）中的例词发现，这两类圪头词应用同一套变调规则和重读规则，没有差别。圪头词的声调主要有三种形式：[2-24]、[4-0]和[4-53/44]。[2-24]为/4+24/应用入声变调的结果，[4-0]是后轻读规则应用后的形式，[4-53/44]受神木话声调的相对韵律凸显度的制约未应用任何音系规则。"圪4+阴平24"的表层形式为[2-24]，表明入声变调规则先于后轻读规则应用。圪头词的声调推导过程为：

（62）

	圪抽	圪摇	圪搅	圪晃	圪趌
	[kəʔ² tʂʰəu²⁴]	[kəʔ⁴ jɔ⁴⁴]	[kəʔ⁴ tɕjɔ⁰]	[kəʔ⁴ xwã⁵³]	[kəʔ⁴ ɕyəʔ⁰]
底层声调	4+24	4+44	4+21	4+53	4+4
入声变调	2 24	—	—	—	—
后轻读+*LL	—	—	4-0	—	4-0
表层声调	2-24	4-44	4-0	4-53	4-0

由此可见，不同类型的圪头词虽然在能产性、语义解读上存在差异，但是在应用的音系规则上，并不存在这样的区分。在神木话当中，后轻读规则是一条典型的词根层面音系规则，应用于词汇化程度较高的基础复合词和单语段派生词当中，这其中就包括圪头名词、圪头形容词和Ⅰ类圪头动词。在词层面生成的Ⅱ类圪头动词同样运用后轻读规则，我们认为是词层面的动词前缀 "圪-" 从词根层面的前缀 "圪-" 继承而来。当前缀 "圪-" 在动词当中变得高度能产，音系系统并未重新为这类圪头词启用词层面的音系规则，而是继续沿用词根层面生成的圪头名词和圪头形容词应用的音系拼读规则：

（63）

	构词操作		音系规则
词根层面	xP[x+√P[圪+√]]	圪头名词、圪头形容词 Ⅰ类圪头动词	入声变调＞后轻读+*LL
词的层面	Asp.P[圪+vP[v+√]]	Ⅱ类圪头动词	入声变调＞后轻读+*LL

这与盘上话的圪头词不一样，盘上话的音系语法采取两种不同的方式来拼读词根层面的圪头词和词层面的圪头词。词根层面的圪头词应用圆唇和谐与后轻读两条音系规则，词层面的圪头词则不应用任何音系规则。在神木话当中，只作用于词、不作用于短语的后轻读规则影响的范围十分广泛，神木话的词重音已略显雏形，这也促使词层面的圪头动词应用词根层面圪头词应用的音系规则。

（二）名词重叠AA式和ABB式

神木话名词重叠AA式、ABB式采用的重叠机制相同，选择词基最后一

个音节作为复式进行复制,复制过程如下,其中下画线的音节为被复制的成分,RED = 复式:

(64)　　　词基　　　　　A　　　　　　　　AB
　　　　　复制　　　　　A　RED　　　　　AB　RED
　　　　　重叠式　　　　AA　　　　　　　ABB

神木话的AA式、ABB式名词重叠词实现两项功能:一是作为名词的标记,不可独立使用的名词性词根、动词性词根和形容词性词根通过重叠成为一个名词,这与前面讲到的神木话名词后缀"-子"的功能一样;二是指小的功能,多指称体积较小或令人喜爱的事物,指小的功能是神木话名词重叠式最突出的功能。就具体的重叠词而言,重叠后用来指称具体的事物还是作为小称形式并不好预测,需要参考词基的语义、重叠词出现的环境等一系列因素。双音节和三音节重叠词示例如下:

(65)　　　筐筐　　　[kʰwã²⁴　kʰwã⁰]　　　　　小筐
　　　　　箩箩　　　[lɛ⁴⁴　lɛ⁰]　　　　　　　 小篮
　　　　　钵钵　　　[pwo²¹　pwo²⁴]　　　　　 儿童用小碗
　　　　　镲镲　　　[tsʰa⁵³　tsʰa⁰]　　　　　 小钹
　　　　　㬅㬅　　　[twəʔ⁴　twəʔ⁰]　　　　　 蔬菜、水果等的根部

(66) a.　麦穗穗　　[miəʔ⁴　swei⁵³　swei⁰]　 麦穗
　　　　 树枝枝　　[ʂu⁵³　tsʅ²⁴　tsʅ⁰]　　　小的树枝
　　　　 花瓣瓣　　[xwa²⁴　pɛ⁵³　pɛ⁰]　　　 花瓣
　　　b. 实挨挨　　[ʂəʔ²　ŋɛ²⁴　ŋɛ⁰]　　　　真心亲近的人
　　　　 单爪爪　　[tɛ²⁴　tsɔ²¹　tsɔ²⁴]　　　 独生子女
　　　　 死抠抠　　[sʅ²¹　kʰəu²⁴　kʰəu⁰]　　 办事十分死板的人
　　　　 攒财财　　[tsɛ²¹　tsʰE⁴⁴　tsʰE⁰]　　 特别节俭的人
　　　　 吃少少　　[tʂʰəʔ²　ʂɔ²¹　ʂɔ²⁴]　　　吃饭吃得少的人
　　　　 细蒙蒙　　[ɕi⁵³　mɤ̃⁴⁴　mɤ̃⁰]　　　　很细的东西
　　　c. 圪停停　　[kəʔ⁴　tʰjɤ⁴⁴　tʰjɤ⁰]　　　很短的一截

圪台台　　[kəʔ⁴　tʰE⁴⁴　tʰE⁰]　　台阶

卜鬏鬏　　[pəʔ⁴　tɕjəu²⁴　tɕjəu⁰]　　小辫儿

孛笼笼　　[pʰəʔ⁴　lwo⁵³　lwo⁰]　　针线笸箩

（65）的 AA 式重叠词中，词基大多不可单用，重叠后方可独立使用。（66）的 ABB 式重叠词中，词基 AB 大多不可单独使用，只能加后缀"–子"或重叠 B 后方可使用①。（66a）的重叠词当中，词基的头一个语素修饰限定第二个语素，（66b）当中，词基的两个语素之间体现出多种语义关系，（66c）这一组重叠词的词基则是圪头词或分音词。在这几类 ABB 式名词重叠词当中，（66b）充分体现了重叠所发挥的指派名词语类的形态功能，如"攒财财"的词基"攒财"本身的语义结构为"动作+受事"，但是重叠语素"财"后，就转换为"攒财"这一动作的施事，成为一个名词。

让我们了解一下这两类重叠名词的音系特点。首先，重叠过程选择词基最右边的语素进行复制，暂不考虑声调层面的话，AA 式重叠属于完全重叠，ABB 式重叠属于部分重叠。从整体上考虑的话，名词 AA 式重叠和 ABB 式重叠的重叠机制一样，复式仅仅复制词基最右边的音节，并不复制整个词基，复式仅由一个音节组成。

其次，就声调而言，复式并未复制基式的声调。理由在于如果复式复制了基式的声调，那么在基式为上声的情况中，复式复制基式的上声后会触发上上变调规则"21+21→24+21"。然而这一变调过程并未发生，如"钵钵[21-24]"一词并不读[24-0]，而是读[21-24]，这意味着复式并未复制基式的声调，仅仅复制了基式的音段内容。

在声调行为上，复式根据前面基式音节声调的高低采用两个不同的变体形式，如果前面基式音节为高调域的阴平 24、阳平 44、去声 53 和入声 4，那么复式则读低的轻声调 0，如果前面基式音节为低调域的上声 21，那

---

① 很多 AA 式和 ABB 式重叠名词有对应的子尾形式，如：

筐筐　　[kʰwã²⁴　kʰwã⁰]　　　　筐子　　[kʰwã²⁴　tsəʔ⁰]

钉钉　　[tjɤ̃²⁴　tjɤ̃⁰]　　　　　　钉子　　[tjɤ̃²⁴　tsəʔ⁰]

麦穗穗　　[miəʔ⁴　swei⁵³　swei⁰]　　麦穗子　　[miəʔ⁴　swei⁵³　tsəʔ⁰]

树枝枝　　[ʂu⁵³　tsʅ²⁴　tsʅ⁰]　　　树枝子　　[ʂu⁵³　tsʅ²⁴　tsəʔ⁰]

么复式则选择非轻声的高调 24。

复式中轻声调的交替模式与子尾词中"子"的交替模式一致，复式对基式声调的影响与"子"缀对词基声调的影响一致，据此，可得出 AA 式和 ABB 式重叠词中，复式的底层调同样为只有声调节点、没有声调特征赋值的轻声调。

当前面的基式声调为高调时，这个不充分赋值的轻声调读默认的低调，当复式前面的基式声调为低调域的 21 时，受*LL 这一制约条件的作用，复式的声调抬升为与前面基式的声调 21 关联密切的高调 24。

综合考虑 AA 式、ABB 式重叠名词的复制机制、复式发挥的形态功能、复式的音系表现，可以将这两类重叠式的生成过程视作加缀的过程，复式相当于一个后缀，该后缀的底层表达为：

（67） RED: CGVX　　　C=辅音，G=介音，V=元音，X=元音/辅音
　　　　　　　　│
　　　　　　　　T

这个复式后缀由一个音节组成，音节的各个空位并未填充，声调也只有一个根节点，无具体的调域特征和调形特征。该复式后缀通过在音系模块复制基式的音段来填充自身的每个空位，声调则默认赋值为低调 21。

现在分析 AA 式和 ABB 式重叠所表现出双重层面的属性，这一属性主要体现在以下两个方面：首先，在表达的形态功能上，这两类重叠式将动词性语素、形容词性语素标记为名词的功能在现代神木话中变弱，前面（66b）中的重叠词几乎是个封闭的集合。与此同时，重叠指小的功能在名词中得到强化，享有较高的能产度，神木话的很多单音节名词、偏正式复合名词可以采用这种形式重叠后表达小称义。

其次，就重叠词的词基而言，语义可预测度低、重叠未必表小的重叠词中，词基大多不可单独使用，如前面（65）和（66）中的重叠词；相反，语义可预测度高、仅作为小称形式的重叠词词基大多可以单独使用，而且只有名词可以作为词基。

据此，可以得出语义可预测度低、重叠式指小功能和名词化功能兼有的重叠词在词根层面生成，语义可预测度高、仅作为名词小称形式的重叠

词在词的层面上生成。这两个层面上生成的名词重叠词的语段结构分别为：

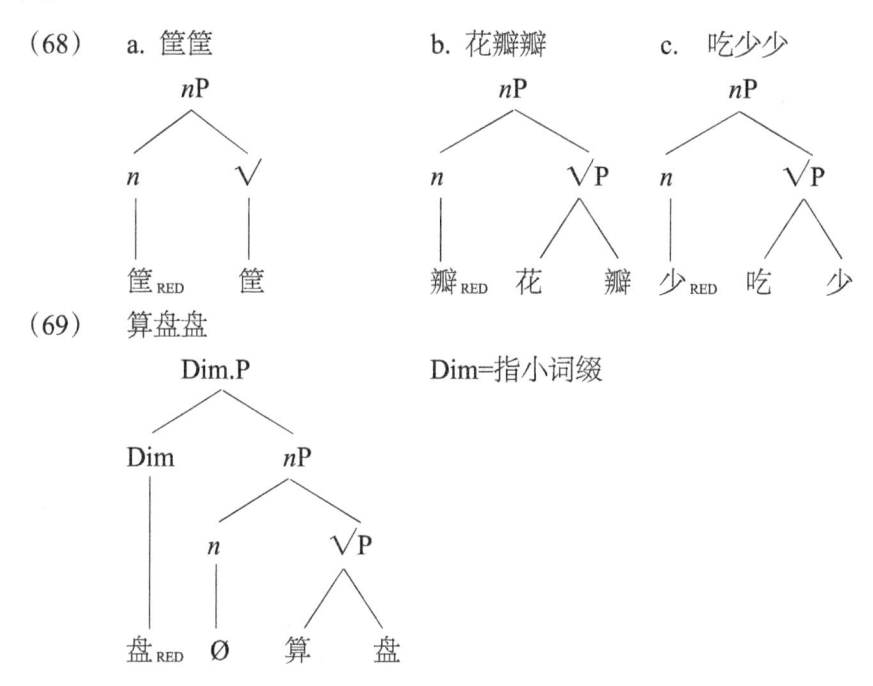

（68） a. 筐筐　　　　　b. 花瓣瓣　　　　c. 吃少少

```
     nP                    nP                    nP
    /  \                  /  \                  /  \
   n    √                n    √P               n    √P
   |    |                |   /  \              |   /  \
  筐_RED 筐              瓣_RED 花  瓣          少_RED 吃  少
```

（69） 算盘盘

```
        Dim.P              Dim=指小词缀
       /    \
      Dim    nP
             / \
            n   √P
            |   / \
          盘_RED Ø  算  盘
```

对于（68a—c）词根层面上生成的重叠词而言，复式后缀与词根直接合并，构成的重叠词是否具有小称义需要后缀与词根共同决定，如"筐筐"有小称义，指的是小的筐子，而"吃少少"指的是吃饭吃得少的人，重叠只是将表行为的词根标记为行为的施事，起名词化作用。相反，对于（69）词层面上生成的名词重叠词而言，词基为语义确定的名词，重叠式只是在原有的语义上附加小称的色彩。

第三节　小结

在这一章，基于词基驱动的词库分层模式，我们详细讨论了神木话当中构词与语义、构词与音系之间的交互关系，对神木话词库内总体的构词格局进行了阐释。就语义组合性的强弱而言，与盘上话和平遥话类似，神木话不同的构词操作生成的词呈现出系统的差异，语义上的差异也大致与不同的构词操作的能产性相对应。词根层面上生成的词由于涉及词缀与词根、词根与词根之间的直接合并，因而语义比较晦暗，预测度低；词层面上与词缀发生合并的是形态-句法语类明确的词，因而生成的词语义比较透明，预测度高。

但是就音系方面的表现而言，不同于盘上话当中词根层面生成的单语段词专用上声变调规则和后轻读规则，以及平遥话当中词根层面生成的单语段词专用的B类变调模式，神木话词根层面生成的词和词层面生成的词之间的区分并不显著。神木话的词重音规则，即后轻读规则，应用的范围要比盘上话宽广，很多词层面生成的词末尾音节都会轻读，这意味着神木话的词重音规则正在从词根层面向词层面扩散，前重后轻的重读模式正在演化为区分词与短语这两类不同范畴的结构单位的音系标记。

神木话当中词根层面与词层面构成的词在语义特点和音系特点上的不一致性表明，一条构词规则在演化过程中，其语义方面和音系方面的演化可能出现不同步的情况，这导致该构词规则生成的词采用的音系拼读规则和语义解读规则不对应。

就不同的变调规则在词库内外的循环应用而言，神木话的上上变调规则作为一条循环式音系规则，在词根层面、词层面和后词库的短语层面均可以循环应用，词与词之间的界线并未阻碍上上变调规则的循环应用。而在盘上话中，上上变调规则作为一条循环式的音系规则，仅在词根层面循环应用，在词层面和短语层面均不循环应用。对于这两种方言中上上变调规则的不同应用方式，模块化的PIC理论给出了较为合理的解释。

第七章 总　结

　　晋语区方言的构词手段既有典型的串联式构词过程，如加缀、复合，也有非串联式的构词过程，如变韵、变调、重叠和模板形态。不同的构词过程生成的词在语义解读、应用的音系规则上呈现出系统的差异，这使得该区方言词库内部呈现出不同的构词层面。

　　本书从晋语三个方言小片中选取三种代表性方言，即山西境内的晋语平遥话、豫北晋语盘上话和陕北晋语神木话，在生成语言学的理论框架内比较全面、细致地对这三种方言的构词过程进行了深入的考察，对这些方言中构词与语义、构词与音系的交互特点加以分析，探讨晋语区方言词库内总体的构词格局。

　　在理论探索方面，首先，我们提供晋语区方言中的证据论证了基格里希基于词基的词库分层假设[1]和马兰茨词内语段理论[2]在处理构词与音系、构词与语义交互上的可行性。其次，我们将词内语段理论的语段推导思想融入基于词基的词库分层假设，对基格里希的词库分层假设加以修正，在此基础上提出晋语区方言的词库分层模式。最后，我们提出的晋语区方言词库分层模式可以为研究汉语其他方言的构词模式提供参考。

　　在实践方面，基于我们提出的晋语区方言词库分层模式，我们对晋语区方言中不同类型的词的语义推导和音系推导过程进行了分析，着重讨论了各个方言中具有一定理论价值的构词过程，对晋语区方言中构词与音系-语义的交互做出解释。

---

[1] Giegerich, H. *Lexical Strata in English: Morphological Causes, Phonological Effects*. Cambridge: Cambridge University Press, 1999.
[2] Marantz, A. *Words*. Ms. MIT, 2001.

第一节　主要结论

我们分别从以下三个方面对这三种方言当中的构词过程进行了全面、深入的考察和分析：

1）所造之词的语义组合性；
2）所造之词的音系表现；
3）能产度。

考察和分析结果表明，在晋语区方言当中，词库内不同构词过程之间、构词与音系、构词与语义的交互不支持传统词库音系学基于词缀的词库分层假设，支持基格里希提出的词基驱动的词库分层假设，同时也支持词内语段理论关于内域形态和外域形态的区分。

关键的证据来自于一些词缀所表现出的双重层面属性，即按照词缀驱动的词库音系学的分层模式，这些词缀既表现出词库层面Ⅰ的特点，还表现出词库层面Ⅱ的特点，比较典型的就是盘上话的前缀"圪-"，该词缀构成的圪头词根据语义特点和音系特点分成两大类。这些有双重音系表现和语义表现的词缀对于词缀驱动的词库分层模式是理论上无法解决的难题，却为词基驱动的词库分层假设提供了重要证据。

据此，我们提出应该根据词基的形态范畴（词根和词）来区分词库内不同的构词层面。一方面，词库内构词层面的数量可以在理论上得到限制，即词根层面和词层面这两个构词层面；另一方面，这两个构词层面的区分可以合理地解释晋语区方言当中构词与音系–语义的交互。

就词内语段理论和词基驱动的词库分层假设在理论上的兼容性而言，分布形态学框架下的词内语段理论对词的音系和语义推导过程的理解与基格里希词基驱动的词库分层假设在基本理念上一致，虽然前者声称自己反对词库论，而后者坚持词库论的基本假设，但是这两类理论并不冲突，互相兼容。词内语段理论关于内域形态和外域形态的区分、整体拼读语段和补足语拼读语段的区分，表明该理论不得不承认词与短语在音系拼读和语义解读上存在差异，完全否定词库论并不可取。基于此，我们将词内语段理论的语段推导思想纳入词基驱动的词库分层假设，对后者加以改进，改进之处主要体现在：

1）词根层面的输出项是具有明确的语类特征的词，词根层面与词层面之间不存在"词根→词"的转换这一形态操作；

2）语段 nP、vP、aP 作为音系和语义拼出的域。

基于改进后的词基驱动的词库分层模式，我们提出晋语区方言词库内的分层模式：

（1）晋语区方言词库结构

	形态操作	音系拼读	语义解读
词根层面	词根作为词基 单语段 $[\sqrt{}+x]x$P $[\sqrt{}$P$+x]x$P	构成一个拼读域 推导步骤多 音系规则不自然 有语素变体 有例外	特殊语义： 词缀、词根协商解读
词层面	词作为词基 多语段 $[x$P$+y]y$P $[x$P$+y$P$]x$P	构成多个拼读域 推导步骤少 音系规则自然 无语素变体	组合语义： 词缀、词基语义相加

根据我们所提出的词库分层假设，词库内区分两类语素，词根语素与功能语素；词根无具体的形态-句法语类特征的赋值，即尚未进行范畴化，因而在形态-句法上不独立，无法参加后续的形态-句法运算，需要与可以指派语类的功能语素（音系上显性或隐性）合并，贴上具体的语类标签后方可被识别。因此，在词根层面的构词过程中，词根与可以指派语类的功能语素合并，形成音系和语义推导的第一个语段。可以指派语类的功能语素往往为派生词缀。

在语义解读上，由于词根没有具体的形态-句法语类，所包含的义项不可预测，因而词根层面上生成的词在语义上可能比较难以预测，语义组合性弱，需要参考我们的经验知识才能进行正确的语义解读。

在音系拼读上，由于词根与指派语类的派生词缀直接合并，共处同一个语段，共同构成一个音系域，因此音系规则对词根与词根之间、词根与派生词缀之间的语素界线不敏感，将其视作一个整体进行拼读。这导致词根层面的音系推导呈现出两个特点：特点之一就是该层面应用的音系规则数量多，推导步骤多，该层面生成的词音系结构呈晦暗状态；特点之二就是循环式变调规则在该层面循环应用，这是由于该层面生成的词都是单语段结构，词内不存在语段界线，不会阻断循环式音系规则的循环应用，如盘上话的上上变调规则只在词根层面循环应用，在词层面和短语层面不循环应用。

此外，词根层面上应用的音系规则在长期的形态和音系演化过程中变得晦暗，音系变化的动因不明，表现出绝对中和规则的特点，如盘上话的上声变调规则和平遥话的B类变调规则。

词的层面上，与功能语素合并的是词根层面上输出的有语类赋值的词。由于这类词已经经历过词根层面上第一语段的语义解读和音系拼出，它们已经具备明确的语义特征和形态-句法特征，在与词缀或其他词合并后构成新的语段送至语义模块进行解读时，解读的规律性强，语义上体现为词缀与词基的组合义。在音系拼读上，由于第一语段界线的存在，可以阻碍个别音系规则的应用，由此带来的后果就是该层面上应用的音系规则数量的减少。因此，词层面上构成的词的音系结构较为透明。

此外，在词根层面上，一个词缀可以选择不同语义类型的词根与之合并，如"–子"缀可以加在名词性词根、动词性词根和形容词性词根上；但是在词的层面上，词缀加缀的词基有固定的语类范畴，如词层面上的前缀"圪–"只能加在动词前面，后缀"–头"只能加在动词词基后面构成名词。

在我们讨论的三种方言当中，部分构词过程呈现出分属两个层面的双重特征。对于词缀驱动的词库音系学理论而言，这是个理论上的难题。但是对于词基驱动的词库分层理论而言，这并不是一个难题，反而证明根据词基划分词库层面的理论优势。

这些构词操作之所以表现出双重的语义和音系特点，原因在于它们在词根层面和词层面之间发生了动态的移动。层面的双重性问题与构词规则的历史演化有关，是同一条构词规则的早期形式与当前形式在共时层面的反映。如果该构词规则在词根层面上应用，就采用词根层面的音系和语义拼读规则；如果在词的层面上进行，就采用词层面的音系和语义拼读规则。

然而，一条构词规则在词根层面和词层面之间移动时，会出现语义与音系方面的演化不同步的情况。如在盘上话和神木话当中，词缀"圪-"的加缀过程分别在词根层面和词层面上进行，但是在应用的音系规则上，两种方言有所不同：

（2）

		a. 盘上话	b. 神木话
词根层面	圪头名词	圆唇和谐	入声变调
	圪头形容词	后轻读	后轻读
	Ⅰ类圪头动词		
词层面	Ⅱ类圪头动词	无	入声变调
			后轻读

在盘上话中，词根层面和词层面生成的圪头词分别采用不同的音系拼读规则，因此词层面的圪头词和词根层面的圪头词在音系上可以区分开；相反，在神木话中，词层面的圪头词沿用词根层面圪头词的音系拼读规则，两类圪头词在音系上无法区分。

第二节　理论启示和未来研究方向

语段理论提出的初期，语段的不可穿透性（PIC）被视作形态-句法结构在循环拼出过程中必须遵守的条件，所有语段送至PF和LF进行拼出时，均不可违反语段的不可透条件。在这种情况下，PF和LF的拼出与PIC紧密捆绑在一起，每一个语段均具备不可穿透性。但是随着语段理论被用来分析越来越多的语言事实，学者们发现对语段拼出和PIC的这种捆绑式理解过于严格刻板，如果将语段的音系拼出、语义拼出和PIC分开对待，可以更好地处理形态-句法结构与音系结构、语义结构之间的（不）对应关系。"模块化的语段不可透条件（Modular PIC）"就是在此背景下的理论尝试[①]。

模块化PIC理论将PIC特征化和参数化，有的语段表现出PIC这一特点，有的语段则没有；同一语段在语法的不同模块中可能同时呈现出不可

---

① D'Alessandro, R. & T. Scheer. 2015, "Modular PIC". *Linguistic Inquiry* (46), pp. 593-624.

穿透的性质，也可能只在PF或LF中具备该性质；循环式音系规则自身具备[−PIC]的特征，非循环式规则自身具备[+PIC]的特征。在不具备PIC特征的语段当中，一条循环式规则自身的循环性可以得到完美呈现；相反，在具备PIC特征的语段当中，规则自身的循环性会受到抑制。简而言之，PIC是一项特征，是否具备这一特征视具体语段而定、视具体模块而定、视具体规则而定。

模块化PIC理论是生成语法在最简方案时期关于规则应用循环性的重新思考。奥登（Odden）指出，在词库音系学当中，循环性体现在两个方面：一是特定音系规则的循环性；二是具体层面的循环性①。那么，就语段推导理论而言，区分PIC效应是由特定语段引发还是由特定规则引发，也是理论上的一种必要。

在汉语方言中，发生的变调过程多种多样，有些变调规则对结构界线不敏感循环应用，有的只应用一次，那么这些变调规则呈现出来的循环性和非循环性是规则自身的属性，还是特定的某一类语段的属性？模块化PIC理论提供了一个很好的理论分析工具，可以尝试着对文中所涉及的变调规则进行这方面的分析。

神木话的入声变调规则只在构建的第一个双音节音步中应用，对语段与语段之间的界线敏感，不循环应用，而该方言的上上变调规则对语段与语段之间的界线不敏感循环应用，由此可以得出，入声变调规则自身不具备循环性，具有PIC特征，上上变调规则自身具备循环性，不具有PIC特征。盘上话也有一条上上变调规则，该变调规则只在词根层面循环应用，在词的层面和短语层面不循环应用。在词根层面循环应用表明该规则自身具备循环性，在词的层面和短语层面不循环应用表明词内语段 nP、vP、aP 和句内语段 DP、vP、CP 具备 PIC 这一特征，语段界线阻断了盘上话上上变调规则的应用。

分析表明，模块化PIC理论的设计理念可以对本书所涉汉语方言中变调规则的循环应用和非循环应用加以描写和解释，还可以反映形态结构对音

---

① Odden, D. "Interaction in Lexical Phonology". In Hargus, Sharon and Helen Kaisse (eds.), *Studies in Lexical Phonology*, Academic Press, 1993, pp. 111-144.

系规则作用域的决定作用。但是将PIC模块化造成的理论后果值得认真思考,这一做法面临理论解释力过强或过弱的双重风险[①],需要接受更多语言事实的挑战。在今后的研究中,可以尝试将模块化的PIC理论应用到更多汉语方言形态-句法与音系-语义的接口研究中。

此外,在语法各个模块当中,词库是含有最多变异的部分。汉语方言数量众多,不同方言区的方言在构词方式、构词与音系-语义的交互上各自呈现出不同的特色。在我们的研究当中,词基驱动的词库分层假设在晋语区方言的构词过程中得以印证,对于汉语其他方言而言,词库内是否呈现出同样的分层结构?我们提出的晋语区方言词库分层模式是否适用于汉语其他方言?

在未来的研究中,一方面,需要在更多的晋语区方言和其他汉语方言中对我们提出的词基驱动的词库分层假设加以验证;另一方面,以我们提出的晋语区方言词库分层模式作为参照,对汉语其他方言词库内的构词格局进行考察,从形式上探讨不同的汉语方言当中构词与音系、构词与语义的交互存在哪些差异,将会是一个持续性的研究课题。

---

① Eulàlia Bonet, Lisa Lai-Shen Cheng, Laura J. Downing, and Joan Mascaró. "(In)direct reference in the phonology-syntax interface under phase theory: A response to 'Modular PIC' (D'Alessandro and Scheer 2015)". *Linguistic Inquiry* (50), 2019, pp. 751-777.

译名对照表

人名	
Aronoff	阿若诺夫
Bermúdez-Otero	贝穆德斯·奥特罗
Booij	布伊
Chomsky	乔姆斯基
D'Alessandro	达勒桑德鲁
de Lacy	德拉西
Embick	恩比克
Giegerich	基格里希
Gussmann	古斯曼
Halle	哈勒
Inkelas	因克拉斯
Kaye	凯耶
Kiparsky	柯珀斯基
Lieber	里伯
Marantz	马兰茨
McCarthy	麦卡锡
Mohanan	莫哈那
Moravcsik	莫拉维切克
Newell	纽厄尔
Odden	奥登
Raimy	瑞米
Scheer	舍尔
Selkirk	塞尔柯克
Vergnaud	维尔纽

Wilbur	威尔伯
Zoll	左尔
语言	
Agta	阿格塔语
Malayalam	马拉雅拉姆语
Sekani	塞卡尼语
Walpiri	沃皮瑞语

图表目录

图 1.1 标准词库音系学提出的词库结构 / 003

图 1.2 词基驱动的词库分层模式 / 009

图 2.1 帕卡德（1990）的汉语普通话词库结构 / 017

图 2.2 帕卡德（1992）的汉语普通话词库结构 / 018

图 2.3 许德宝（2001）的普通话词库分层 / 020

图 2.4 基格里希（1999）词基驱动的词库分层模式（英语） / 027

图 2.5 DM 中形态–句法与音系–语义的交互模式 / 050

图 2.6 词库音系学中形态与音系的交互模式 / 051

图 2.7 修正后的词基驱动的词库分层模式 / 054

图 3.1 词根层面构词规则与词层面构词规则之间的单向馈给关系 / 075

图 4.1 盘上话词库分层结构 / 142

图 4.2 构词规则在词根层面和词层面间的动态移动 / 158

图 5.1 平遥话词库分层结构 / 210

图 6.1 神木话词库分层结构 / 237

表 4.1 盘上话声母表 / 091

表 4.2 盘上话韵母表 / 092

表 4.3 盘上话单字调 / 092

表 4.4 盘上话的底层声调 / 094

表 5.1 平遥话单字调 / 187

表 5.2 平遥话底层调 / 188

表 5.3 平遥话 A 类变调 / 189

表 5.4 平遥话 B1 类变调（偏正式、并列式复合词，子尾词，儿尾词） / 189

表5.5 平遥话B2类变调（名词、量词重叠词） / 189
表5.6 平遥话C类变调（动词重叠词） / 190
表6.1 神木话单字调 / 220
表6.2 神木话底层调 / 221

后 记

  2008年9月，我到南开大学攻读硕士学位，一心要选择语言学作为研究方向。国庆节之后，我到李兵老师办公室求教，咨询音系学可以做什么。离开时，李老师要我把名字写在一张黄色的便签纸上，并贴在墙上的挂历旁边，说是选择做音系的同学很少，他要把来咨询过的学生留下来。从此，我便踏上了自己的音系学之路。

  硕士阶段，我阅读了很多文献，对形态与音系之间的互动产生了浓厚兴趣。这些文献涉及的多是欧洲、非洲和一些南亚语言，里面的语言现象读来虽令人兴味盎然，但总有种疏离感。再加上我是外文学院的语言学硕士，欠缺比较系统的汉语音韵学和方言学基础知识体系，所以当时找不到排遣这种疏离感的出路。

  后来读到密歇根大学林燕慧老师关于汉语变韵构词的英文文章，发现获嘉方言竟在其中，当时十分惊喜。获嘉与我的故乡辉县相邻，同属晋语邯新片，没想到我的方言里竟然存在这么有趣的构词音系互动现象，有这么多语言宝藏蕴含在南太行的山岭之间！于是，在李兵老师的鼓励和指导下，挖掘这些"宝藏"成了我博士阶段的主要工作。

  在晋语区"寻宝"过程中，有两位前辈学者的方言调查研究给了我极大的触动，那就是侯精一先生和邢向东先生分别关于平遥方言和神木方言音系、构词法和词汇的调查研究。得益于两位先生全面而又细致的描写分析，我发现这两种方言里的音系和构词互动现象如此丰富多彩，具有重要的理论研究价值。再加上我自己调查的河南辉县盘上话，这三种方言体现了晋语区方言不同片区里构词与音系交互的共性与特性。

此外，在南开大学读博期间，我到中文系旁听了曾晓渝老师的汉语音韵学相关课程和施向东老师关于汉藏语言历史比较的课程。我从两位老师的授课中获益良多，增强了我在生成音系学的框架内探讨汉语本土语言现象的信心。

采用生成音系学的理论假设和分析手段来处理汉语方言现象，我深知并不是将"洋理论"生搬硬套在汉语身上，更不是用印欧语的眼光来看待汉语问题。生成音系学处理不同音系过程的理论方法，以及关于音系与构词交互的不同理论假设，均基于不同自然语言中多样化的语言现象，因此，汉语方言丰富有趣的构词音系过程对于生成音系学必然具有十分重要的启示，这在之前包智明、林燕慧、Moira Yip等学者的研究中业已体现。

因此，在这些前辈学者研究的感召和启发下，我以晋语区方言作为研究对象，尝试着去探索该区方言对于音系学的重要理论贡献，以求彰显汉语方言的理论价值。

2020年元旦于广外七教